Dr. HOUSE

LE LIVRE OFFICIEL

LE LIVRE OFFICIEL

Dr. [H]OUSE

IAN JACKMAN

Prologue de Hugh Laurie

Traduit de l'anglais
par Juliette Lê et Isabelle Chapman

Titre original : *House M.D. The Official Guide to the Hit Medical Drama*
Première publication par HarperCollins, 2010.
House M.D. © Universal Network Television, LLC, 2010.
Tous droits réservés. Publié avec l'accord de IT BOOKS un label de HarperCollins.

Traduction © 2010 Isabelle Chapman et Juliette Lê.

Design de Janet M. Evans.

© Éditions Michel Lafon, 2010, pour la traduction française.
7-13, boulevard Paul-Émile-Victor – Île de la Jatte
92521 Neuilly-sur-Seine Cedex
www.michel-lafon.com

TABLE DES MATIÈRES

PROLOGUE

Ceci n'est pas seulement le prologue d'un livre, c'est aussi celui d'un long chapitre de ma vie. Alors que j'écris ces lignes, ce chapitre couvre un dixième de mon existence – un cinquième de celles de Jennifer Morrison et de Jesse Spencer, gloire à leur teint de porcelaine ! Le moment est venu de m'expliquer, et la sortie d'un bon vieux bouquin encre et papier me procure une occasion que je m'en voudrais de laisser passer !

Un jour, dans un Starbucks, j'ai entendu une cliente déclarer à la personne qui se trouvait avec elle : « Le muffin à la myrtille d'hier était très intéressant. » Sur le coup, je fus sidéré. Ou plutôt intéressé. Elle avait à sa disposition tout un tas d'adjectifs pour qualifier ce muffin : « succulent », « infect », « rance », « pâteux », « cachère », « drogué au LSD »... Mais « intéressant » ? Je ne voyais pas. Aujourd'hui, toutefois, avec le recul, je vois ce qu'elle voulait dire.

Aux aurores, presque chaque matin depuis six ans – mettons à la louche mille matins – je franchis la porte des studios de la FOX, minuscule principauté sur Pico Boulevard à Los Angeles, disposant à son usage exclusif d'une police, de sapeurs-pompiers, de courtisans, de paysans, de gros bras et de voleurs. Il n'y a pas de religion officielle, mais sur la place centrale trône une statue géante, un buste de Rupert Murdoch sculpté à partir des ossements de ses ennemis. (Bon, d'accord, j'ai peut-être été le jouet de mon imagination.) Ici, sur les plateaux 10, 11, 14 et 15, je me suis immergé dans un personnage, un lieu, un univers de fiction, avec une coupure déjeuner d'une heure. Mon quotidien a été si bien cellophané que je serais bien incapable de vous dire ce qui se passe sur les plateaux 12 et 13, et encore moins dans le vaste monde. Pour tout vous avouer, je ne sais même pas où ils se situent. Si ça se trouve, c'est comme dans les hôtels américains où il n'y a pas d'étage numéro 13. J'ignore quel temps il fait en Californie, quel parti est au pouvoir et quelle musique passe au hit-parade. Depuis que j'ai mis les pieds ici, j'ai dû me servir d'autre chose pour manger que de baguettes peut-être une douzaine de fois.

Mais intéressant, oui, ça l'a été, et d'une manière inattendue. Mon horizon, au lieu de s'élargir, s'est au contraire rétréci; jusqu'à se réduire exclusivement au mot, au battement de paupières, à l'instant présent – un instant qui s'est prolongé bien au-delà des prévisions, six années pleines, avec le risque de perdre les avantages éphémères de la notoriété.

Bon, mais voilà que je mets la charrue avant les bœufs. Retournons en arrière, si vous voulez bien (si jamais vous m'entendez dire «rembobinons», vous avez le droit de m'abattre sur-le-champ!) afin de voir comment tout cela fonctionne.

....

Un Anglais est convoqué à Los Angeles. Moyennant un enregistrement vidéo mal mixé, il a réussi à se placer sur la liste des candidats à un rôle important à la télévision. Afin de se qualifier pour la finale, il est obligé de sauter dans des cerceaux, de baiser des bagues et de prêter serment – et il s'exécute avec grâce. C'est lui qui est choisi! Il s'envole pour Vancouver, cité des… euh, je ne sais pas… des buildings. Là, il tourne un pilote d'une heure, qu'il dépose aux pieds des dieux. Les dieux soumettent l'épisode à un *focus group* (groupe de discussion). Celui-là l'aime assez pour donner son feu vert à treize épisodes. L'Anglais jette quelques chemises dans sa valise, embrasse les siens et se rend à Los Angeles en avion (en avion, pas *en jet*, comme l'ont écrit perfidement les tabloïdes britanniques, à croire que tout le reste du monde voyage en train à vapeur… Mais oublions la presse à scandales, sinon nous ne sortirons jamais des parenthèses).

Il ne se fait guère d'illusions. La télévision américaine est une arène impitoyable. Les séries, qui connaissent la même courbe de vie que les spermatozoïdes, foncent dans un spasme d'excitation vers l'ovocyte Audimat, se tortillent quelques instants frénétiquement, puis pouf, rien. Et pourtant, ô miracle, celle-là non seulement survit quelques semaines, mais encore s'étoffe, gagne de la vitesse, jusqu'au moment où elle s'emballe tout à fait, avec l'Anglais qui galope sur ses petites jambes pour rester dans la course. Le temps connaît alors des distorsions contre nature ; il s'accélère, ralentit, se tord, déraille. Les journées s'égrènent, semblables à une maison sans fenêtres, bizarres, entre le tournage d'histoires qui ne sont pas vraies et les prises de vue avec les photographes, les avant-premières, les talk shows qui le sont encore moins. À ce régime, la folie vous guette. On ramasse une nuit l'Anglais sur l'autoroute de la côte Pacifique, nu comme un ver qui chante *Le Seigneur est mon berger,* revolver au poing.

Cet Anglais s'appelle Ronald Pettigrew, et la série *Wetly Flows the Mississippi* a tenu deux saisons sur la Trump.

Même si je n'ai pas craqué comme lui, il y a eu des moments plutôt chauds. Aussi chauds que de combattre en Afghanistan ou de l'emporter contre les Yankees, ou bien encore de diriger un bordel branché ? Je n'en saurai jamais rien. Certains d'entre vous se disent peut-être, « mais enfin, c'est seulement une série télévisée ». Ils n'ont pas tort – après tout, le mot « seulement » peut s'appliquer à n'importe quelle activité humaine, du moment que vous mettez les choses en perspective. Un géologue ou un astrophysicien dirait que la guerre nucléaire provoquerait « seulement » la fin de la race humaine.

Admirez le paradoxe : si nous autres, qui avons bossé sur *Dr House* avions fait comme si c'était « seulement » une série télévisée, alors il n'y aurait pas eu de série. Elle aurait été blackboulée. Ce serait une ancienne série télévisée. Que voulez-vous, dans l'industrie du spectacle, on est d'un tempérament excessif. Notre passion est ce qu'en font nos pensées, aurait dit Marc Aurèle s'il avait été victime d'une mauvaise traduction, et quand des gens excessifs décident que quelque chose est passionnant, et qu'ils s'y investissent à fond au physique comme au moral, eh bien, cette chose devient, oui, passionnante. En tout cas, c'est ce qui est arrivé avec *Dr House*, pour le meilleur et pour le pire. Et ceux qui trouveraient cela comique, qu'ils se rappellent que c'est celui qui le dit qui l'est !

....

Bien entendu, l'acharnement au travail n'explique pas à lui seul le succès extraordinaire de *Dr House*, qui est la série la plus regardée partout dans le monde. (Je n'invente pas, je l'ai lu récemment dans un canard financier, je ne sais pas comment ils sont arrivés à cette conclusion, et je n'ai aucune intention de chercher à le savoir.) Il y a forcément autre chose. La série est naturellement plus que la somme de ses parties, mais cela se vérifie pour presque tout hors de la mathématique pure. Essayez de rouler dans le tas de pièces détachées qui entrent dans la fabrication d'une Honda Civic ! On pourrait penser que l'aversion de House pour le bon ton et les euphémismes permet au public d'un certain âge gavé de politiquement correct de se défouler un peu, tandis que son anti-autoritarisme séduit les plus jeunes, qui se plaisent si souvent à se considérer comme frondeurs, alors qu'ils le sont en fait rarement. Par-dessus le marché, House est un guérisseur, un type qui vous rafistole, un sauveur. Tout ceci combiné a sans doute contribué à mener la série jusqu'à une maturité bedonnante. Mais, si vous voulez mon avis, ce qui fait la blague, ce sont justement… les blagues !

Je pense que House est à se tordre de rire. Je suis fâché quand j'entends des gens le traiter de bougon, d'aigri ou de connard : ils passent à côté de ce qui fait la saveur de la série et du personnage. Car House est espiègle, spirituel et d'excellente compagnie. J'adore les moments que je passe avec lui. Je dirais même plus, sa drôlerie lui est chevillée au corps, et au métier. Bon, je vais vous expliquer.

(Vous n'êtes bien entendu pas obligés de lire mes divagations. Vous pouvez, si vous préférez, reposer tout de suite ce bouquin et passer au rayon Vie pratique. Ou aller tout de suite aux photos d'Olivia Wilde, je ne vous en voudrai pas.)

Rien n'est plus ennuyeux qu'un exposé sur la nature de l'humour ou de s'entendre expliquer pourquoi un gag est drôle. Je serai donc bref. Une plaisanterie est bonne lorsqu'elle associe deux éléments a priori disparates. La surprise que l'on éprouve à découvrir entre eux un similitude cachée provoque le rire. (Beuh. J'ai honte de décrire en termes crus et mécaniques cet art d'une délicate beauté. Mais voilà, le mal est fait. Le papillon est épinglé.) La stimulation de l'aire «métaphorique» de notre cerveau engendre des associations qui provoquent le rire. De temps à autre, House emploie des métaphores pour désigner ce dont souffre un patient. Un moyen commode pour expliquer un cas (au malade qui n'y connaît rien comme aux téléspectateurs tout aussi néophytes) sans jargonner. Mais la métaphore est aussi ce qui rend House si formidable. Il s'en sert comme d'un outil métaphorique (j'en ai commis une en voulant en décrire une!) pour déboulonner les problèmes. La métaphore lui permet d'être plus lucide et plus analytique que ses confrères et consœurs. La «zone humoristique» du cerveau de House se confond avec celle du diagnosticien, et avec celle qui exprime son attitude vis-à-vis de la mort.

House est athée. (N'ayant à ce sujet reçu aucune autorisation écrite de David Shore, j'assume la responsabilité de cette déclaration. Si House trouve la foi à la saison 9, je m'engage à récrire ces lignes.) Et que fait l'athée quand il se trouve face au vide du cosmos? Il se jette d'un pont dans la rivière; il se lance à la poursuite du bonheur, selon une formule mémorable; ou il fait des blagues. Pour l'athée qu'est House, le gag a quelque chose de sacré. Il touche à l'essence de son humanité. Le soulagement de la douleur, le geste qui sauve, voilà les règles que House doit impérativement suivre; pourtant il s'y plie de mauvaise grâce, sans conviction, soupçonnant que le jeu n'en vaut pas la chandelle, que tout est vanité. Le gag, en revanche, ah! Voilà un cri de joie, une étincelle du divin, un pied de nez à l'ombre menaçante du cosmos. House se paye le luxe de rire au nez de la mort. Rien ne vous l'interdit, vous savez.

....

Ceux parmi vous qui sont animés d'un esprit pratique doivent se demander quel lien il peut bien y avoir entre ce que je viens de raconter et le fonctionnement d'un établissement hospitalier américain. Les vrais médecins font-ils des métaphores comme ils respirent ? Font-ils des blagues ? Se charrient-ils entre eux comme House, Cuddy et Wilson ? Et si oui, est-ce vraiment la peine d'en parler ?

Pour commencer, ceux qui pensent que Princeton-Plainsboro ressemble de près ou de loin à un vrai hôpital ont à coup sûr une santé de fer. Le réalisme n'a jamais même été à l'ordre du jour. À mes yeux, Princeton-Plainsboro est une forêt enchantée, où les patients viennent pour qu'on les guérisse de maux allégoriques. Les traitements sont métaphoriques, les dialogues dialectiques. Bien entendu, toute dramaturgie observe les lois de son propre univers – les personnages ne peuvent pas voler ni voyager dans le temps – et la série respecte la vraisemblance autant que le lui permettent le temps et le budget impartis (sauf que dans le petit monde de *Dr House*, il n'y a pas de série télévisée intitulée *Dr House*). Les personnages comme les péripéties n'en sont pas moins détachés de la réalité. Je dirais même plus, il est impératif qu'ils le soient ! Parce que la réalité est soumise à l'aléatoire, alors que la fiction, non. Cette dernière prête au vide de l'Univers une structure, une moralité, un sens… de la beauté, aussi. Le peintre anglais Joseph Turner a répliqué un jour à un critique qui lui reprochait d'avoir peint un coucher de soleil comme il n'en avait jamais vu : « Mais n'auriez-vous pas aimé en voir un semblable ? » Bien joué, l'artiste !

Dans le bureau de House, il y un accessoire, un pavé en faux granit où on lit gravé : « Celui qui se contente de copier la nature ne produira jamais rien de grand ». J'ai toujours trouvé cette sentence prétentieuse et snobinarde, et pourquoi la graver dans la pierre ? Un bon vieux Post-it ne suffirait-il pas ? Pourtant, c'est tout à fait juste.

Si la reproduction de la réalité sur le petit écran semble indésirable, elle se révèle aussi impossible. Pour autant que je sache, on n'y a jamais réussi. Les flics de cinéma n'ont ni le look ni le comportement de vrais flics, les avocats de cinéma ne ressemblent en rien aux avocats dans la vraie vie, et les capitaines de vaisseaux spatiaux ne sont pas du tout comme les vrais… Le plus bizarre, c'est que l'industrie du cinéma ne peut même pas donner d'elle-même une image réaliste. À chaque fois qu'il y a une scène de tournage dans un film, ça ne loupe pas, le réalisateur arrache son casque de ses oreilles en vociférant « Coupez ! » et son assistant exaspéré tape dans ses mains : « On fait une pause ! » En trente années de carrière, je n'ai jamais vu ça.

Si vous croyez que je défends la série contre la critique, vous avez peut-être raison. (Je mets à profit la rédaction de ce papier pour régler quelques comptes. Vous n'en profiteriez pas, vous ?) Je ne citerai pas de nom – à part celui de chipie518. Que sa susceptible personne puisse être détenue injustement à un quelconque poste frontière, sans recours à un avocat ni à des toilettes en état de marche ! – mais oui, je souhaite défendre, sinon la série, du moins les gens qui la font. Ce sont de sacrés phénomènes, et on ne peut que s'émerveiller de leur talent et de leur dévouement à la tâche. Je voudrais que vous les voyiez à l'œuvre. Vous seriez époustouflés. Les erreurs qui sont commises sur *Dr House* – nous en commettons à tout bout de champ, parce que c'est dans la nature des choses – ne sont jamais le résultat d'une négligence ou d'un quelconque « je-m'en-foutisme » ; c'est le genre d'erreur que l'on commet quand on essaye de remplir sa feuille d'impôt tout en dégringolant dans l'escalier. On a cette sensation, ça je vous le garantis. Il grêle des consignes sur l'équipe, et pourtant elle continue à aller de l'avant, heure après heure, mois après mois, faisant preuve d'habileté, de ruse, de tonus et de bonne humeur – un de ces cocktails qui permettent de débarquer sur les plages normandes. En d'autres termes, nous formons une fine équipe.

Voilà, c'est lâché. On est quittes. Chipie518, tu peux téléphoner maintenant. Ah ! non, je n'ai pas de monnaie !

....

Il m'a été suggéré que j'étoffe cette contribution de quelques détails. Je vais donc vous faire partager un de mes lundis.

6 heures du matin

J'arrive au studio en révisant à voix haute ma prononciation américaine, sachant que si mes diphtongues et mes nasales sonnent mal dans la voiture, la journée promet d'être éprouvante.

À l'entrée, je suis accueilli par Lawrence, un cerbère en uniforme bleu qui me dit des choses comme : « Le pouvoir intérieur, c'est nous-mêmes », ou bien : « Ce lundi est favorable à celui qui cherche à accéder à sa transcendance ». Parfois, il me lit un de ses poèmes. D'autres fois, il se borne à m'adresser un sourire entendu, comme si entre nous les mots étaient inutiles. Cela se termine par un échange de légères bourrades amicales dont le sens m'échappera toujours, dussé-je vivre mille ans. Lawrence porte un flingue.

Je me rends dans ma caravane qui, comme les oreilles des vieillards, s'allonge de saison en saison. Cette année, j'ai loué la partie arrière à une gentille famille coréenne. En déglutissant un grand expresso pâteux, je regarde ce qui est marqué sur la feuille de service, une sorte de menu du travail de la journée. Comme avec un menu, je garde l'œil sur le prix – ici le nombre de pages. S'il y en a plus de sept, ça va être dur. S'il y en a plus de neuf, alors là, ça promet d'être une sacrée épreuve. Cela peut sembler bien peu de chose – cinq minutes de temps à l'écran par jour – mais il ne faut pas oublier qu'au royaume somptueux du cinéma, deux pages, c'est déjà beaucoup pour les petits petons de ces pauvres chéris.

Ouais, cet expresso est bien amer.

6 h 10 du matin

Je livre ma tête à la talentueuse Lori Rozman, chargée de camoufler mon front dégarni au moyen d'une matière fibreuse agrémentée de peinture acrylique. J'ai toujours pensé que la coiffure fait tout devant la caméra. Pas la coiffure en soi. Un peu comme un bon batteur est la griffe d'un bon groupe, une bonne coiffure est la griffe d'un bon personnage.

6 h 30 du matin

C'est l'heure de l'appel. Sur le plateau pour répéter la première scène. Cela va de la simple séance de placement – je me mets ici, toi là – au casse-tête physico-psychologique le plus complexe : comment exprimer tels ou tels sentiment, pensée, et la petite musique entre les personnages. Toujours est-il que simple ou compliqué, il faut que ça bouge. Comme les requins, si nous nous arrêtons, le manque d'oxygène finit par nous tuer. (Il ne sauraient y avoir d'autres points communs entre la production et ce prédateur.) Lorsque tout le monde se déclare content de la scène, les techniciens sont convoqués pour une répétition finale, où les déplacements des acteurs sont mémorisés au moyen de marques au sol à l'adhésif de couleur. Je suis vert.

Vers 7 heures du matin

Retour au maquillage. Marianna Elias, cette déesse grecque, enduit mon visage ridé d'un fin vernis. Étant donné mon âge canonique, elle se débrouille comme un chef.

Pendant ce temps, sur le plateau, Gale Tattersall, le chef opérateur, concocte sa lumière en se servant de vélums en mousseline, de réflecteurs blancs… et de magazines d'auto! Les cadreurs, Tony Gadioz et Rob Carlson peaufinent leurs réglages; le machiniste de la dolly, Gary Williams (2 mètres de haut, l'agilité d'un *ninja*, n'a pas commis une seule erreur pendant ses quatre années avec nous) cale le travelling au rythme de la doublure-lumière; Ken Strain, le perchman se torture les méninges pour savoir comment capter le dialogue sans que la perche ne se reflète dans les multiples panneaux de verre qui constituent les cloisons des salles de l'hôpital.

Ou bien ils tuent le temps en tapant le carton jusqu'à mon retour. Comment savoir?

Les visiteurs sur un plateau, n'importe quel plateau, ont souvent l'impression d'y voir un tas de gens «tourner en rond». C'est aussi l'impression que l'on a quand on observe une colonie de fourmis. Ce qui dérange en fait le néophyte, c'est l'absence d'uniforme. Ou plutôt tout le monde est en jean et baskets. Aucune tenue ne signale la fonction de chacun, sinon que les électriciens portent des gants pour se coltiner les éclairages brûlants et que les acteurs portent des blouses blanches pour se coltiner des dialogues tout aussi chauffés à blanc. (Cela ne compte pas comme dialogue!)

Ce manège se poursuit pendant six heures, jusqu'au déjeuner – qui n'a rien d'un repas, puisque c'est le seul moment dans une journée de 15 heures où les membres de l'équipe peuvent téléphoner à leur banque, leur plombier, le prof de leurs enfants ou l'avocat qui s'occupe de leur divorce. Ils font les cent pas sur le plateau, le portable collé à l'oreille, plaidant leur cause, cajolant, menaçant ou se défendant. Après le déjeuner, on voit tout de suite quels appels se sont bien passés et les autres.

Pour les acteurs, la coupure déjeuner peut comporter une lecture collective du prochain script ou une séance de post-synchronisation, où ils réenregistrent des dialogues parce qu'un chien a aboyé, ou qu'il y a eu un bruit d'avion, ou que ç'a été mal joué. L'acteur peut aussi passer l'heure avec un journaliste venu l'interviewer pour écrire un papier sur comment les gens sur un plateau semblent tourner en rond. Sinon, il peut dormir – ce que j'arrive à faire debout, comme un cheval, afin d'économiser à la coiffeuse une reconstruction de cheveux dans l'après-midi.

Et voilà. Vous n'avez plus qu'à répéter jusqu'à devenir zinzin ; ou jusqu'à ce que le public se laisse séduire par autre chose. Après six ans, on a du mal à croire que nos efforts sont toujours bien reçus, en Amérique comme ailleurs. On m'a crié dessus en Italie et on m'a couru après en Espagne. Couru après, c'est pas de la blague. Je crois qu'ils m'auraient même couru après en France s'ils n'avaient pas eu peur de froisser le pli de leurs pantalons. Le succès de la série à l'étranger est d'autant plus surprenant qu'elle est tout en échanges verbaux enlevés, où abondent les jeux de mots. Je conçois qu'un public parlant une autre langue que l'anglais s'accroche à une série policière où « Monte dans la voiture » se classe parmi les répliques longues.

Eh bien, voilà. Je vous ai déjà retenus trop longtemps. La mise en bouche est terminée. Si vous êtes encore dans la librairie à vous demander si ce bouquin vaut le prix indiqué, vous avez amplement assez d'informations pour vous décider. Moi, je vous dis : craquez ! Ce n'est pas tellement plus cher qu'un paquet de muffins à la myrtille, et qui sait ?... Cela pourrait vous intéresser.

Hugh Laurie
New Rochelle, New York
Avril 2010

INTRODUCTION

Tout le monde ment. Regardez de nouveau les premières minutes du pilote de *Dr House*, diffusées le 16 novembre 2004 et vous verrez que ce principe de base de l'univers du Dr Gregory House est posé d'emblée. Dans l'accroche, la séquence avec laquelle démarre l'épisode, une jeune prof, Rebecca (Robin Tunney) arrive en courant à l'école au moment de la sonnerie. Elle tombe sur une autre institutrice qui la taquine en insinuant que si elle est en retard, c'est parce qu'elle s'est envoyée en l'air la veille au soir. « Non, je n'ai pas couché avec lui », proteste Rebecca. « Tu mens », lui dit sa copine, pas dupe. « À toi, je ne te mentirais pas », réplique Rebecca. Maintenant, au bout de six saisons de *Dr House*, vous ne vous en laissez plus conter. Subitement, alors qu'elle s'adresse à ses petits élèves de maternelle, Rebecca se met à bégayer et s'effondre. La première maladie mystérieuse vient de frapper.

Nous voilà à présent parcourant les couloirs du centre hospitalier universitaire Princeton-Plainsboro. Wilson demande à House son avis sur le diagnostic de tumeur au cerveau en lui expliquant que Rebecca est sa cousine. Un peu plus tard, on s'aperçoit que Wilson et Rebecca n'ont aucun lien de parenté. Dès les trois premières minutes, nous avons là une contrevérité vérifiable et un canular probable, ce qui engendre un mensonge qui va être dur à soutenir. Pourtant, tout le monde fait de son mieux. En expliquant à Wilson pourquoi il ne veut pas se charger de cette malade, House avale un cachet. Aurait-il la migraine ?

Wilson lui rétorque : « Tu as trois toubibs surqualifiés dans ton équipe qui se tournent les pouces, tu ne veux pas qu'ils se rendent utiles ? » L'instant d'après, nous nous engouffrons dans la gracieuse narine de Rebecca et remontons jusqu'à son cerveau comme dans *Le Voyage fantastique*.

Dr House c'est House, et House, c'est Hugh Laurie. Pendant 132 épisodes jusqu'à la saison 6 comprise, nous avons assisté bouche bée au spectacle de House bousculant toutes les conventions de la relation médecin-malade… de toute relation humaine, si l'on y réfléchit. Dans son orbite, une poignée de personnages magnifiquement campés et interprétés avec brio par une distribution en tout point remarquable. Aucun n'a la tâche facile, qu'il assiste House ou dirige le service d'oncologie ou l'administration de Princeton-Plainsboro. Mais ce qui les occupe le plus, leur véritable raison d'être, c'est d'interagir avec House. Bosser avec ce type, c'est déjà en soi une gageure. House est un misanthrope, le médecin qui déteste les malades, l'atrabilaire à la patte folle, l'homme qui doit coûte que coûte résoudre le puzzle et mettre au jour la vérité, même s'il faut passer au hachoir la susceptibilité des autres, mentir, voler et tricher de toutes les manières… du moment qu'il obtient la réponse qu'il cherche.

Les timides n'ont aucune chance avec House. Sa première équipe soignante compte trois médecins : la femme au cœur tendre qui est le pilier moral du groupe ; son (ex-)mari, l'Australien qui ne ressemble pas autant à House qu'il voudrait bien le croire ; et l'ambitieux qui est, jusqu'à la couleur de ses baskets, plus semblable à House qu'il ne veut bien l'admettre. Sa deuxième équipe : le chirurgien plasticien volage ; la beauté qui a une bombe à retardement dans les gènes ; l'homme qui soumet à House l'ultime énigme qu'il ne parviendra jamais à déchiffrer. Et les deux personnes les plus proches de House : d'abord sa patronne, son aide de camp, sa rédemptrice, son amie et parfois son flirt, le personnage qui est chargé de dire à House ce qu'il doit faire. Enfin, le meilleur (et seul) ami de House, parfois son colocataire, marié trois fois, l'homme-qui-aime-trop, celui dans ce monde déjanté qui se voit dévolu par défaut d'exprimer la voix de la raison. À tous ces gens, il est arrivé plein de choses pendant ces six années.

Au moment où le pilote passe à l'antenne, cette aventure est encore dans l'œuf. Foreman dénonce le mensonge de Wilson à propos de Rebecca : elle n'est pas sa cousine. Il l'a découvert en fouillant illicitement l'appartement de Rebecca. Comment a-t-il su ? À cause du jambon dans le frigo. (Wilson est juif. Si elle était la cousine de Wilson, elle ne consommerait pas de jambon.) Le jambon est ce qui déclenche chez House l'*eurêka* ! Elle a un ténia dans le cerveau. Il revient au Dr Chase de prouver à Rebecca que les praticiens ont finalement trouvé la solution et de la persuader d'accepter de suivre le traitement, lequel se borne à avaler deux cachets par jour pendant un mois. L'issue heureuse laisse House indifférent. Pour sa part, sa responsabilité s'est arrêtée au diagnostic.

Le ténia de Rebecca est traité comme le méchant à la fin d'une enquête policière. Semaine après semaine, le maître de cérémonie, le créateur et scénariste David Shore et la coproductrice Katie Jacobs livrent au petit écran un polar médical, où House traque des maladies étranges autant que fuyantes. Mais dès le pilote, il est évident que *Dr House* est aussi beaucoup plus que cela. Et si nous continuons à regarder la série, c'est que nous voulons savoir ce que les scénaristes vont encore trouver pour ces personnages. À la fin du pilote, alors que House et Wilson sont plantés devant un soap hospitalier, Wilson avoue qu'il a menti à propos de son lien de parenté avec Rebecca afin d'obliger House à s'occuper de son cas.

WILSON : Tu ne m'as jamais menti ?
HOUSE : Je ne mens jamais.
WILSON : Ah oui, c'est vrai.

House plaisante. Tout le monde ment. Pourquoi mentons-nous ? Parce que c'est utile. Grâce au mensonge, Wilson a réussi à ce que House guérisse Rebecca. Mais ce même mensonge a eu une autre conséquence, celle-là non voulue. Si Wilson avait tanné House ou lui avait graissé la patte plutôt que de lui raconter que Rebecca était sa cousine, Foreman n'aurait jamais prêté attention à ce jambon dans son frigo. Sans le mensonge (et la violation de domicile par Foreman), la malade serait morte. Cela démontre l'importance de ce que House souligne en lançant une petite phrase à Foreman dans la salle de diagnostic (épisode 1), à quoi Foreman réplique que ça ne veut rien dire : « C'est dans le mensonge que la vérité commence, dit House. Méditez cela. »

LA LIGNE DE DÉPART

☒ Création de la série

« Rien n'est plus simple que de s'asseoir à son clavier et de doter son personnage de traits de caractère totalement contradictoires, mais c'est une autre paire de manches quand un acteur doit les assumer. »

—DAVID SHORE

David Shore, le créateur de *Dr House*, est le premier à admettre qu'il faut être nombreux pour développer une nouvelle série pour la télévision.

En 2003, Katie Jacobs et Paul Attanasio, qui à eux deux constituaient la société de production Heel and Toe Films, ont pris contact avec Shore en lui proposant de collaborer avec eux à une création pour Universal Network Television, avec qui ils étaient sous contrat pour le développement d'une nouvelle série.

« J'étais un de ses fans, confie Katie Jacobs. Il a répondu "je suis partant, je vais vous pondre un pilote et on trouvera le thème plus tard". »

Shore avait derrière lui des années d'expérience en qualité de producteur exécutif de séries dont il n'était pas le créateur, et il était fin prêt pour s'attaquer à quelque chose de personnel. Tout en travaillant comme conseiller sur *Century City*, une série que Jacobs et Attanasio produisaient pour Universal, Shore bossait sur son script. Tous trois se réunissaient de temps en temps afin de discuter du futur pilote – un premier épisode destiné à persuader les producteurs de commander une suite. Première question à laquelle on se doit de répondre : *De quoi s'agit-il ?*

Les lieux sont forcément des endroits où les gens se trouvent en détresse : des commissariats, des tribunaux, des salles d'opération. Là, il peut arriver le meilleur comme le pire. Le drame est implicite. Vu sa formation juridique et ses expériences passées dans le même type de série, David Shore n'avait aucune envie de se plonger dans l'univers judiciaire. Paul Attanasio a sorti de sa manche une idée inspirée de la rubrique éditoriale «Diagnosis» de Lisa Sanders dans le *New York Times Magazine*. Des médecins y décortiquent les symptômes d'un malade, pour finalement aboutir à un diagnostic. Paul et Katie, grâce à leurs contacts à la télévision, savaient qu'ils cherchaient une nouvelle série policière. L'idée de Paul consistait à transposer le principe du diagnostic différentiel dans un cadre hospitalier.

Shore était perplexe : «Je n'étais pas tellement convaincu, avoue-t-il. J'avais d'autres idées que je préférais». Pourtant, il se plia au thème médical. «La chaîne était enthousiaste et je ne suis quand même pas idiot, j'ai gardé mes doutes pour moi.» Au fil des mois, alors qu'il planchait sur le scénario («Je me tapais la tête contre les murs»), un personnage prit forme dans son imagination. En rédigeant son synopsis, il se demandait où il allait.

«Ce qui m'inquiétait le plus, c'est de m'être trop centré sur le personnage et pas assez sur l'investigation. Nous avions ferré un poisson avec une série policière, et nous nous retrouvions avec un drame intime sur les bras!»

—DAVID SHORE

Une solution se présenta, leur permettant de contourner ce problème.

«Je suis à jamais redevable à Paul d'avoir proposé de ne pas montrer le synopsis à la chaîne, dit Shore. C'est ce qu'on a fait.»

Ayant réussi à convaincre la chaîne qu'elle avait tout avantage à attendre le scénario définitif, Shore s'attela à la tâche.

L'écriture du script du pilote lui prit cinq mois de dur labeur. Une fois avalisé par Paul et Katie, il fut remis à la chaîne. C'était un vendredi soir après le nouvel an 2004. À dix heures du matin le lundi suivant, la chaîne téléphona pour les informer qu'elle leur commandait un pilote.

Un réalisateur fut engagé : Bryan Singer, qui avait réalisé le film *Usual Suspects* et la série *X-Men*. Singer est par la suite resté sur la série en qualité de producteur exécutif.

« Peu de changements ont été apportés au scénario du pilote, ce dont je suis assez fier. Au départ, j'avais situé l'action à Boston, parce que c'est une ville universitaire. Un des souhaits de Bryan Singer, quand il a accepté de le réaliser, était de transporter l'action à Princeton, la ville où il a grandi. Il aimait l'idée que ce n'était pas une grosse agglomération… En plus, c'était quelque chose qu'on n'avait jamais vu à la télé, ce qui était sympa. Un vrai plus. »

—David Shore

Que *Dr House* se réfère au Sherlock Holmes de sir Arthur Conan Doyle n'est un secret pour personne. « House et Wilson sont librement calqués sur Holmes et Watson. Je dirais qu'ils en sont inspirés », dit David Shore. Holmes et Watson ; House et Wilson. La première malade de House s'appelle Rebecca Adler, dont le patronyme a servi à Conan Doyle pour un de ses personnages. House se fait tirer dessus par un homme appelé Moriarty – Holmes a été tué par Moriarty (et ressuscité par Conan Doyle). Holmes et Watson s'installent au 221B Baker Street ; House habite au 221 de sa rue. Holmes prend de la cocaïne, joue du violon, aime les romans de gare et résoudre des énigmes, tout comme House. Mais dans le couple originel, c'était Watson qui marchait avec une canne.

Holmes, dès le premier coup d'œil, en sait long. La première fois que Holmes voit Watson, il déduit de son apparence qu'il a servi son pays en Afghanistan – à l'époque, comme de nos jours, un bourbier où s'enlisaient les armées. Son seul intérêt dans la vie, c'est de trouver les solutions. Dans

Le Signe des quatre, Holmes déclare : « Un client n'est pour moi que l'élément d'un problème. »

> **« Mon esprit refuse** la stagnation, répondit-il ; donnez-moi des problèmes, du travail ! Donnez-moi le cryptogramme le plus abstrait ou l'analyse la plus complexe, et me voilà dans l'atmosphère qui me convient. Alors, je puis me passer de stimulants artificiels. Mais je déteste trop la morne routine et l'existence ! Il me faut une exaltation mentale : c'est d'ailleurs pourquoi j'ai choisi cette singulière profession ; ou plutôt, pourquoi je l'ai créée, puisque je suis le seul au monde de mon espèce. »
>
> —Sherlock Holmes

Cela ne vous rappelle-t-il pas quelqu'un ?

Pour Holmes, Doyle tira son inspiration du Dr Joseph Bell, dont il avait suivi les cours à l'hôpital d'Édimbourg (dans l'épisode *Le Divin Enfant*, House reçoit en guise de cadeau de Noël un précis de chirurgie dont l'auteur est justement le Dr Bell. Il jette le livre.) Bell était un Holmes en blouse blanche. Il aimait se donner en représentation et avait l'habitude d'arriver à un diagnostic en observant l'apparence du malade : quand et où avaient-ils fait leur temps sous l'uniforme, de quoi se plaignaient-ils ? *Parfois, le résultat était spectaculaire,* écrit Conan Doyle dans ses mémoires, *quoiqu'il lui arrivât de commettre des bourdes.*

David Shore attribue en outre au personnage de House une autre origine : « *Dr House* est basé sur quelque chose qui se passe dans ma tête, un côté de ma personnalité. Je ne prétends pas être aussi intelligent que lui, ni aussi drôle, mais je m'en suis inspiré. Ses attitudes sont les miennes. Des petites choses qui me sont arrivées. »

Une de ces petites choses a été déterminante. Shore s'était blessé à la hanche. L'hôpital lui a donné un rendez-vous trois semaines plus tard. Le moment venu, sa hanche était guérie, mais il s'y est rendu quand même : « J'ai décrit au médecin mes anciens symptômes. Cela m'a peut-être inspiré pour les histoires de consultation. Comme c'était un hôpital universitaire, tout un tas de toubibs m'ont examiné pour rien. Je me rappelle m'être dit que ces gens étaient vraiment trop polis, trop respectueux, alors que je ne le méritais pas : j'étais en train de leur faire perdre leur temps. Bon, mais je savais que dès que je serais sorti de la salle, ils allaient me casser du sucre sur le dos. Je me trompais peut-être. Toujours est-il qu'ils auraient dû, moi je leur cassais les pieds ! C'est alors que j'ai pensé qu'il serait intéressant de mettre en scène un personnage qui peste à propos d'un malade… sous son propre nez. Quelqu'un qui ne supporte pas les imbéciles ! »

QUESTION : House dit des choses que les médecins ne profèrent en général que lorsque le patient n'est plus là pour les entendre.

ROBERT SEAN LEONARD : J'ai entendu des médecins qui disaient adorer ça. C'est une des raisons pour lesquelles ils regardent la série. D'autres s'en offusquent. Je m'en fiche.

La FOX ayant donné son feu vert pour le pilote, une fois Bryan Singer engagé pour le réaliser, on procéda au casting. Les décisions se multiplient, tout comme le nombre de personnes impliquées. Les idées géniales n'accouchent pas toujours de scénarios géniaux, de pilotes géniaux et de séries géniales. « Il faut trouver le bon réalisateur et ce n'est pas facile de tomber juste, dit Katie Jacobs. Pareil pour les acteurs. C'est dur de trouver ceux qu'il faut. »

La création de *Dr House* a coûté à David Shore de nombreux mois de travail, mais son succès à long terme a tenu au heureux hasard qui a permis de trouver l'acteur qu'il fallait pour le rôle principal. Les directrices de casting Amy Lippens et Stephanie Laffin, assistées de Janelle Scuderi, avaient travaillé sur *Century City*. La série arrêtée, elles avaient cherché du travail ailleurs, tout en espérant que *Dr House* se ferait. Dès que le coup d'envoi fut donné, elles se mirent à l'ouvrage. L'équipe de casting a en effet pour tâche de trouver les acteurs adéquats, lesquels se prêtent à une série d'auditions devant les producteurs et les réalisateurs et, parfois, les responsables du studio et de la chaîne de télévision. Comme le reste, le casting est soumis à la loi générale :

La coproductrice de Dr House, *Katie Jacobs (à droite)*,
sur le plateau avec Olivia Wilde.

la première mise en place est celle qui compte. Si l'acteur est bien
choisi, il pourra camper un personnage inoubliable ; du choix de
la distribution dépendent donc le succès du pilote et ses chances
d'être le point de départ d'une série.

D'emblée, Katie Jacobs a joué un rôle clé dans les décisions
relatives au casting. À la télévision, cela ne se passe pas du tout
comme au cinéma, où elle travaillait avant.

« Ça paraît dingue, mais on a trouvé Wilson avant House, dit
Jacobs. C'est comme si on s'y était pris à l'envers, mais pendant
la saison des pilotes, il faut prendre ses décisions rapidement. Au
cinéma, on choisit d'abord le premier rôle, puis on adapte le reste.
La saison des pilotes, c'est comme la saison de la chasse : il y a beaucoup de chasseurs. Wilson a été le premier rôle à être distribué. »

Robert Sean Leonard passe l'audition le premier jour du cas-
ting de Wilson. Lisa Edelstein est choisie juste après. Jennifer
Morrison se présente aussi pour une audition le premier jour.
Comme elle a un autre casting, on l'emmène tout de suite audi-

tionner de nouveau devant les gens de la chaîne, pendant que d'autres actrices continuent à postuler au rôle de Cameron. Le plus dur a été de trouver un acteur pour interpréter House. C'est seulement deux semaines avant le début du tournage du pilote que Hugh Laurie est choisi. La tâche était compliquée, du fait qu'un grand nombre de studios recherchaient le même acteur.

STEPHANIE LAFFIN : Tous les pilotes cherchaient des hommes de quarante-cinq ans : *Grey's Anatomy*, *Les Experts*, *NIH : Alertes médicales*, *Desperate Housewives*, *Lost*…

AMY LIPPENS : La compétition était féroce. On voulait tous les mêmes acteurs en même temps.

JANELLE SCUDERI : Il n'y a pas tant d'acteurs que ça qui peuvent tenir le rôle principal dans une série. Ils sont vingt.

L'histoire de l'enregistrement de casting de Hugh Laurie est désormais célèbre. À l'époque des auditions, Hugh Laurie se trouvait en Namibie, en train de tourner le film *Le Vol du Phoenix*. Laurie intéressait la production de House. Amy Lippens souhaitait travailler avec lui sur un autre projet et le directeur de casting anglais avec qui ils collaboraient avait parlé de lui. D'autre part, Stephanie Laffin avait eu l'occasion de le voir jouer dans *Stuart Little* que son petit cousin de cinq ans regardait en boucle. Laurie figurait donc sur la liste, laquelle était longue. Pourtant, l'acteur britannique partait avec un lourd handicap qui aurait dû le disqualifier d'emblée : Bryan Singer, le réalisateur, tenait à un acteur américain pour House. Étant donné les courts délais de tournage, il ne voulait pas être embarrassé, ni surtout ralenti par un problème d'accent. Cependant, il fut entendu que Laurie leur enverrait une vidéo pour le casting.

En Namibie, Hugh demanda à un autre acteur de le filmer à son hôtel. Ils tournèrent dans la salle de bains, parce que la lumière y était meilleure qu'ailleurs. Laurie lut une scène de Wilson et une scène de House. Il s'était déjà enregistré, mais jamais dans des conditions aussi rudimentaires : «Nous avions passé la journée dans le désert. Nous étions sales et pas rasés.

Au début du film, je me suis présenté en m'excusant de mon air débraillé et en expliquant qu'on avait rencontré des petits problèmes. Je me suis dit, s'ils rigolent, tant mieux, sinon, tant pis, c'est le signe que ce n'est pas pour moi. Heureusement, ça leur a plu. »

À Los Angeles, les semaines s'écoulaient. « On était à bout de ressources », se rappelle Amy Lippens. Ils finirent par visionner la vidéo de Hugh Laurie. Janelle Scuderi se souvient de la séance : « Dès les premières secondes, on s'est dit bon sang, ce mec est super ! »

La réaction fut générale, y compris de la part de David Shore : « Cette vidéo… c'était tout simplement renversant. Voilà un type qui avait le même point de vue que moi sur son personnage. C'était comme une illumination. Je voyais un truc dans ma tête, et je suppose qu'il collait avec ce truc. Dès qu'il a ouvert la bouche, je me suis dit : "C'est lui." »

Hugh Laurie, depuis sa salle de bains namibienne, venait de confirmer à Shore qu'il n'avait pas travaillé pour rien. « Jusque-là, je m'étais demandé si je n'avais pas créé quelque chose d'impossible à trouver dans la nature. »

En montrant la vidéo à Bryan Singer, Katie Jacobs n'avait pas oublié son refus d'envisager un acteur « handicapé » par un accent. Mais de son point de vue, aucune objection ne pouvait tenir devant ce fait extraordinaire : Laurie *était* House. « Je voulais que Bryan se trouve emporté par House. Je n'allais pas lui dire, maintenant tu vas voir Hugh Laurie. »

« Quand j'ai mis la vidéo, Bryan a commencé à regarder. Il s'est levé de son bureau pour se rapprocher de l'écran. Et puis il a dit : "C'est qui, ce type ?" »
—KATIE JACOBS

Jacobs confessa que « ce type » était anglais. Singer et elle conclurent un accord : ils continueraient à chercher, mais Hugh Laurie serait convoqué. Ce compromis ne plaisait pas tellement à Jacobs. Pourquoi chercher, quand on avait déjà trouvé ? C'est une autre différence avec le monde du cinéma. Les chaînes veulent avoir le choix. Au cinéma, si le producteur hésite entre plusieurs solutions, c'est interprété comme un manque de vision.

Avant que Hugh Laurie ne débarque à Los Angeles, aucun autre acteur ne s'était distingué. Il était le seul candidat. Cela ne signifiait pas qu'il était parfait. La chaîne cherchait quelqu'un de plus jeune. Et puis, il s'était passé du temps depuis la vidéo de Namibie, et Laurie avait changé d'état d'esprit.

«Plusieurs mois après, mon agent m'a parlé de "cette série hospitalière…" Franchement, je ne savais pas de quoi il parlait. Quelle série hospitalière? Cette histoire m'était complètement sortie de la tête.»

—Hugh Laurie

Katie Jacobs tenait à tout prix à ce que pour rencontrer les responsables des studios et de la chaîne de télévision Hugh Laurie garde sa barbe de trois jours et le look froissé qu'il avait sur la vidéo de Namibie. «J'ai dit aux filles du casting qu'il ne fallait surtout pas qu'il se rase.»

Laura Lancaster, du studio Universal, se rappelle sa rencontre avec Hugh Laurie: «Il était vêtu plus ou moins comme il l'est dans la série – blazer, t-shirt, jean, des baskets colorées, et il portait un petit badge – un petit badge punk où on lisait *sexy*. C'était trop drôle. Venir à la FOX où tout le monde savait qu'on cherchait un mec sexy. Très malin. On a tout de suite accroché avec son sens de l'humour.»

«J'ai vu Hugh pour la première fois devant le bureau. Il avait un parapluie au lieu d'une canne… Il m'a lancé "ça va, là-dedans?" en désignant la salle. Je lui ai répondu: "Nous, oui." Gail Berman, de la FOX, a fait mine de lui avancer une chaise. Hugh lui a balancé: "Je m'assois là où est la chaise." Il nous avait tous dans sa poche.»

—Katie Jacobs

Les auditions se déroulent dans une salle vide, en présence d'une douzaine de personnes qui écoutent l'acteur ou l'actrice lire sa scène. C'est artificiel, gênant, et l'essai n'a presque rien à voir avec ce qu'on recherche au final.

Hugh Laurie réussit avec les félicitations. « Il n'y a pas eu une seule voix contre, dit David Shore. Tout le monde savait qu'on tenait le bon numéro. »

Tous, à la chaîne, au studio et sur *Dr House* étaient conscients que la série dépendait totalement du personnage de House. La seule personne qui au moment de l'audition ne s'en rendait peut-être pas compte était Hugh Laurie.

« À l'époque, je n'avais pas lu le scénario en entier... Je croyais que Wilson serait le personnage principal et que House travaillerait seulement une journée par semaine. Si j'avais su ! Je me rappelle Bryan Singer... c'est ridicule, quand j'y repense... disant que la série tournait autour de House, et tout le monde a opiné d'un air entendu. Grotesque. Les choses ne sont jamais aussi évidentes sur le moment qu'elles ne le paraissent rétrospectivement. »

—HUGH LAURIE

Dr House avait donc désormais son House. À ce stade, il restait à trouver Foreman et Chase. Omar Epps, après une audition avec Hugh Laurie, remporta le rôle. Jesse Spencer avait fait une vidéo à Londres, où il habitait, puis avait lui-même payé son billet d'avion pour Los Angeles, spécialement pour la saison des pilotes. Le rôle de Chase était a priori destiné à un Américain et à un homme plus âgé, mais Spencer parvint à persuader tout le monde que Chase était plus plausible s'il était un jeune Australien comme lui. Les rôles principaux étaient désormais distribués.

Le casting avait été éprouvant : « Quand on trouvait un acteur qui nous plaisait, au bout de quelques minutes d'audition, on se rendait compte que ça n'allait pas, se rappelle Stephanie Laffin. Un jour, on les a fait jouer ensemble dans la salle de diagnostic. David est sorti en maugréant : "Ces gens ne sont pas les meilleurs médecins du monde." »

JANELLE : À la FOX, on disait que si on n'était pas à tomber, on n'était pas à la FOX. Même le petit rôle qui avait deux répliques à donner à la star devait être super. Tout le monde devait être super.

Mais c'est une chose de savoir qui serait génial pour un rôle, et une autre d'engager l'acteur. Après avoir lu le script du pilote,

Amy Lippens annonça : « Je veux Omar Epps. » Ce n'était pas la première fois que son nom apparaissait. « Omar n'était même pas certain de vouloir jouer dans une série », précise Amy. C'est un engagement qui est lourd de conséquences : dès avant l'audition, les acteurs doivent signer un papier comme quoi ils sont prêts à jouer le rôle pendant sept ans d'affilée.

D'après l'équipe de casting, Stephanie Laffin aurait laissé passer bon nombre d'acteurs qui sont devenus ensuite des stars de cinéma ou des vedettes d'autres séries. Elle en détient la liste, mais ne révélera pas de noms. Cela dit, la distribution de *Dr House* s'est révélée une telle réussite qu'on peut affirmer que le travail a été bien fait. Personne d'autre n'aurait pu interpréter Cameron, Foreman, Wilson ou House. « Quand on regarde la liste de Stephanie, on voit bien que ces comédiens n'auraient pas convenu », confirme Janelle Scuderi.

Hugh Laurie était celui qu'il leur fallait. À l'époque, tout ce qu'on connaissait de lui, c'était ses prestations dans des comédies en Grande-Bretagne. Le petit frère de Laura Lancaster étant un fan de *La Vipère noire*, elle avait regardé la série comique anglaise en DVD pendant ses vacances. « Je savais qu'il pouvait être hilarant, se rappelle David Shore. Mais j'ignorais qu'il avait aussi un talent de tragédien. Je n'aurais même pas pensé à lui faire jouer une scène tragique. »

On peut se demander ce qui se serait passé si Hugh Laurie n'avait pas tourné sa vidéo de casting en tenue débraillée, se donnant avant l'heure le look de House alors que ce dernier n'avait même pas encore pris forme. S'il n'avait pas été sur un tournage en Afrique, il se serait sans doute enregistré à Londres en veston-cravate, comme il l'avait déjà fait pour la télévision américaine.

Il le dit d'ailleurs lui-même : « Je n'aurais peut-être pas retenu l'attention de Bryan Singer, et s'il m'avait choisi, House n'aurait pas été le même personnage. Il serait peut-être en costard-cravate. Le rôle serait peut-être interprété par un autre que moi. »

«**Au départ, c'est** comme ces compétitions de natation où il y a des milliers de nageurs : tout le monde plonge sur la même ligne. Ensuite, vous êtes là où nous sommes maintenant. C'est devenu l'épreuve du 10 km en eau libre avec dix autres participants. Bref, un autre genre de défi.»

—OMAR EPPS

Plusieurs personnes dans l'équipe de *Dr House* sont là depuis le début, c'est-à-dire le pilote, qui fut filmé au Canada. Gerrit van der Meer et Marcy Kaplan venaient tous les deux de *Century City*. Le premier est allé à Vancouver mettre en place le pilote. Kaplan se rappelle qu'elle avait vécu un dilemme entre deux projets. Le premier était le «Projet sans titre Attanasio-Shore» et le second un pilote pour la Warner Bros., *Wanted*, qui n'a pas abouti à une série. «J'ai fait le bon choix. Le script du futur *Dr House* était bien meilleur. C'est ça le truc, bosser pour une série qui est géniale ! »

STEPHANIE : Elle n'a pris son titre de «Dr House» qu'au deuxième jour de tournage.

JANELLE : La série s'appelait «Projet sans titre Attanasio-Shore».

STEPHANIE : On ne l'a su qu'à l'instant où Janelle a tiré une feuille de service du fax dans notre bureau de *Century City* à Los Angeles. Oh ! le titre de la série est *Dr House* !

Le pilote fut tourné à Vancouver et la série a débuté au cours de l'été 2004. Il est tout à fait exceptionnel qu'il ait été produit par NBC Universal et diffusé par la FOX (plutôt que par la chaîne NBC). Comme l'explique Laura Lancaster de NBC, c'est Universal (alors un studio indépendant) qui avait signé le contrat d'origine avec Paul et Katie d'une part et David Shore d'autre part. Au printemps 2004, entre le tournage du pilote de *Dr House* et le lancement de la série, NBC avait racheté Universal, lequel avait par conséquent proposé l'idée à la chaîne. À l'époque, NBC développait une série intitulée *Alertes médicales*.

Dr House a été diffusé pour la première fois à l'automne 2004, après la saison des World Series de football américain. La série n'a pas connu un succès immédiat. Katie Jacobs se rappelle que la première saison a été très dure. House passait sur le petit écran en novembre, juste après le reality show *American Idol* (équivalent américain de la *Nouvelle Star*), qui jouissait d'un succès phénoménal. La chaîne a convoqué une réunion. Ils réclamaient plusieurs choses, dont l'introduction dans la série d'un nouveau personnage. « David et moi nous avons bien écouté leurs requêtes, et ensuite on a fait des concessions, mais pas sur tout », dit Katie.

David Shore a quitté Los Angeles pour les vacances de Noël. La chaîne a téléphoné de nouveau. Ils avaient eu encore d'autres idées et pensaient qu'il faudrait un méchant à égalité avec House. « Moi qui croyais avoir réussi à les convaincre de renoncer à leur lubie », soupire Jacobs. La chaîne tint bon : il fallait un personnage menaçant la situation de House. David Shore imagina alors Edward Vogler, interprété par Chi McBride, un milliardaire qui préside le conseil d'administration de Princeton-Plainsboro et engage un bras de fer avec House.

Les épisodes déjà tournés furent diffusés après *American Idol* et ils firent de l'Audimat avant même l'introduction du méchant. « Je ne peux pas leur reprocher de vouloir faire tout leur possible avec la science qu'ils ont acquise… c'est leur boulot », philosophe Katie. Elle admet que McBride a été extraordinaire dans Vogler. La FOX essayait de remédier à un problème qui n'existait pas, mais cela dit, Vogler fut un des meilleurs adversaires de House.

Il y a tant de facteurs qui échappent au contrôle des équipes de tournage et des acteurs ! Même si tous ceux qui travaillaient sur *Dr House* au départ savaient que c'était bon, rien ne garantissait son succès. Un grand nombre de séries sont mortes sur les bureaux des producteurs sans que ce soit la faute de personne. Personne n'était sûr de rien. Avec le recul, après 132 épisodes, on

Question : À votre avis, le personnage était déjà solidement campé sur ses jambes ?

Gerrit van der Meer : Dans son cas, votre choix des mots est intéressant.

s'aperçoit que rien n'est jamais gagné d'avance. « Sur le moment, dit Marcy Kaplan, on se concentre sur le pilote et on espère qu'on va vous commanditer douze épisodes. Puis, quand on en a douze, on se dit qu'on pourra peut-être en faire neuf de plus. Mais jamais je ne me suis dit qu'on pourrait continuer comme ça pendant dix ans. »

ET SI MICHAEL CAINE
ÉTAIT LE PÈRE DE HOUSE ?

 **Écrire *Dr House***

> **QUESTION** : Vous avez toujours dix épisodes d'avance ?
> **DAVID SHORE** : Parfois, j'en ai vingt ou trente, vous
> voulez dire !

Pour David Shore, il est évident que la plupart des gens regardent *Dr House* d'un œil distrait. « Je suis sûr qu'ils se préparent des sandwichs devant leur télé… ou qu'ils reviennent de la salle de bains trente secondes après la fin des pubs », marmonne-t-il, manifestement contrarié.

Les épisodes sont si riches en péripéties et les dialogues si percutants que rien n'est plus facile que de passer à côté d'une nuance ou de perdre un fil en cours de route. Surtout que dans cette série, on ne se répète pas. L'écriture de chaque épisode est extrêmement soignée. « On planche sur chaque mot du script, dit Shore. On n'obtient pas toujours le truc idéal, mais c'est quand même pour moi le moment le plus important. Quatre-vingt-dix-neuf pour cent de mon boulot, c'est de mettre au point le script. »

« Depuis trente et quelques années que je fais le métier d'acteur, je n'avais pas encore vu un script aussi délectable. Autrefois, j'ouvrais un scénario sans enthousiasme. Ici, j'ai l'impression que je m'amuse tout en travaillant. Les répliques me font toujours rire de bon cœur, elles me sidèrent littéralement. Parfois, j'en ai froid dans le dos. C'est tout à fait génial. »

—HUGH LAURIE

David Shore dirige une équipe de douze à quatorze scénaristes à plein temps, plus leurs assistants. Il a trois bras droits. Le premier est le producteur exécutif Tommy Moran et les autres sont le duo Garrett Lerner et Russel Friend, producteurs exécutifs en sus, qui forment un tandem de scénaristes depuis l'école de cinéma. Ils se partagent la tâche de superviser l'écriture des scripts. Si cette double casquette vous étonne, sachez que beaucoup de participants à l'aventure du *Dr House* sont logés à la même enseigne, occupant deux fonctions à la fois. Non seulement ils dirigent les scénaristes, mais aussi écrivent des épisodes entiers au même titre que le scénariste officiel, David Shore.

Avant de songer à plancher sur un scénario individuel, les écrivains doivent concevoir pour la saison suivante l'«arc narratif», autrement dit une suite d'épisodes constituant une histoire précise. (Pour savoir ce qui va se passer dans un avenir plus lointain, prière de s'adresser à David Shore.) De sorte que le travail sur le scénario ne cesse jamais d'une saison à l'autre, «Cela nous prend dix mois pour tourner vingt-quatre épisodes, dit Russel Friend. Cela nous prend onze mois et trois semaines pour les écrire. »

Les scénaristes ont besoin d'avoir au moins six semaines d'avance sur la production. Bien avant le début de la saison suivante se tient une réunion au sommet avec David Shore, Katie Jacobs et des scénaristes. Ils mettent au point l'arc narratif qui doit transparaître dès le premier épisode. Il y a aussi des réunions concernant des histoires médicales à mettre au point après discussion. Ces réunions planifient six à douze épisodes – jamais plus d'une demi-saison à la fois. Parce qu'ils savent tous que dès qu'ils seront arrivés au milieu de la saison, toutes les données seront changées. Les scénaristes ont parfois du mal à tenir le rythme. En octobre, alors que la production est en marche depuis quatre mois, ils n'ont plus que quatre ou cinq épisodes d'avance. «La perspective d'avoir à livrer un scénario clé en main en novembre est terrifiante pour nous, dit Tommy Moran. On court après le temps. On espère survivre jusqu'à Noël. »

Au début de la saison 6, tout le monde connaissait la réponse à la sempiternelle et essentielle question : « Qu'est-ce que House nous prépare ? » À la fin de la saison 5, il avait été interné à l'hôpital psychiatrique de Mayfield. C'est là qu'on le retrouve au premier épisode de la saison 6. Au départ, il était prévu que House reste interné pendant six à huit épisodes, ce qui permettait de rentabiliser les décors coûteux construits dans les studios de la FOX. Mais les impératifs changèrent. L'équipe de scénaristes s'est rendu compte qu'il fallait ramener House à Princeton-Plainsboro à la fin de la diffusion de deux heures qui ouvrait la saison (House révèle qu'il a passé sept semaines en psychiatrie dans *Le Cœur du problème*, l'épisode 6 de la saison 6, ce qui correspondait peu au moment où le public devait se demander si on allait lui permettre de sortir).

« L'important, c'est de savoir quel genre de réaction vous voulez provoquer chez le téléspectateur. À la scène 2 de l'acte 6, mettons, je veux susciter tel ou tel sentiment, et je dois savoir exactement quoi. Si c'est de l'ambiguïté, très bien, il faudra vous arranger pour que le public ressente de l'ambiguïté. Je veux qu'il soit à soixante pour cent convaincu que c'est ça que House a dans la tête. Dans une certaine mesure, c'est un peu comme si vous étiez un marionnettiste. »

—DAVID SHORE

L'idée de placer House en hôpital psychiatrique est venue au cours de la saison 5, avec pour problème annexe : que faire de Kutner ? Kal Penn avait annoncé son intention de quitter la série. Les scénaristes se demandèrent donc quelle sortie ménager à ce personnage. Certains suggérèrent de le faire gagner à la loterie. L'ennui, c'était que les probabilités étaient trop basses. C'est Leonard Dick qui eut l'idée du suicide. Tommy Moran objecta que c'était trop tôt après la mort d'Amber. David Shore jouait avec la possibilité de terminer la saison avec l'internement d'office de House, et même s'il n'était pas tellement chaud à la perspective de tuer encore un personnage, la mort de Kutner pourrait précipiter les choses pour House. « On essayait de trouver d'autres solutions, mais celle-là revenait toujours sur le tapis, dit Tommy Moran. Elle collait trop bien au reste. »

L'idée était que la descente aux enfers de House allait être précipitée par le suicide de Kutner et l'impossibilité dans laquelle se trouverait dès lors House d'en saisir la raison. La veille des vacances de Noël 2008, les scénaristes s'installèrent pendant trois jours à l'hôtel où ils s'enfermèrent dans une chambre afin de mettre au point les détails de l'arc narratif à partir du moment où on découvre le corps de Kutner chez lui jusqu'à celui où House franchit sous bonne escorte le seuil de l'hôpital de Mayfield. Il y avait beaucoup de choses à trouver : House se reprochant la mort d'Amber, Amber revenant sous forme d'hallucinations, Cuddy faisant faire une cure de désintoxication à House, et la scène de séduction qui se révèle être aussi une hallucination. « On avait sur les bras beaucoup d'éléments mobiles », se rappelle Russel Friend.

QUESTION : La chambre d'Amber a été démontée, donc je suppose qu'Amber est partie ?

GARRETT : Je crois qu'Amber est partie.

RUSSEL : Je crois en effet qu'elle est partie. Elle est morte.

QUESTION : Cela n'empêche personne de...

TOUS : C'est bien vrai.

Heureux les ignorants est le septième scénario en quatre ans du producteur-scénariste David Hoselton (*Dans les yeux*, saison 3, avait été le premier). C'est à David Hoselton et aux autres scénaristes de trouver des idées pour les épisodes individuels. David Shore, quant à lui, se charge de caser ces histoires secondaires dans une histoire principale. Tommy Moran est le producteur de David Hoselton. Toutes les idées de ce dernier – même un *pitch*, un sujet de quelques lignes – doivent être soumises à Tommy Moran. S'il pense que le sujet tient la route, il atterrit chez David Shore. Si ce dernier le trouve bien, il le renvoie à Hoselton, lequel a dès lors le feu vert pour se mettre à la rédaction d'un séquencier.

« **Au début de** chaque saison... nous nous mettons d'accord sur les histoires médicales d'une part, et d'autre part sur l'arc narratif. David Shore est un maître en la matière. Il est capable de tresser une histoire médicale à n'importe quel endroit de l'arc narratif, de façon qu'elle enrichisse le personnage. Lui seul est responsable de cet exploit et je lui voue une profonde admiration pour cela. »

—KATIE JACOBS

La longueur du séquencier de David Hoselton va de moins d'un feuillet à dix ou quinze feuillets. Tommy Moran y ajoute parfois des commentaires. Il se peut que David Hoselton et lui travaillent ensemble avant de confier le tout à David Shore. Le séquencier peut ainsi aller et venir trois ou quatre fois avant que Hoselton n'attaque le scénario. Inutile de dire que beaucoup d'idées sont éliminées. David Hoselton avait envisagé un psychiatre hospitalisé à Princeton-Plainsboro dans la saison 5, mais comme House était lui-même interné à Mayfield, cette histoire n'a jamais décollé. Il se produit aussi des chassés-croisés. Au départ, au moment où Hoselton s'est mis à l'écrire, l'épisode *Heureux les ignorants* était prévu pour la fin de la saison 5. Puis il a été glissé au début de la saison 6 pour terminer en neuvième place dans la même saison, laissant à House le temps de réintégrer Princeton-Plainsboro.

La rédaction d'un scénario prend au minimum un mois. Il faut que le scénario soit entre les mains de David Shore deux jours avant la préparation de l'épisode, soit huit ou neuf jours avant le début du tournage. Les scénaristes sont semblables à des jongleurs qui auraient énormément de balles à faire tenir en l'air. Et cela se répète pour chaque épisode. David Hoselton distingue trois trames distinctes dans l'intrigue A, le mystère médical au cœur de l'épisode. En premier lieu, voilà une maladie intéressante qui peut se faire passer pour une autre et mener à des diagnostics erronés. En deuxième lieu, le malade doit être convaincant. Et troisièmement, de quelle manière le malade va-t-il révéler le personnage de House ou interagir avec lui ? Et vice versa. D'une façon ou d'une autre, il faut aboutir à un diagnostic, et en général le malade sort guéri de son affection première, mais non sans séquelles.

L'important, dans le dénouement, n'est pas que l'on aboutisse à quelque chose de banal du style trouver le bonheur ou sombrer dans le malheur ; il faut du surprenant. Dans *Heureux les ignorants,* on s'attendrait logiquement à ce que le malheureux James Sidas décroche des drogues qu'il prend pour se rendre idiot et retrouve ses brillantes facultés intellectuelles. Sa femme, beaucoup moins intelligente que lui, lui dirait « On va réussir à s'entendre tous les deux » et James répondrait : « Tu as raison, ma chérie. » Ce serait satisfaisant, n'est-ce pas ? « On peut rendre le dénouement un peu malheureux tant que ça donne à réfléchir, dit David Hoselton. Ce qu'on vise, c'est à déstabiliser juste assez pour provoquer la réflexion. »

Garrett Lerner avoue qu'il passe un peu de temps, après chaque diffusion, à surfer sur Internet afin de voir comment les fans ont réagi. Il demande à sa femme si elle a aimé l'épisode ; il pose la même question à ses parents et à tout son entourage. Non qu'il se base sur ces réactions pour orienter son travail ; les scénaristes de toute façon sont trop en avance sur les diffusions pour que l'opinion du public influe sur ce qu'ils écrivent. Et sur les forums, ceux qui n'ont pas aimé ne sont pas forcément ceux qui « postent » le plus. Certains épisodes ne récoltent que des éloges.

Garrett se déclare furieux contre ceux qui font leur miel en déflorant l'intrigue des meilleures séries télévisées. Des révélations importunes s'étaient en effet produites quand Cameron était sur le point de quitter Chase et Jennifer Morrison la série. Alors que les scénaristes avaient réuni de nouveau l'équipe de diagnosticiens au complet, certains spectateurs savaient déjà la suite. Pour Garrett, ces indiscrétions sont regrettables. « N'importe qui ayant accès à Internet peut trouver le scénario et lire la fin. Dark Vador est le père de Luke ! Bruce Willis est vraiment mort ! Et tout ce que vous avez réussi à faire, c'est à gâcher tous nos efforts. Je monte carrément au créneau pour le dire ! »

L'intrigue A n'empêche pas l'intrigue B, dont les protagonistes sont House et ses assistants, ou House-Wilson ou encore House-Cuddy. La sous-intrigue B peut trouver sa résolution, mais seulement jusqu'à un certain point. Dans *Heureux les ignorants,* Chase est hors de lui après la mort du tyran Dibala et sa dispute avec Cameron, qui a provoqué le départ de cette dernière. Et voilà un groupe de scénaristes en plein travail. Peter Blake est alors saisi d'une idée extraordinaire. Chase devrait envoyer un direct du droit à House. Tommy Moran renchérit en disant que si Chase a ce geste, ce n'est pas parce qu'il est en colère contre House, mais pour que les gens cessent de le harceler de questions. House est capable d'apprécier la logique perverse de cette façon de penser. «J'étais ravi que ça tombe dans mon épisode», déclare David Hoselton.

«**House étant d'un** tempérament oppositionnel, il est capable de voir le revers de la médaille de toutes choses. Il va forcément proférer quelque parole inattendue. Il ne dit pas ça pour choquer; il exprime un point de vue sur le monde qui est tout sauf banal. Ses facéties sont peut-être provocatrices, mais elles ne sont jamais gratuites. Elles ont toujours pour objectif d'exprimer une thèse. C'est le grand défi de cette série: il faut trouver la réplique qui dit tout.»

—DAVID HOSELTON

C'est aussi à Hoselton qu'est revenue la tâche d'écrire la scène du premier baiser House-Cuddy. Ce n'est bien entendu qu'un incident de parcours dans une joute amoureuse qui n'en finit pas. Souvent, le scénariste sait où en sont les personnages dans les épisodes précédents, peu de temps avant de se mettre à écrire. «Il faut tout le temps improviser», dit Hoselton. Dans *Heureux les ignorants*, House cherche à savoir où Cuddy et Lucas passent la fête de Thanksgiving. House se procure l'adresse de Cuddy, mais elle s'est moquée de lui. La question pour le scénariste suivant se résume à ceci: maintenant, que vont-ils faire? L'histoire générale, soit la relation de House avec Cuddy, ne trouvera certainement pas sa résolution de si tôt. Si elle la trouve jamais, d'ailleurs.

Chaque scénariste a sa propre méthode. David Hoselton écrit sur des fiches bristol qu'il punaise à un tableau. Une fiche par scène, qu'il range par colonnes – par actes – numérotées de un à six. Dix fiches pour l'acte 1, cinq pour l'acte 2, et ainsi de suite. Les intrigues comportent un code couleur: l'histoire médicale n'a pas la même couleur que les péripéties House-Cuddy, etc. De cette manière, Hoselton peut vérifier s'il n'a pas enchaîné par mégarde deux scènes appartenant à la même sous-intrigue.

En outre, grâce aux fiches, il peut voir si le récit est fluide au moment de quitter le séquencier pour attaquer le scénario.

L'écriture d'un scénario pour *Dr House* est tout à la fois un travail solitaire et collectif. On passe en effet forcément de longs moments seul devant l'écran de son ordinateur, taraudé par des délais toujours trop courts. (« L'épisode sur lequel vous planchez va être tourné dans huit semaines, rien ne vaut un délai pour vous donner du cœur à l'ouvrage », dit David Hoselton.) Une fois le premier jet terminé, commence la phase participative : il s'agit d'obtenir un feedback de la production. Mais d'abord, les scénaristes s'épaulant les uns les autres, le texte est soumis aux « chefs » (Tommy, ou Russel et Garrett) qui vont éditer et corriger avant de l'envoyer à David Shore, qui le réécrira à son tour.

Le dernier round se joue entre le scénariste de l'épisode, Tommy (ou Garrett et Russel) et David Shore. Le script reçoit sa dernière couche de vernis. Afin de maintenir la consistance du personnage principal, il vaut mieux que le créateur de la série relise une dernière fois. Les scénaristes sont presque tous sur la série depuis assez longtemps pour repérer si une parole prononcée par Wilson à l'épisode 112 contredit ce qu'il a proféré à l'épisode 3. Russel Friend cite l'extraordinaire flair de la scripte, Ira Hurvitz, pour tout ce qui ressemble à une incohérence dans le scénario. Lui-même, se lamente-t-il, en est dépourvu. « Tout le monde se rappelle ceci ou cela, précise Tommy Moran. La vigilance est collective. »

Ils reconnaissent tous bénéficier de l'assistance des autres scénaristes de l'équipe, surtout pour la mise au point de l'idée originale. « On se parle constamment, confirme David Foster. On va voir les autres, on s'installe confortablement sur leur canapé et on leur dit qu'on a pensé à ci ou à ça, et qu'en pensent-ils, eux ? C'est ainsi que petit à petit se dessine l'intrigue. » Pour David Hoselton, cet aspect collégial a en grande partie été instauré grâce à David Shore, le créateur de la série et *Head writer*, lequel ne lésine pas sur son aide et s'abstient de coller son nom sur tous les génériques

Hugh Laurie et Ira Hurvitz, superviseur du script.

d'épisodes comme certains autres scénaristes dans sa position. « On est à Hollywood, mais un Hollywood sans ego surdimensionné », commente Hoselton. Garrett Lerner, pour sa part, a pu continuer à travailler en tandem avec Russel comme ils le font depuis quinze ans, puisque cette étroite collaboration avait débuté lorsqu'ils étaient ensemble sur les bancs de l'école de cinéma. « On ne se cramponne pas à notre texte, on ne se targue pas d'en être l'auteur. Ce qui compte, c'est le texte lui-même. Comment l'améliorer. »

« Le tout premier scénario que j'ai écrit, je l'ai confié à David Shore, qui m'a félicité. Alors je me suis dit, mon vieux, t'as fait du bon boulot ! Ensuite, quand j'ai revu mon script, il n'y avait plus rien de moi. Quand on bosse pour la télévision, on s'habitue à voir ses textes réécrits. Il y a de nombreux changements, même après le début du tournage. »

—Tommy Moran

Les scénaristes participent ici à fond à la réécriture, alors que sur d'autres séries, une fois le script livré, ils peuvent ne jamais revoir ce qu'ils ont écrit. Sur d'autres séries encore, le scénario est « cassé » lors d'une table ronde où l'équipe au complet décide collectivement ce qui se passe dans chaque scène et comment se découpent les différents actes. Ensuite, il est possible qu'ils confient à l'un d'eux la tâche d'écrire les dialogues. De nombreuses sitcoms sont rédigées de la première à la dernière ligne par une équipe réunie dans une même pièce. Ils piochent à la fin un nom dans un chapeau, pour savoir lequel d'entre eux va figurer au générique. Sur *Dr House*, un scénariste est à la fois plus indépendant et plus épaulé. « Cette série présente les avantages des deux méthodes », commente Tommy Moran.

....

Pour David Shore, chaque tranche de quarante-cinq minutes doit être la plus riche possible en péripéties. Chaque scène, chaque réplique permettent de faire avancer l'intrigue et de développer les personnages. Il y a un nombre limité de répliques dans un épisode : « Ce que j'aime dans l'écriture, c'est l'élégance, dit Shore. Ce que je recherche, c'est d'aller toujours à l'essentiel. Ce que je déteste, c'est un personnage qui se répète... Je déteste lire dans un dialogue le mot "Quoi ?" Chaque fois que je le trouve, je biffe et remplace par une didascalie du type : "Numéro 13 lui coule un regard", ou quelque chose dans ce genre. »

« Shore n'admet aucun dialogue de remplissage, confirme David Hoselton. Il n'y a pas un seul "Quoi ?" On n'a pas le droit d'expliquer quoi que ce soit deux fois ou de s'étendre sur un sujet. Cela vous oblige à épurer au maximum. »

Garrett Lerner explique que lorsqu'un scénariste se trouve confronté à une montagne de documentation sur des cas médicaux truffée de jargon, son premier réflexe consiste à s'en servir pour son scénario. Mais avec un peu d'expérience, il se rend compte qu'il peut retirer la majeure partie de ces informations, en se disant : « Je n'ai pas besoin de ça. Ni de ça. Ni de ça... » Cela laisse plus d'espace à ce qui intéresse vraiment les gens, soit les relations entre les personnages.

« Les acteurs sont tous intelligents, dit David Hoselton. Notre public est intelligent. Quand on arrive à la saison 7, la communication entre les personnages se passe souvent de mots. On sait comment House va faire son entrée dans une pièce. Il suffit parfois d'un regard pour communiquer tout un tas de choses. »

Ce que David Shore confirme : « J'ai affaire à des gens intelligents. Il n'est pas question de prendre les téléspectateurs pour des imbéciles. »

Quand une scène est jugée trop longue, ce qui arrive tout le temps, on la coupe. David Shore raconte que sur la première série où il était le scénariste principal, pour couper, on barrait la première et la dernière réplique, ainsi que les deux premiers et les deux derniers mots de chaque réplique. À entendre David Hoselton, c'est dans la phase du séquencier ou « squelette » que l'on retire le plus de scènes inutiles. David Shore passe ensuite pour réduire encore un peu la sauce. « Peux-tu raccourcir ces deux scènes pour n'en faire qu'une ? » Toute blague doit avoir un sens.

> « Je joue du violon ; David a écrit la symphonie. Je peux vous décrire ce que l'on ressent à se mettre dans la peau d'un autre. »
>
> —Robert Sean Leonard

Plus les acteurs sont aptes à exprimer leurs sentiments sans paroles, plus on économise du temps à l'écran. C'est pourquoi sur *Dr House* les réalisateurs doivent bien connaître les scénaristes et les acteurs, de manière à tirer profit de ces moments muets. Le non-dit pimente une scène :

« Combien de fois, dit David Shore, on a tourné une scène où il avait une superbe réplique, émouvante à souhait. Et puis voilà, on s'aperçoit qu'un regard de Wilson a encore plus de poids. House sait parfaitement ce que pense Wilson, et le public aussi. Cela vaut tous les discours, et on supprime le dialogue. Tout doit converger vers des moments comme celui-là. Et pour ça, vous avez besoin de grands acteurs et la possibilité de réécrire votre scénario jusqu'à la dernière minute. »

«**Sur d'autres séries,** quand vous voyez les rushes, vous êtes effarés! Mais ici, les acteurs mettent en valeur le texte, ce qui est gratifiant pour nous. C'est incroyable, ce qu'ils sont capables de faire avec le matériau. On ne peut pas rêver mieux.»

—RUSSEL FRIEND

Katie Jacobs, en collaboration avec Jeremy Cassells, le superviseur artistique, et Stephen Howard, le décorateur, mettent en place l'aspect visuel de la série et créent des plateaux où les scénaristes font évoluer leurs personnages. Mettons l'appartement que partagent House et Wilson. D'après le scénario, Wilson déménage, mais le seul détail que l'on ait à ce propos est qu'il s'agit d'un loft. Jeremy Cassells et Katie Jacobs ont envisagé les différents logements et lieux où House et Wilson sont susceptibles de se rencontrer ou de passer du temps ensemble. Jeremy imagine une bibliothèque – les deux hommes sont de grands médecins et possèdent à eux deux quantité d'ouvrages médicaux. Une bibliothèque constituerait un lieu plus sophistiqué où se poser que le canapé du salon!

«**Je pose la** question aux scénaristes et à David Shore : "Combien de chambres à coucher, combien de salles de bains, qui a la plus belle salle de bains, à qui appartient cet appartement?" On s'efforce de favoriser les événements imprévus. Par exemple, je crois qu'il faut deux salles de bains. Celle de House serait seulement équipée d'une douche, alors que Wilson jouirait d'une baignoire. Vous voyez d'ici le genre de scène qu'on peut en tirer. En se réveillant un beau matin, Wilson a la surprise de trouver House dans sa baignoire.»

—KATIE JACOBS

L'appartement a sa propre histoire. Il a été aménagé par un type qui a abattu quelques cloisons pour en faire un loft. Au départ, c'est Cuddy qui doit l'acheter avec Lucas, mais Wilson s'est débrouillé pour la devancer et l'acquérir afin d'y emménager avec House. Par la suite, Lucas se vengera dans *Passage à l'offensive*: l'opossum dans la baignoire, la barre de soutien qui se décroche, le système alerte incendie qui inonde l'appartement… L'espace est vide et les murs écrus, de sorte que le «drôle de couple» puisse y imprimer sa marque. Katie tenait à ce que les chambres de House et Wilson se situent l'une en face de l'autre dans un couloir: «Je voulais que Wilson et House puissent se souhaiter réciproquement "Bonne nuit!" Maintenant, c'est fait. Stephen Howard et son équipe l'ont construit. Que la fête commence... »

Dans *Brouillages*, Wilson flirte avec leur nouvelle voisine, la sexy Nora, et s'aperçoit qu'elle les prend pour un couple gay. « On n'est pas des gays », proteste Wilson. « C'est pas vrai ? » s'étonne Nora. House, vêtu d'une chemise lavande et manifestant le plus vif intérêt pour les comédies musicales et les escarpins de Nora, lui avoue qu'ils sont encore dans le placard. House a l'intention de séduire Nora. Ils sont en train de projeter un dîner aux chandelles, quand Wilson les interrompt.

WILSON : J'aime cet homme, et je ne veux pas passer un moment de plus de ma vie à le nier, veux-tu m'épouser ?
HOUSE : C'est inattendu.

« **Elle y a** beaucoup réfléchi, ce qui facilite notre travail narratif. Son idée, c'était que Wilson occupe la grande chambre avec la belle salle de bains et la baignoire moderne, alors que House n'a même pas de baignoire ; il dort dans la chambre d'enfant et a une salle d'eau équipée d'une douche. C'est déjà drôle en soi, et on va s'en servir... »
                                                            —RUSSEL FRIEND

Dans le double épisode (1 et 2) qui ouvre la saison 6, *Toucher le fond... et refaire surface,* les décorateurs et les scénaristes ont travaillé main dans la main. Le décor et le script devaient être finalisés en même temps. Pouvait-on ajouter quelque chose au décor afin de mieux raconter l'histoire ? À quoi va ressembler le décor si l'histoire prend telle ou telle tournure ? Les scénaristes trouvaient ça un peu rude d'être tout d'un coup parachutés sur un nouveau plateau, avec un nouveau groupe de personnages. Le double épisode est parti d'une vague idée d'intrigue. Au moment où les scénaristes « cassaient », ou plutôt décortiquaient le script sur les tableaux de leur salle de réunion, ils se mirent à appeler le psychiatre de House « André » parce qu'ils voyaient déjà André Braugher dans le rôle. Il était d'un commun accord leur premier choix. Katie Jacobs réussit à l'engager.

« **Katie nous a** annoncé un jour : "J'ai trouvé un superacteur pour Alvie : Lin-Manuel Miranda." Nous avons regardé sa vidéo. Il était magnifique. Nous avons construit son personnage à partir de sa personnalité. Le fait qu'il chante, qu'il rappe et tout ça. Bref, son rôle a été écrit alors qu'il était déjà engagé. »

—RUSSEL FRIEND

« **J'ai tellement d'admiration** pour les scénaristes. Ce sont des gens géniaux. Et ça se passe hyper bien entre nous. Je n'ai jamais bossé sur une série où le courant passe aussi bien entre les scénaristes, les acteurs et les producteurs. Les relations sont très chaleureuses et ouvertes. Quand je vois sur l'écran de mon ordinateur des photos d'une opération médicale bizarroïde, je sais qu'ils nous concoctent un script que je lirai dans quelques semaines. »

—PETER JACOBSON

....

Une fois le tournage de l'épisode terminé, David Hoselton peut enfin souffler un peu. Mais le répit est de courte durée. Il lui faut remonter de nouveau ses manches pour attaquer la prochaine intrigue. Il lui vient une idée. Il la couche sur le papier. Puis il cherche à l'insérer dans le cours de l'intrigue. Il retourne à l'épisode 20 *(Le Copain d'avant)*.

David Hoselton a fait son droit à l'université de Toronto en même temps que David Shore. Ensemble, ils rédigeaient la newsletter de la fac de droit, qu'ils intitulèrent *Hearsay* (« Ouï-dire »). Hoselton n'a jamais pratiqué le droit ; il y a vingt-cinq ans de cela, il a déménagé à Los Angeles avec un autre copain de la fac de droit qui cherchait à travailler comme scénariste. Il a écrit des scénarios en free-lance, comme *Lancelot, le premier chevalier* avec Sean Connery et collaboré à des films chez Pixar et Disney avant de se fixer sur *Dr House*. Hoselton aime le travail en équipe tel qu'il est pratiqué à la télévision. L'écriture de scénarios de cinéma est une activité solitaire. Quand les choses vont mal, c'est très dur. Il n'a pas envie de retourner dans cette galère. « La créativité à la télévision est tellement formidable, dit-il. *Dexter, Mad Men, Lost*… Ce sont des petits bijoux. »

Épilogue : House et Michael Caine

Dans *L'Origine du mal*, écrit par Doris Egan et David Foster, le malade de la semaine est une Chinoise que ses parents ont tenté de tuer quand elle était nourrisson en lui enfonçant des aiguilles dans la fontanelle. « On est tous névrosés à cause de nos parents, déclare House. Elle en est la preuve vivante. » Eli Attie en avait eu l'idée, inspirée d'un fait divers. C'est un bon exemple d'histoire médicale venant renforcer et éclairer la deuxième intrigue de l'épisode. Dans ce cas, la mort du père de House et le trajet en voiture de House et Wilson qui se rendent à l'enterrement. Pendant la cérémonie, House se penche sur la bière de son père. On croit qu'il est en train de lui chuchoter un adieu poignant. Alors qu'il lui coupe un bout d'oreille pour faire un test ADN.

« **L'idée d'engager Michael** Caine pour jouer le père de House est venue de moi. C'était une de mes lubies, je dois avouer. Malheureusement, quand on l'avait déjà engagé, je me suis dit que Michael Caine ne pouvait pas être le père de House ! Peut-être pouvait-il le devenir si nous partions du principe que le père que nous avions sous les yeux n'était pas son vrai père ? House aurait toute sa vie imaginé que lorsque son père était parti à l'armée, sa mère avait eu une aventure. Comme il déteste son père, ça l'arrangerait. "Mon père n'est pas mon père. Je le sais depuis que j'ai douze ans, c'est une de mes premières déductions." »

—Russel Friend

Une graine a besoin de temps pour germer. La question du père de House n'a trouvé sa réponse que trente-cinq épisodes après s'être posée, dans *Lecture pour tous*. Wilson surprend House en train de livre une compilation de sermons (*Step by Step : Sermons for Everyday Life*, « Des sermons pour toutes les circonstances de la vie »). Un ouvrage écrit par un pasteur unitarien. Wilson est perplexe. Qu'est-ce qu'un athée déclaré comme House peut bien trouver dans ce recueil de conseils spirituels ? Mais il comprend quand il voit la photo sur la couverture (House a dissimulé son livre sous la jaquette du grand classique *La Coupe d'or*, de Henry James). House confesse que l'auteur, un ami de la famille, est en fait son père biologique. En le lisant, il se rend compte qu'il n'a rien de plus à dire à cet homme qu'à son père putatif.

Forts de 132 épisodes, les personnages de David Shore se sont sacrément étoffés. Pourtant, beaucoup de choses restent non-dites, et encore davantage non-écrites. Ou, plus précisément, presque écrites ou simplement envisagées. Qui, parmi les protagonistes de *Dr House* a eu une enfance heureuse ? Cameron, peut-être. Les parents de Foreman l'ont-ils poussé vers la délinquance ? Chase a-t-il été un enfant surprotégé ?

RUSSEL : Chase a eu un père absent.

TOMMY : Je ne me souviens plus de ce qu'on a fait du père de Chase.

RUSSEL : Il est mort, non ?

TOMMY : C'est comme quand je bachotais. Une fois l'examen passé, mon cerveau se vidait et je ne pensais plus qu'au suivant. Tout à l'heure, au déjeuner, j'essayais de me rappeler ce qu'on venait de pondre pour l'épisode 10, il y a une semaine de cela. Ça n'a même pas encore été tourné. Maintenant, on bosse sur l'épisode 13. Il faut toujours regarder devant soi.
Il n'y a pas seulement les anciens épisodes ; il y a tous ceux qu'on a envisagé de faire. Je discutais avec David [Shore] hier d'une idée que j'avais eue. Je ne me souviens plus de quoi il s'agissait, mais j'étais sûr et certain qu'on l'avait déjà exploitée. Et lui me disait : « Non, non, je crois qu'on en a parlé, mais qu'on l'a jamais fait. » Dans ma tête, pourtant, je vois les scènes !

RUSSEL : C'était le frère de Wilson.

TOMMY : L'idée générale, c'était que le frère de Wilson revienne et le sorte de l'hôpital.

GARRETT : Il lui a rendu visite, mais il ne l'a pas fait sortir. En réalité, tu n'as jamais vu le frère de Wilson.

RUSSEL : On essayait aussi de se souvenir de ça...

TOMMY : Il intervenait et se débrouillait comme un chef, mais finalement il est reparti.

GARRETT : C'était une idée en l'air.

TOMMY : J'étais sûr qu'on l'avait fait...

RUSSEL : Je crois que Peter [Blake] a écrit un séquencier. On avait élaboré tout un plan. C'était une bonne histoire. On devrait s'y remettre.

GARRETT : C'est le genre de truc qu'on retrouve en ouvrant un vieux fichier sur son ordi. Alors, on se dit : « Ça alors, on ne s'en est jamais servi ! Heureusement, parce que ça tombe à pic maintenant ! »

CAMERON

Jennifer Morrison

Du point de vue de House, Allison Cameron se présente au départ tel un de ces puzzles qu'il affectionne tant. Dans le pilote, devant le manque de respect qu'il manifeste à son égard, Cameron demande à House quelles qualifications lui ont fait décrocher son poste, et voit ses pires craintes se confirmer : il l'a engagée parce qu'il la trouve belle. House admet toutefois qu'elle possédait tous les qualités requises, mais il est curieux d'apprendre pour quelle raison elle a choisi de « payer de sa ravissante personne » au lieu d'épouser un milliardaire. « Les très belles femmes ne font pas médecine. Sauf quand leur beauté dissimule une blessure. Vous avez été abusée par quelqu'un de votre famille ? »

Cameron ne se laisse pas impressionner par les familiarités de House, mais son amour-propre n'en est pas moins égratigné. Dans *Panique à la maternité*, l'épisode 4 de la saison 1, elle a beaucoup de mal à informer les parents de la gravité de la maladie de leur bébé, puis il lui est impossible de leur annoncer sa mort. « C'est plus facile de mourir que de regarder un autre mourir », dit-elle, comme si elle était bien placée pour le savoir. House la soupçonne alors d'avoir perdu elle-même un enfant. Quand il lui pose la question, elle riposte : « Vous savez être un véritable salaud. » En fouillant dans le dossier médical de Cameron, House élimine cette théorie *(Question de fidélité)*.

> « **Suite à ce** deuil, elle est déterminée à faire quelque chose de sa vie. Même si son combat en défense de l'éthique paraît parfois excessif, elle y puise du réconfort. Elle cherche à suivre la voie la plus droite possible, quitte à y laisser des plumes. Elle pense ainsi trouver une raison de vivre. »
>
> —Jennifer Morrison

Malgré les manières cavalières de House, Cameron est prête à lui accorder le bénéfice du doute quant à son addiction. Elle déclare à Foreman qu'il n'est pas un drogué, qu'il se contente de soulager sa douleur. Cameron est tombée amoureuse de House… à la folie ! Alors qu'il a toutes ses chances, House se grille à deux reprises auprès d'elle. La première fois il l'invite à un show de poids-lourds géants *(Rencontre sportive),* ce qui n'est guère romantique. House prétend ne pas savoir que penser des sentiments de Cameron. Dans *Double discours,* il l'invite à lui avouer pourquoi elle en pince pour lui. Il lui dit : « Je suis plutôt rugueux et froid et vous, vous faites penser à ces nounours en laine que tricotent les grands-mères. » Cameron quitte le service. Puis elle revient, à condition que House sorte avec elle. « Et pas seulement pour un dîner entre collègues. Je veux un vrai rendez-vous galant. » *(En plein chaos.)*

> «**Cameron est séduite** par le talent, et House est un brillant diagnosticien. Même s'il est sarcastique et parfois carrément méchant, son talent et sa détermination à sauver des vies rattrapent le reste. »
>
> —JENNIFER MORRISON

House s'habille pour le rendez-vous : il met une cravate ! Il achète un bouquet de fleurs ; il écoute les conseils de Wilson à propos de la manière de se comporter avec une femme. Au restaurant, Cameron dit à House qu'il est méchant avec elle parce qu'elle lui plaît et que s'il se met à être gentil, cela signifie qu'il assume ses sentiments. Cameron lui donne une chance, elle veut savoir ce qu'il ressent pour elle. House, de son côté, a laissé tomber le plan tracé pour lui par Wilson, et plutôt que d'essayer d'entamer un dialogue avec elle, il tente de comprendre l'énigme que représente pour lui la jeune femme. Cameron, à l'entendre, se pense capable de réparer n'importe quoi – voilà pourquoi elle a épousé un homme atteint d'un cancer. Maintenant, elle est en quête d'un nou-

> « Cela ne pourrait de toute façon pas marcher entre House et Cameron, pour la bonne raison que si tout le monde était amoureux et content, il n'y aurait pas de série. »
>
> —JENNIFER MORRISON

veau cas désespéré. Il a le double de son âge, insiste-t-il, il n'est pas terrible physiquement, ni charmant ni même gentil. « Ce que je suis est ce dont vous avez besoin, conclut-il. Je suis un être blessé. » *(Des maux d'amour.)*

Stacy, l'ex-femme de House, revient dans le service. Elle a manifestement très envie de discuter avec Cameron de son intérêt pour House.

Dans *Le Choix de l'autre,* Cameron déclare à House : « Moi qui vous croyais trop névrosé pour aimer qui que ce soit, j'avais tout faux. C'est moi que vous ne pouvez pas aimer. Bien. Je suis heureuse pour vous. »

Quand on convie David Shore à résumer en un mot le personnage d'Allison Cameron, il répond « elle est humaine ». Cameron est l'anti-House, le positif de son négatif. Elle fait preuve systématiquement de compassion et prend soin des malades (House est allergique au mot « soin » qu'il lui envoie à la figure comme une insulte). Dans *De pièces en pièces*, Cameron reste au chevet d'un sans-abri à l'agonie, qui regrette d'avoir gâché sa vie. Ensuite, elle lave son corps avec tendresse. Pendant ce temps, House, qui serait sûrement d'accord avec le sans-abri concernant l'inutilité de son existence, s'arrange pour éviter de parler à la victime d'un viol, et surtout de la réconforter.

House est du côté du puzzle, Cameron, des gens.

La sollicitude de Cameron se traduit de mille manières. Elle souhaite à House un bon anniversaire *(Une mère à charge)*; elle cherche à savoir pourquoi Chase n'adresse plus la parole à son père *(Le Mauvais Œil)*; et elle tente d'organiser des retrouvailles entre House et ses parents *(Devine qui vient dîner)*. Elle est le chantre de la moralité. Quand Vogler, sur le sentier de la guerre, pousse House à licencier un de ses collaborateurs, Cameron propose de baisser les salaires de tout le monde *(Symptômes XXL)* et quand elle découvre que Jeff, le cycliste professionnel, s'est dopé, elle le dénonce à la presse *(La Course au mensonge)*. Dans *Confusion des genres*, contre l'avis de House, elle rapporte à Cuddy que le père d'un top model de 15 ans couche avec sa fille. Elle fait toujours ce qui est *bien*.

Cameron s'évertue à esquiver les étiquettes de House. Lorsque House voit qu'une petite flamme brille entre Cameron et Sebastian, le médecin tuberculeux *(Être ou paraître)*, il suppose que ce dernier lui plaît parce qu'il est prêt à mourir pour la bonne cause. Pourtant, elle ne va pas tarder à tomber dans les bras de Chase, et déclarer qu'ils sont « sexfriends » (amis pour le sexe). On pourrait s'étonner de la voir aussi hardie. Dans *La Course au mensonge*, elle confie à Wilson qu'elle est tombée amoureuse du meilleur ami de son mari, alors que ce dernier agonisait à l'hôpital – mais qu'elle n'avait pas couché avec lui.

Peu à peu, le cœur de Cameron s'endurcit. Dans *Partie de chasse*, Kalvin, le malade séropositif qui crache du sang sur Cameron peut s'attendre à subir les effets de sa colère. Mais elle reste de marbre. Puis, dans *De l'autre côté*, quand Foreman pique Cameron avec une seringue usagée, elle veut bien devenir son représentant légal, mais refuse d'accepter ses excuses. « On va d'abord te guérir. Ensuite, si tu tiens toujours à demander pardon, je serai toujours là. » House déteint sur Cameron : elle drogue George, le patient obèse de *Que sera, sera*, pour l'empêcher de sortir de l'hôpital avant de recevoir un traitement. L'inspecteur Tritter demande à Cameron pourquoi elle reste avec House *(Rendez-vous avec Judas)*. Elle a changé, lui dit Tritter, et nous lui donnons raison. Elle est furieuse contre Wilson, qui a révélé le degré d'addiction de House.

> **«Cameron évolue au** cours de ses six années à Princeton-Plainsboro. Je ne crois pas qu'il soit possible de travailler avec un patron comme House sans être influencé par ses décisions et sa façon de faire très particulière. »
>
> —Jennifer Morrison

Le jour de la Saint-Valentin, Cameron fait une proposition à Chase, qui réplique :

– Et si j'étais vexé ?

– Alors, tu ne serais pas l'homme que je recherche, lui dit Cameron *(Sans peur et sans douleur)*. Au départ, c'est un arrangement « à la House ».

Chase ne joue pas le jeu et réclame plus. Cameron le repousse :

– C'était amusant. Voilà tout. Et maintenant, c'est fini. *(Y a-t-il un médecin dans l'avion ?)*

Elle veut bien s'occuper du numéro un. Pensant que House projette de quitter Princeton-Plainsboro *(Demi-prodige)*, elle rédige sa propre lettre de recommandation : elle ne veut pas se retrouver sans emploi. À la fin de la saison 3, lorsque l'équipe se scinde, elle part en disant à Foreman, Chase et House qu'ils vont lui manquer, mais qu'elle n'est pas effondrée. Elle s'en sortira.

Lorsque Cameron revient à Princeton-Plainsboro, mais pour travailler au service des urgences, elle est une autre femme, et ce n'est pas seulement parce qu'elle s'est décoloré les cheveux. Elle est fiancée à Chase et elle est contente d'être hors de portée de House. Ce dernier la réprimande pour avoir pris un poste moins prestigieux. « Je peux faire du bon boulot ici, réplique Cameron. Prendre mes distances avec vous. » Dans *Pour l'amour du soap*, quand House lui demande si elle veut revenir dans son service, elle lui montre ostensiblement qu'elle ne l'aime plus.

CAMERON : Le boulot me manque. Ça me manque de courir partout en jouant au détective privé. Les puzzles me manquent.

HOUSE : Sérieusement, je virerais Numéro 13. Ou Kutner, si vous pensez que Numéro 13 est sexy.

CAMERON : Vous, vous ne me manquez pas.

Cameron a mûri. Lorsque Cuddy se met en congé pour s'occuper de son bébé, c'est Cameron qu'elle choisit pour la remplacer *(Sans douleur)*. Comme la tâche principale de Cuddy consiste à cornaquer House, ce dernier cherche immédiatement à la manipuler. Cameron rend son tablier. Elle en a assez de jouer à ces petits jeux avec House.

Avec Chase, Cameron a du mal à s'engager. Chase se plaint qu'elle le jette dehors le matin, qu'elle ne lui permet pas de laisser ses affaires chez elle, qu'il se sent comme un invité. « Je ne peux pas passer ma vie à te courir après », lui dit Chase *(Consultation à domicile)*. Par la suite, quand elle trouve une bague *(Quand le doute s'installe)*, la première réaction de Cameron, le pensant motivé par sa mauvaise conscience à l'égard de la mort de Kutner, est d'éviter que Chase la demande en mariage. Même quand elle change d'avis, elle veut qu'il lui donne du sperme au cas où ils rompraient ; un arrangement déjà contracté avec son premier mari *(Écorchés vifs)*. Cameron fait part à Chase de ses doutes, car, dit-elle, ne pas en avoir serait naïf (Chase prétend ne pas en avoir). Dans *Parle avec elle*, House ordonne à Cameron de détruire le sperme de son ancien mari. Elle met au courant Chase, lequel lui montre son approbation : les doutes se sont évanouis.

Cameron et Chase, mariés.

Bien entendu, le bonheur de Chase et Cameron se révèle de courte durée. Après la mort de Dibala, Cameron sait qu'il y a un grave problème. Elle pense que Chase a une liaison et veut à tout prix savoir. « Je t'aime, quoi qu'il arrive », lui déclare-t-elle dans *Les Mots pour ne pas le dire*. Chase avoue : « Dibala… c'est moi qui l'ai tué. » Cameron est en mesure de lui pardonner, sauf qu'il a tué son amour aussi sûrement qu'il a tué Dibala. Lorsque Chase décide de rester, Cameron, elle, part. À House, elle confirme le premier diagnostic que celui-là a émis à son sujet : « Je suis une idiote. J'ai essayé de vous ressembler, de vous comprendre, tout ça parce que je pensais pouvoir vous guérir. »

> « **Je vous aimais.** Et j'aimais Chase. Je suis désolée pour vous deux. Pour ce que vous êtes devenus, car vous êtes l'un et l'autre sur une route de non-retour. »
>
> —CAMERON

Cameron tend la main à House, lequel refuse de la prendre, refus qui réactive le souvenir de la première fois qu'elle a quitté Princeton-Plainsboro. Et, de nouveau, elle l'embrasse et part. House a précipité la crise dans le mariage Chase-Cameron et favorisé la reconstitution d'une équipe. Taub, Numéro 13 et Chase opèrent un retour dans la série. Quant à Cameron, d'après ce que House dit à Wilson : « Elle a cassé avec Chase et elle quitte l'hôpital. Malgré tout, trois sur quatre, c'est pas si mal que ça. »

Pourtant, si on lui avait demandé quel assistant il souhaitait lâcher, ce n'aurait sans doute pas été Cameron. Au début, House était curieux de savoir quel était le point vulnérable de Cameron. À la fin, il se rend compte que c'est aussi ce qui lui donne sa force.

QUESTION : Le look de Cameron, débardeurs, couleurs vives ?

CATHY CRANDALL : Nous avions un arc narratif pour Cameron. Au départ, elle était interne et ne gagnait pas lourd. On lui a donné des vêtements bon marché. Ensuite, quand elle est devenue chef du service des urgences, elle s'est habillée plus élégamment, parce qu'elle gagnait mieux sa vie.

QUESTION : Sa garde-robe s'est améliorée ?

CATHY CRANDALL : On a essayé de suivre cette trame. Son style n'a pas changé. Elle porte encore des manches ballon, des débardeurs et des pantalons.

Jennifer Morrison à propos de... House

QUESTION : À votre avis, qu'est-ce que Cameron trouve à House ?
– Cameron est séduite par un projet. Sous ses airs bourrus, elle perçoit dans ses yeux une certaine vulnérabilité, une compassion. Malgré elle, elle est attirée par lui.

QUESTION : Cameron a quitté le service plus d'une fois. Est-ce une décision difficile pour elle ?
– Quand vous avez pris l'habitude de contribuer à la guérison de cas médicaux extrêmement rares et compliqués, bref de sauver ceux qui semblent a priori perdus, je pense qu'il est très dur de s'arracher tout à la fois à ce service et à celui qui le dirige.

QUESTION : J'ai demandé à Hugh Laurie, Robert Sean Leonard et Lisa Edelstein si leurs personnages allaient toujours être amis dans vingt ans. Cameron irait-elle rendre visite à House en 2030 si elle se trouvait dans la même ville que lui ?
– À mon avis, non, c'est plutôt lui qui lui rendrait visite s'il apprenait qu'elle séjournait dans la même ville que lui. En dépit de leur attirance réciproque, il y a entre eux un lien père-fille. D'une certaine façon, ceux qui l'assistent deviennent ses enfants spirituels. Cela, comme son insatiable curiosité, le pousserait à chercher à la joindre.

... À propos de Cameron

QUESTION : Cameron est-elle trop sensible pour être heureuse ?
– Cameron trouve son identité dans sa quête de bonté. David Shore et moi avons beaucoup parlé d'elle et de son histoire assombrie par le deuil... La femme dont s'est inspiré David a perdu dans sa jeunesse trois membres de sa fratrie dans un incendie, et son mari est mort d'un cancer au cours de leur première année de mariage. J'ai toujours tenu compte de ce passé chez Cameron.

QUESTION : Elle se montre très dure en n'acceptant pas les excuses de Foreman. Elle n'est pas quelqu'un d'entier. Est-ce amusant d'interpréter le rôle d'un personnage aussi complexe ?
– J'ai toujours aimé cette imprévisibilité chez Cameron. Dans la vraie vie, personne n'est vraiment prévisible. Nous faisons tous des choses « qui ne nous ressemblent pas ». David Shore a eu la brillante idée de ménager ainsi des sortes de « pochettes surprises » dans le développement de ses personnages. Pour ma part, j'étais ravie d'interpréter pour la télévision une femme qui

change avec le temps. Cela a été pour moi un défi magnifique, et cela m'a rendue meilleure actrice.

QUESTION : À quel point estimez-vous que Cameron change au fil des épisodes ?
– Elle vient d'un milieu où l'on a une haute idée de l'éthique, et donc de la déontologie médicale. À se frotter à House, elle apprend à tordre le cou à ses principes quand il le faut pour venir en aide aux autres, tout en s'y conformant le reste du temps. Par ailleurs, elle s'habitue aux sarcasmes de House et à son côté bourru. Elle acquiert une carapace. Et en fin de compte, elle parvient à mieux voir le tableau d'ensemble.

QUESTION : Bobbin Bergstrom [la conseillère médicale de *Dr House* et l'interprète d'un rôle d'infirmière] m'a raconté que quelqu'un vous avait abordée dans la rue en vous disant : «Vous êtes celle qui joue l'infirmière dans *Dr House* ?» Vous rappelez-vous cet incident ? Qu'est-ce que ça nous apprend sur la façon dont nous voyons l'hôpital ?
– Je crois que le métier d'infirmière est l'un des plus altruistes, les plus nobles du monde. J'ai un respect infini pour elles. Mais je crois aussi que les gens pensent que si c'est une femme, ce n'est pas un médecin. Je porte la même blouse blanche, j'utilise le même langage, j'effectue les mêmes gestes médicaux que Jesse Spencer, et parfois quand des gens nous abordent, ils disent à Jesse : «Vous êtes un médecin dans *Dr House*», et à moi : «Oh, et vous, vous êtes l'infirmière !» Mais c'est comme tout, n'est-ce pas ? Il faut du temps pour que les mentalités changent. Le monde médical a évolué plus vite que la vision qu'en a le public. Doucement, mais sûrement, les femmes sont de plus en plus à égalité avec les hommes dans ce domaine.

QUESTION : La terminologie médicale vous a-t-elle paru difficile ?
– Oui, très difficile. Elle l'a été jusqu'au bout, sauf pour les expressions qui revenaient souvent.

QUESTION : Comment aviez-vous entendu parler du rôle de Cameron ?
– On m'a envoyé le script, comme pour n'importe quel pilote. Il était intitulé à l'époque «Projet sans titre David Shore-Paul Attanasio». Je n'imaginais même pas qu'ils pourraient m'engager. J'avais vingt-quatre ans et Cameron était un médecin de trente-deux ans. Il y a un épisode où Cameron rédige son CV. Elle a reçu son diplôme de médecine la même année où je terminais ma dernière année de lycée. C'est sans doute ce qu'on appelle la magie de la télévision...

QUESTION : Maintenant, vous voilà immortalisée comme la maman du capitaine Kirk. Quel effet cela vous fait-il ?

– Je ne sais pas trop quoi en penser, mais c'est cool. J'ai beaucoup de chance d'avoir participé à ce film. Cela a été un moment fantastique.

QUESTION : Vous avez joué dans *Warrior*, cela vous a beaucoup changé de *Dr House* ?

– Oui, complètement. Je joue le rôle de la femme d'un boxeur. J'aime relever des nouveaux défis. J'ai eu beaucoup de chance de pouvoir honorer tous ces contrats chaque année. Cela me permet aussi d'évoluer en tant qu'actrice. Plus je travaille ailleurs que pour *Dr House*, plus j'enrichis le rôle de Cameron et la série. *Warrior*, comme *Star Trek*, m'ont obligée à explorer des côtés de ma personnalité que je n'avais encore jamais exploités. J'ai aussi joué au théâtre, sur Broadway, Kate Keller dans *Miracle Worker* (« Miracle en Alabama »). Je rêve de brûler les planches depuis que j'ai cinq ans. Mon rêve s'est réalisé.

QUESTION : Vous êtes une des actrices de la télévision les mieux pourvues en fans et vous jouez dans la série la plus regardée dans le monde. En êtes-vous fière ?

– C'est un honneur tellement inattendu ! Je suis toujours très émue quand je rencontre des fans de Cameron et de Hameron [un mot-valise télescopant House et Cameron]. Grâce à ces fans, j'ai eu pendant six ans un travail passionnant. Je suis fière de ce que j'ai pu accomplir, oui, mais surtout, je suis pleine de gratitude ! Le soutien que mes fans m'ont apporté, à moi et à mon personnage, est un véritable cadeau. Cela me réchauffe le cœur et me donne l'espoir de pouvoir donner un peu de bonheur aux autres. J'aimerais pouvoir embrasser chacun de mes fidèles fans !

3

DES SEMAINES DE HUIT JOURS

☒ **Production de la série, Première partie**

> **QUESTION** : Pour la livraison de l'épisode à la chaîne
> pour la diffusion, est-ce parfois sur le fil ?
> **GERRIT VAN DER MEER** : À chaque fois.

Katie Jacobs arpente son bureau, montrant une feuille de papier
jaune format A4. C'est un mémo de la FOX, la chaîne qui dif-
fuse la prochaine saison de *Dr House,* la série sur laquelle Jacobs
est coresponsable et productrice exécutive. Les gros bonnets de
la FOX ont depuis longtemps renouvelé la diffusion de *Dr House*
pour une autre saison. Bien avant que celle-là ne commence, ils
envoient aux producteurs de House ce mémo qui détermine les
dates de diffusion à venir.

« Tout est organisé en fonction des dates de diffusion, dit
Jacobs. Voici quand nous voulons que ce soit diffusé. Ces dates
clés dictent tout. Parfois, on reçoit un autre mémo, mais les dates
ne changent pas. Et on se cale dessus. Il nous faut donc trouver
quelque chose qui soit non seulement prêt dans les temps, mais
qui en plus soit génial. »

Avec une régularité sans faille, l'équipe de *Dr House* a toujours
été prête, fournissant à la chaîne ce créneau 22 à 24 fois par saison,
depuis six ans (sans compter la grève des scénaristes) – en tout,

132 épisodes. Il n'est pas facile d'être dans les temps, mais encore moins d'être à chaque fois très bon. La responsabilité en incombe aux 150 personnes qui travaillent, comme Katie Jacobs, dans l'enclos de la FOX, à Century City, Los Angeles (d'autres personnes travaillent aussi pour *Dr House* dans d'autres endroits aux alentours de Los Angeles). Le créateur de *Dr House* qui supervise les épisodes, David Shore, est là sur le terrain, de même que les directeurs de production Greg Yaitanes et David Foster, qui est d'ailleurs le vrai médecin qui travaille sur la série. Tous les scénaristes, producteurs, chefs de département – décoration, maquillage, effets spéciaux, construction, fabrication des décors, accessoires, casting, publicité – les assistants réalisateurs, les chefs opérateurs, les pointeurs, les monteurs, les électriciens, les assistants de production et les stagiaires occupent une pléiade de bureaux et quatre grands studios. Preuve du succès de la série, *Dr House* occupe plus d'espace dans les studios de la FOX que n'importe quelle autre série.

Tout le monde s'acharne à respecter ces dates de diffusion qui ne changeront pas. La chaîne n'accepte pas les arrêts maladie, même émis par *Dr House*. Les épisodes sont réalisés les uns après les autres, en un flot continu qui démarre au cours de l'été pour les diffusions de l'automne. Quand on la suit épisode par épisode, la série est rythmée par des périodes de huit à neuf jours correspondant au tournage de l'un des épisodes. (Chaque journée de production en studio a son propre rythme irrégulier. Les longues heures de préparation sont entrecoupées d'intenses moments de tournage, depuis l'appel du matin de tous les membres de l'équipe jusqu'à l'arrêt de la machine, qui peut avoir lieu seize heures plus tard.)

Le tournage d'un épisode de *Dr House* demande donc généralement huit jours. Avec, souvent, une journée de chevauchement à la fin, lorsqu'une des équipes termine l'épisode et que la suivante commence le même jour. Occasionnellement, un neuvième jour se révèle nécessaire pour des scènes difficiles, mais si tous les épisodes demandaient neuf jours, le calcul des temps de production serait faussé et il manquerait des journées de tournage en fin de saison. Pendant qu'on tourne un épisode (l'épisode A), le suivant est en préparation (épisode B). Certains travaillent sur un épisode du début à la fin, quand on passe de B à A pour le pré-montage du réalisateur – le film qui est envoyé au montage final. Le directeur de production Greg Yaitanes est derrière la caméra lors de chaque épisode. Un assistant réalisateur prépare le tournage de la semaine suivante pendant qu'un autre tourne ; les accessoiristes se relaient de la même façon.

D'autres personnes suivent un rythme différent. Suivant le règlement de la Guilde, un réalisateur dispose de quinze jours pour travailler sur un épisode. Lorsqu'ils ne tournent pas, ils sont en pré-production avec un assistant réalisateur. *Dr House* emploie trois réalisateurs qui ont chacun la responsabilité de 8 épisodes sur les 24 d'une saison complète. Les projets lourds ne peuvent être effectués dans ce cycle de huit à neuf jours. Un nouveau décor, comme l'appartement dans lequel House et Wilson emménagent à la saison 6, demande du temps à concevoir et à construire, bien que l'opération soit plus rapide qu'on ne l'imagine.

Rien ne peut se passer sans le scénario. Pour être plus précis, pratiquement rien ne peut se passer sans le script, mais dans plusieurs domaines, certaines étapes de la production le précèdent : le casting, la conception des décors et leur construction peuvent souvent démarrer avant que les scénaristes n'aient imaginé les personnages que l'on a sélectionnés au casting, ou les actions qui auront lieu dans les décors en construction. Un scénariste peut travailler seul sur le script pendant deux mois avant que ne commence l'étape cruciale des coupes et des changements. En amont de cette phase, l'équipe de scénaristes en charge de l'écriture et les producteurs principaux auront décidé des grands axes de l'histoire pour au moins la moitié de la saison. Le script revient sur le bureau de David Shore pour une dernière mise au point avant qu'il ne soit distribué aux chefs des départements. En général, la première mouture de ce que les responsables des équipes vont avoir à préparer pour l'épisode suivant n'apparaît que lorsqu'ils reçoivent le scénario. Ils disposent du script du B le premier jour du tournage du A, ce qui signifie qu'ils disposent d'environ une semaine pour se préparer avant que le tournage ne recommence pour eux.

Les chefs de département, comme la costumière Cathy

Crandall et les chefs accessoiristes Tyler Patton et Mike Casey décortiquent le script pour déterminer ce qu'ils vont devoir fournir pour l'épisode à tourner. En ce qui concerne Cathy, chaque nouveau personnage doit être caractérisé par un style et il lui faut trouver des ensembles correspondants, en fonction de leur apparition au cours des jours de tournage de l'épisode. Chaque objet manipulé par un acteur à l'écran est un accessoire et Tyler et Mike cherchent ce qu'ils doivent rassembler pour chaque scène. Souvent le script ne précise pas en détail l'aspect des personnages ou des lieux de tournage.

Le réalisateur tient une réunion de concept avec les chefs de département et tout ce qui est contenu entre les lignes du scénario va être décrit avec plus de précision selon sa conception du déroulement de l'action. Ce qui n'empêche pas d'éventuelles modifications dans le script. Plusieurs versions – celle du réalisateur, la version limitée, puis la version de production – se succèdent avant que le document final avalisé par la production ne soit prêt. Cette dernière inclut les remarques soulevées pendant la réunion de concept, et une dernière réunion confirme les tâches des différents départements, juste avant le premier coup de manivelle.

Le chef de publicité Geoffrey Colo supervise le processus d'autorisation. Le script passe par une société d'avalisation qui fournit un rapport soulignant les éventuels points litigieux : des noms qui pourraient conduire à des problèmes, ou des autorisations qui doivent être accordées. Une copie de ce rapport est transmise au service juridique chez Universal et aux responsables de la réglementation de diffusion de la chaîne. Ces règles de diffusion sont susceptibles d'imposer un changement ou une atténuation dans le scénario : « Assurez-vous qu'il n'y ait pas de nudité dans les scènes de sexe ; au lieu de dire ceci, dites cela. » « On trouve cette phrase récurrente dans le rapport, dit Gerrit van der Meer : "Procédez avec votre tact habituel." » Le service juridique peut demander un changement de nom. Il existe des textes de loi protégeant les personnages publics mentionnés dans les séries de fiction. On peut faire allusion à des personnages publics tant que ce n'est pas diffamatoire ou sujet à mauvaise interprétation. Il y a aussi un conseiller pharmacologiste qui confirme ou non si on peut utiliser tel ou tel médicament. Parfois, un passage du scénario semble avoir peu de chances de passer. Dans *Autopsie,* une petite fille de neuf ans demande à Chase de l'embrasser parce qu'elle pense qu'elle va mourir et que ce sera sa seule chance d'embrasser un garçon. « J'ai lu le script et je me suis dit, OK, la limite est dépassée, dit Marcy Kaplan. David Shore pousse le bouchon, mais il s'arrête juste là où il faut. »

C'est le même processus pour les autres départements. Après avoir découpé le script, la responsable des effets spéciaux de maquillage Dalia Dokter saura si elle a besoin de prothèses et dans quel laboratoire elle doit les commander. Tyler Patton et Mike Casey organisent une réunion spéciale d'accessoiristes deux jours avant la réunion de concept avec des personnes essentielles à la production : les conseillers médicaux, l'accessoirisation du décor, le retour vidéo, les effets visuels. Après cette réunion, Tyler et Mike ont enfin établi un ordre de marche. Si le scénario mentionne « un sac », ils sauront quel type de sac et de quelle couleur il doit être. Quand dans le script apparaît le mot « sandwich », ils savent si un des acteurs va vraiment le manger et s'il a un régime alimentaire spécial. Si quelqu'un attrape un défibrillateur, le chef accessoiriste en aura un en état de marche, si c'est ce qui est exigé.

Lorsque le tournage commence, le scénario a été découpé. L'ordre dans lequel sont tournées les scènes est inscrit sur une feuille de tournage qui comprend les détails des départements sollicités lors de cette journée. Des fiches, brèves descriptions des scènes, sont aussi distribuées afin que chacun sache ce qui se passe un jour donné, avant qu'ils ne reçoivent la feuille de tournage qui détaille la façon dont la journée de tournage se passera, minute par minute, ligne de script par ligne de script. Tyler et Mike ont un tableau dans leur bureau, où ils établissent des listes de ce dont ils auront besoin journée par journée. Les affaires personnelles du personnage principal ne sont pas sur les listes. Les lunettes de vue, lunettes de soleil, montres, téléphones portables et les cannes de House sont à disposition en permanence.

Les deux premiers assistants réalisateurs, Kevin Williams (gauche) et Robert Scott.

« **Nous notons tout** : Robert Sean Leonard est gaucher et il vaut mieux ne pas l'oublier. Gants de grande taille – gants chirurgicaux de taille 8 – et il porte sa propre montre. Si par mégarde il l'a oubliée, nous en avons une qui est presque identique. »

—TYLER PATTON

Sur la production de *Dr House*, il y a deux premiers assistants réalisateurs. Lorsque Robert Scott travaille dans le studio à la supervision du tournage, Kevin Williams prépare dans son bureau l'épisode suivant. Et lorsque l'épisode est en boîte, ils permutent leurs rôles. Kevin collabore de très près avec la réalisatrice Lesli Gatter sur l'épisode qu'ils sont en train de préparer. Elle entre dans le bureau de Kevin pour lui annoncer qu'elle a terminé le casting de la journée et qu'elle a trouvé quelqu'un pour un rôle important du tournage de la semaine suivante ; peut-être plus jeune qu'ils ne l'avaient imaginé, mais correspondant parfaitement. Kevin répond que les gars du repérage ont trouvé des maisons qu'ils pourront visiter le lendemain.

Pour établir le programme de tournage, Kevin découpe le scénario en morceaux correspondant à des scènes et le remet dans un ordre permettant le plus facilement de tourner six pages de script par jour. Cela devient un puzzle très complexe. À l'aide d'un logiciel conçu par Entertainment Partners et dénommé Movie Magic, Kevin ajoute des informations pour chaque scène : quels rôles principaux sont concernés, des acteurs secondaires seront-ils nécessaires, quelle caméra sur quel décor, quels effets spéciaux, quel habillement, quel maquillage, la liste des accessoires nécessaires – en résumé, tous les détails indispensables.

Kevin souligne les critères choisis pour décider de l'ordre de tournage des scènes. Si, par exemple, on doit tourner une scène en extérieur jour, il est logique de la caler en début de semaine. Les horaires de travail des équipes (la durée de présence sur les plateaux), qui sont régis par les périodes de repos imposées par les syndicats, ont tendance à s'allonger au fur et à mesure que la semaine avance. Si on tourne une scène en extérieur nuit au début de la semaine, les horaires vont être très longs. Si on construit des décors, la scène correspondante doit être déplacée en fin de semaine pour laisser le temps de les mettre en place. On gagne du temps si l'équipe n'a pas à déplacer tout le matériel de plateau en plateau après chaque scène, et cela représente un gain important dans l'organisation du tournage. Regrouper des scènes qui ne se suivent pas chronologiquement ne facilite pas le travail des acteurs, qui préfèrent tourner dans l'ordre. Cette chorégraphie des temps de tournage de la semaine est un exercice délicat pour l'assistant réalisateur, qui doit essayer de satisfaire tout le monde.

« J'ai le boulot le plus agréable de ce métier. »
Kevin Williams

Il a commencé par peindre des décors et déplacer des meubles pendant dix ans à Miami, avant de venir s'installer à L.A. Lorsque *Miami Vice* a démarré, il a travaillé comme remplaçant et doublure de Philip Michael Thomas, tout en étant assistant de production et en cherchant de nouveaux contrats. À la quatrième saison, il était assistant de production et a pu cumuler assez de jours de tournage (600) pour se qualifier à la Guilde des réalisateurs et devenir second assistant réalisateur. Après Miami, Kevin a travaillé un peu partout et pu goûter aux charmes de Los Angeles comme second assistant réalisateur sur *X–Files* («un cirque à trois pistes»), puis sur *Seven Days* avant que Gerrit van der Meer ne le recrute pour *Gideon's Crossing*. Il a ensuite travaillé sur *Crossing Jordan* à la demande de Gerrit. «Comment aurais-je pu refuser?» dit Kevin, *Dr House* étant une série à succès.

Toute cette préparation sert à procurer au réalisateur les meilleures conditions possibles, pour qu'il puisse exprimer au mieux sa vision de chaque scène du script. Le réalisateur détermine comment il doit «couvrir» l'action, ce qui se traduit par le nombre de fois où la scène devra être tournée sous des angles différents en fonction de l'acteur, ou des acteurs. Une scène légère et amusante n'aura peut-être besoin que de deux prises. Mais les scènes intenses, autour desquelles s'articule l'histoire, exigeront une plus grande couverture. Elles seront certainement insérées entre des parties plus calmes, pour accorder plus de temps de plateau aux parties importantes de l'histoire. Les scènes d'action ont leur propre dynamique, avec des coordinateurs pour superviser les cascadeurs lors des bagarres. Chaque réalisateur a ses habitudes. «Certains préfèrent accumuler beaucoup de scènes difficiles en une journée, d'autres, plus nombreux, s'en tiennent à une grosse action par jour», dit Kevin.

Plus un assistant réalisateur travaille avec son supérieur, mieux il connaît son style. Mais réciproquement, plus un réalisateur travaille avec la même équipe et les mêmes acteurs, plus il se sent à l'aise. Il pourra alors envoyer moins de plans de «couverture» aux monteurs, parce qu'il saura qu'il a ce qu'il veut avec moins de plans. Ce genre de décision est pris durant la période de pré-production, lorsque le réalisateur examine les scènes et dit: «J'ai besoin d'un plan sous cet angle et d'un autre sous celui-là.» Après avoir assisté un réalisateur plusieurs fois, Kevin peut prédire comment celui-là choisira de couvrir la scène pour obtenir ce qu'il veut sur la pellicule.

Pendant qu'il détermine le nombre et le type de prises, Kevin doit communiquer avec l'équipe pour s'assurer que les demandes du réalisateur sont possibles et prévoir éventuellement un

Préparation d'un plan filmé
au Steadycam. Le réalisateur
Greg Yaitanes est devant,
le directeur de la photo Gale
Tattersall est à droite.

équipement spécial. Pour une conversation en travelling (quand la caméra, pointée vers l'arrière, précède des personnages qui discutent le long d'un couloir, par exemple), le réalisateur peut demander un Steadycam, un support de caméra auto-stabilisé permettant des plans en douceur, même si l'opérateur marche à reculons. L'assistant réalisateur va alors demander aux responsables des caméras de louer un Steadycam pour la journée, et il préviendra l'opérateur qu'il doit être prêt pour les répétitions. L'opérateur Steadycam de *Dr House*, est aussi celui qui gère la caméra B. Mais il est payé en plus quand il opère avec un Steadycam. Et, lorsqu'il touche un salaire plus élevé, il sera à ce tarif pour toute la journée, c'est donc une dépense supplémentaire dont il faut tenir compte.

Kevin prend soin de garder d'excellentes relations avec les scénaristes. S'il apprend qu'ils préparent un moment un peu spécial dans l'histoire, il peut prendre un peu d'avance. Par exemple, si un mineur doit jouer un rôle, en particulier si le malade de la semaine est un enfant en grave danger, il faut organiser le tournage différemment. Les enfants ne peuvent travailler qu'un certain nombre d'heures par jour et doivent être accompagnés d'un enseignant ou d'un représentant des services sociaux sur le plateau. La réglementation pour les bébés est encore plus draconienne. Ils ne peuvent tourner que vingt minutes pendant deux périodes de deux heures par jour. Si le bébé dort dans la scène, on peut le remplacer par une poupée, ou un automate s'il ne bouge que légèrement un bras ou qu'il cligne de l'œil. Mais il faut alors deux marionnettistes pour manipuler l'automate hors du champ de la caméra, ce qui présente parfois plus d'inconvénients que d'avantages. La présence d'un animal rend les tournages encore plus délicats. « Il faut des années pour dresser un chien, mais sur un tournage, on ne dispose que de huit jours pour lui faire faire ce qu'on veut », dit Kevin, parlant d'expérience.

....

Le moment le plus difficile à organiser est l'imprévisible séquence du début, qui ouvre l'épisode et donne les éléments du mystère médical de la semaine. Elle est souvent filmée en extérieur, loin du plateau Princeton-Plainsboro (ce qui veut dire en dehors de l'enclos de la FOX). La qualité de cette séquence clé est toujours très élevée : la poursuite de flics sur les toits au début du *Cœur du problème* est aussi captivante qu'une scène dans un long métrage. Les scénaristes s'efforcent de tenir au courant les divers départements de production quand ils proposent une séquence de début particulièrement ambitieuse. Leurs idées sont parfois irréalisables. Soit c'est le temps qui manque à l'intérieur de l'emploi du temps déjà serré, soit la séquence est trop chère à réaliser.

Les producteurs en charge de la programmation des tournages et des questions de budget sont les directeurs de production Gerrit van der Meer et Marcy Kaplan. Gerrit et Marcy mettent tout leur poids dans la balance pour que les idées les plus ambitieuses puissent être réalisées, que ce soit la reconstitution d'une station de recherche en Antarctique en studio, le tonneau spectaculaire d'un bus à Princeton, ou d'un Humvee au Moyen-Orient, ou encore un décor de camp de réfugiés en Afrique – mais tout en restant dans les limites du budget. Gerrit doit décider s'il est aberrant d'épuiser toute l'équipe en rajoutant une journée de tournage. Et puis il y a la question de la disponibilité des acteurs. La programmation de doubles journées avec deux équipes de tournage est risquée, car il faut s'assurer que les acteurs ne doivent pas se trouver au même moment sur deux plateaux différents. Parfois, il devient nécessaire de changer d'idée. Dans *Wilson*, à la saison 6, Wilson devait au départ faire de la voile avec son ami Tucker, mais la scène a été transformée en une partie de chasse dans les bois, beaucoup plus économique.

« **David Foster est** arrivé et a dit : "Je change la séquence de la voile en partie de chasse. Y a-t-il des éléments qui vous posent problèmes, les gars ?" Et on a répondu : "Non, on adore la chasse. C'est plus sympa que la voile." »

—Mike Casey

La série a deux budgets : le budget d'amortissement et le budget courant. Le budget d'amortissement inclut les coûts globaux qui ne sont pas spécifiques à chaque épisode, comme la construction des gros décors qui intervient entre les tournages des saisons. Le budget courant correspond aux coûts afférents à chaque épisode dans lequel le budget d'amortissement, divisé par le nombre d'épisodes tournés, apparaît sur une ligne. Gerrit et Marcy savent parfaitement que si une séquence de l'épisode 3 va coûter deux cent mille dollars de plus que le budget prévu, cela se répercutera sur l'épisode 18, qui n'est encore qu'une ébauche dans la tête de David Shore, et cet épisode devra être plus raisonnable. Donc, les choses se font, mais toujours en gardant en tête les coûts. « Mon objectif, dit Marcy en se référant au budget de la série, est de rester dans les clous au centime près. »

Dr House est produit par NBC-Universal. Jusqu'en décembre 2009, la série étaient sujette aux règlements financiers de la compagnie mère de NBC, General Electric, une des plus grosses entreprises américaines. La série subit constamment des audits, et tout ce qui a été créé et acheté – tout ce qui a été dépensé – est théoriquement un avoir qui peut être demandé par un audit. À la fin de chaque saison, la comptabilité doit produire une liste d'avoirs pour chaque département, et tout doit pouvoir être retracé. En pratique, personne ne jette jamais rien (dans la mesure du raisonnable – les décors sont généralement trop grands pour être démontés et stockés). Il faut toujours être en mesure de tourner un raccord – retourner une scène en cas de problème lors de la post-production (après le tournage). Il faut aussi pouvoir raccorder sans défaut si un ancien personnage réapparaît, ou si les scénaristes commencent à revenir dans le passé. En fait, la majorité des accessoires utilisés une seule fois sont conservés.

Tyler Patton et Mike Casey stockent tout ce qui a servi comme accessoire, une véritable montagne de boîtes en plastique transparent, derrière un des plateaux. Parmi les mannequins en plastique, les vieux fax et les faux films porno, émerge une boîte étiquetée « poire vaginale ancienne et grenouilles en plastique transparent ». Dans la première saison, House avait lancé une grenouille à quelqu'un et les accessoiristes avaient réuni une collection de grenouilles diverses pour avoir le choix (ils n'offrent jamais un seul modèle d'accessoire). Ils ont conservé la boîte, au cas où.

« Nous avons des audits et ils nous soumettent une liste éparse de choses, dit Mike. Où est la poire vaginale ancienne ? Où est la grenouille à 2000 $? Mais la télévision est très différente des autres branches de la gigantesque General Electric. »

« On ne dépense pas à tout va, comme des paniers percés, précise James Wallace, un assistant de production. Une des missions du bureau de production est de surveiller les coûts de chaque chose. Le bureau conserve les listes de tous les avoirs des différents départements et des copies de tous les bons de commande émis pour la réalisation de la série. Si vous voulez savoir combien a coûté la régie d'un tournage il y a trois ans, demandez au bureau de production. Mais ils dépensent de l'argent, eux aussi. La coordonnatrice de production, Meg Schave, cherche à mettre en place une nouvelle politique de la NBC interdisant l'usage de gobelets et d'assiettes en polystyrène pour réduire les déchets, et donc il s'agit aujourd'hui de demander aux fournisseurs des produits biodégradables. Depuis la fourchette à pomme de terre jusqu'aux constructions coûtant plusieurs millions de dollars, il faut tout contrôler. »

« Une série télévisée, c'est une très grosse entreprise, dit Elizabeth James Rhee, directrice générale de production. C'est énorme. Il y a énormément de dépenses, dans tous les départements. Nous nous efforçons de trouver des moyens de contrôler les coûts. »

QUESTION : Vous devez pouvoir répondre à n'importe quelle demande ?

JAMES WALLACE : Dans *Dans la tête de House*, il y a une scène où Cuddy fait un strip-tease devant House, et ils ont dû faire venir une fille (pour la répétition). Nous devions lui trouver un environnement adéquat, donc nous avons été acheter une colonne de stripper, un modèle extensible. L'objet est arrivé avec un bon DVD, illustrant comment utiliser la colonne.

ELIZABETH JAMES RHEE : Les machinistes ont monté la colonne de stripper dans une des chambres de malade, le temps des répétitions. Lisa devait s'entraîner, et nous avions une autre strip-teaseuse dans l'épisode... (Après le tournage) les machinos nous ont appelés pour demander s'il fallait laisser la colonne dans la chambre ou si nous en avions terminé.

MEG SCHAVE : Qu'est-ce qu'on va en faire ? Parce que maintenant, c'est un avoir et on doit le stocker quelque part.

QUESTION : Où est-elle, maintenant ?

MEG : Dans le débarras.

L'assistant de production Dan Forstmann définit le bureau de production comme le centre nerveux de toute la série. Ils archivent tout, depuis les feuilles d'appel jusqu'aux différentes versions des scénarios, en passant par les feuille de tournage, le type de film utilisé pour telle scène et combien il en reste après une prise. Ils s'assurent que les informations importantes soient envoyées aux départements respectifs ; que les mémos annonçant les réunions soient bien distribués et que la salle de conférences soit bien approvisionnée en nourriture et en boissons ; que tous ceux qui ont besoin du script l'obtiennent quand ils en auront besoin, de même que les feuilles d'appel et les informations sur les lieux de tournage. Il est indispensable que ceux qui doivent procéder à un tournage en extérieur sachent où il faut se rendre. Il faut aussi qu'ils disposent de tout ce dont ils ont besoin pour faciliter le tournage une fois sur place.

Une des fonctions d'Elizabeth James Rhee consiste à organiser les déplacements pour un acteur venant d'une autre ville. Les acteurs sont sous sa responsabilité jusqu'à ce qu'ils atterrissent. Ensuite, ils sont pris en charge par le second assistant réalisateur, qui planifie leur emploi du temps. Si la météo est mauvaise sur la côte Est et que Hugh Laurie doit revenir à Los Angeles en partant de New York pour un tournage le lundi, Elizabeth doit trouver une solution (cela s'est produit une fois, et Elizabeth a trouvé une voiture pour le conduire à Philadelphie, d'où il a pu prendre l'avion de retour).

Comme si le personnage qu'il incarne, le détective Tritter, n'avait pas assez d'ennuis, David Morse est resté coincé pendant des heures dans un avion qui ne pouvait pas décoller, lors d'un déplacement réservé à la dernière minute. Il lui fallait un script, et Elizabeth s'est débrouillée pour lui en faire parvenir un à son escale prévue à Salt Lake City, ce qui a nécessité une livraison spéciale d'un paquet à passager en transit (les scripts ne sont jamais envoyés par e-mail). Mais Morse ne s'est jamais posé dans l'Utah, son avion avait été dérouté par Cincinnati, où il a dû passer la nuit et réembarquer le lendemain matin, épuisé et plutôt sonné.

Sur le tournage, Elizabeth a loué un générateur électrique pour la journée et elle a dû s'assurer qu'il serait bien au bon endroit. Comment savait-elle qu'un générateur était nécessaire ? Lors d'une visite technique sur les lieux de tournage trouvés par l'équipe de repérage, le département éclairage a calculé la quantité de lumière nécessaire, et ils se sont rendu compte que l'ampérage n'était pas suffisant sur les lieux. Le département transport, qui emploie des techniciens inscrits dans la catégorie syndicale pour opérer sur générateurs, n'avait personne de disponible. Elizabeth devait donc faire appel à une entreprise extérieure. C'est ainsi qu'une ligne de script devient une ligne dans la grille de tournage et se transforme en demande de prestations pour les divers corps de métier du cinéma.

« Ils ont dit : "On va retourner la scène 21A de l'épisode 4. C'est sur le plan de tournage." Je réponds que je ne me souviens pas de cette scène. Alors, je regarde le plan et je regarde le découpage sans trouver la 21A. Ce qui peut se produire, parce que de nouvelles pages de script arrivent parfois après le tournage. Alors, je dis : "D'accord, je vais revoir la page." Chaque étape de changement du script est codée par des couleurs différentes, mais je ne trouve toujours pas la 21A. Je me rends au bureau de la production et je demande : "Nous devons refaire la scène 21A de l'épisode 4 et je ne la trouve pas." Tout le monde s'affaire, mais personne ne la trouve. Alors, je dis : "Appelons les scénaristes", et ils me répondent : "Ah oui, c'est normal, nous ne l'avons pas encore écrite." »

—MIKE CASEY

Si quelqu'un rencontre un problème qu'il ne peut pas résoudre, il s'adresse au bureau de la production. Comme l'explique l'assistante de production Lee Perez Gonzalez : « Dès qu'une personne se trouve en difficulté, elle vient nous consulter, quel que soit son département. Même si on ne peut rien faire, ils viennent nous voir. »

Et Meg Schave ajoute : « Si leur imprimante ne fonctionne pas, s'ils n'ont plus de café, s'ils veulent une banane… »

Dan Forstmann le confirme : « Ce sont des exemples que l'on rencontre tous les jours. »

Les problèmes de production plus complexes remontent jusqu'à Gerrit van der Meer et Marcy Kaplan. Et c'est ce qu'ils demandent. Leur rôle consiste à superviser les choses à plus grande échelle et ils veulent savoir quelles sont les difficultés, même si quelqu'un est déjà en train de régler la question. Gerrit et Marcy savent trop bien quelles peuvent être les répercussions d'un problème dans un département sur le reste des équipes de production : « Cela me permet d'apporter mon aide, dit Marcy. Si je ne suis pas au courant, c'est que la décision a été prise à ma place. Ils m'avouent qu'ils n'ont pas voulu me le dire parce que cela aurait coûté de l'argent. Oui, mais cela aurait coûté 1 000 dollars hier, et aujourd'hui cela va en coûter 20 000. »

. . . .

Le soir de sa diffusion, un épisode a probablement été tourné six à huit semaines auparavant. Le déroulement de la production est un parfait exemple de la loi selon laquelle la tâche se profile en fonction du temps disponible. Comme Tyler et Mike, Gerrit et Marcy ont des grilles de production épinglées sur leur mur. Ici, les points bleus représentent la livraison des scripts ; les points verts correspondent au premiers jours de travail de l'un des réalisateurs ; les dates de tournage sont indiquées en rouge, et tout ce qui est en jaune signifie post-production. Seize jours sont prévus pour le montage d'un épisode et dix jours pour le mixage du son, la conformation (ajout de l'audio à la vidéo) et l'étalonnage couleur. Les producteurs doivent visionner, la direction des studios doit l'avaliser, et la chaîne doit l'accepter. Mais ces dates clés sont souvent arbitraires, admet Gerrit. « En général, les choses prennent plus de temps. »

Les monteurs de *Dr House* sont Amy Fleming, Dorian Harris et Chris Brookshire. Ils commencent le travail sur leur épisode dès qu'ils voient les rushes journaliers des prises du jour précédent. Le style visuel et sonore qui émerge de la post-production fait partie d'un autre chapitre de la fabrication de la série. Ceux qui travaillent au montage et au mixage arrivent en fin de production. Les dates de diffusion sont immuables, mais le planning général comprend quelques moments de souplesse, la marge de manœuvre étant très réduite au stade de la post-production.

« Ils commencent à tourner en juin et nous, nous courons derrière eux. Le but est de ne jamais les laisser prendre trop d'avance et d'éviter d'avoir à essayer de les rattraper, dit Chris Brookshire. Nos dates sont parfois très rapprochées et nous sommes le dernier bataillon de la fabrication de la série, et nous devons travailler plus vite en fin d'année. »

Lorsque le montage définitif est arrêté, que la musique a été ajoutée et le son mixé, le film est livré de la post-production à la chaîne sous forme de cassette au format HD. La chaîne le transmet ensuite à ses stations dans tout le pays. Lorsque FOX a déplacé *Dr House* du mardi au lundi, il a fallu livrer la bande le vendredi au lieu du lundi. Et lorsque les retards se sont accumulés en amont, un tel changement n'est pas anodin.

Une fois le dernier épisode de la série livré, presque tout s'arrête à la production de *Dr House*. Pendant la période des vacances, s'ajoute un temps de pause de deux semaines. Mais les saisons longues imposent de très courts temps de relâche entre deux productions et certains départements ne cessent pas de fonctionner. Un arrêt des tournages est le moment idéal pour concevoir et fabriquer de nouveaux décors, par exemple. Le bureau de production n'arrête pas ses activités, il faut ranger le matériel de la saison qui vient d'être tournée et tout préparer pour la prochaine. Il est important de tenir méticuleusement les registres. Meg Schave a travaillé sur *Tout le monde aime Raymond*. À la fin de la dernière saison, tout était terminé et le bureau de production a fermé. Mais l'année suivante, la série a été nominée pour plusieurs Emmys et il n'y avait personne pour répondre aux demandes d'information.

« S'ils avaient besoin d'un renseignement, il fallait ouvrir les archives, vérifier qui était le chef opérateur ce jour-là… Et si les documents n'ont pas été tenus correctement, il est impossible de retrouver ce genre d'information, dit Meg. On ne sait jamais quand ils auront besoin de retrouver la grenouille… »

Temporal bone.

Zygoma

Tubercle

« Ils ont tous de l'ambition. Ils n'ont pas
choisi House comme patron pour rien.
Il y a chez Chase une part de lui qui
l'admire et le respecte, et voudrait être
son homme de confiance. »

—Jesse Spencer

CHASE

Jesse Spencer

Alors que House a choisi personnellement Foreman et Cameron, il engage Robert Chase parce que le père de ce dernier, une sommité médicale, a plaidé la cause de son fils au téléphone. Au début de la série, Chase cherche à plaire à son patron, dont il admire les qualités. « Ce type me botte, dit Chase. Il dit ce qu'il veut. Il fait ce qu'il veut. » *(Rencontre sportive)*. Si Chase est content d'avoir House comme patron, il ne s'en montre pas pour autant reconnaissant envers son père, Rowan, lorsque ce dernier fait son apparition à Princeton-Plainsboro *(Le Mauvais Œil)*. Chase se montre aussi assidu à l'éviter que House lors de la visite de ses propres parents. Chase confie à House que son père l'avait abandonné avec sa mère alcoolique, quand il avait quinze ans. Mais il ne déteste pas son père.

> **« Je l'ai aimé** jusqu'au moment où je me suis aperçu que ça fait moins mal quand on s'en fiche. On ne s'attend plus à le voir sur les gradins quand on dispute un match de foot. Comme ça, on ne risque pas d'être déçu. On ne s'attend pas à un coup de fil le jour de son anniversaire, encore moins à une visite. Vous voulez qu'on se réconcilie – qu'on se boive quelques bières entre hommes et que je lui manifeste mon affection ? J'ai déjà trop donné. C'est vrai, il m'a trop déçu. »
>
> —CHASE

House a tôt fait d'en déduire que Rowan est venu dans la seule intention de consulter Wilson, l'oncologue. Rowan souffre d'un cancer. Il y a une rencontre gênée entre lui et son fils. Le père lui dit qu'il le verra plus longuement la prochaine fois. Sauf qu'il sait pertinemment qu'il n'y aura pas de prochaine fois. Dans *Erreur médicale*, Chase, en apprenant que son père est mort, bâcle une visite médicale de routine. Le malade meurt. Chase se fustige en exagérant l'importance de sa négligence. Mais House ne permet pas à Chase de jouer les martyrs. Chase reste dans l'équipe, avec un blâme.

QUESTION : Chase semble souvent lire dans les pensées de House. Foreman et Cameron sont horrifiés. Vous, non.

JESSE SPENCER : C'est moi qui l'ai voulu ainsi. Comme le personnage de Chase n'était pas très explicite, j'ai pris la décision bien réfléchi d'être celui qui approuve la conduite de House. Nous avons tous nos raisons de l'avoir choisi comme patron... Il y a une part de nous-même qui est pour House. À la fin de la journée, tous ces personnages ne sont pas si prêts au sacrifice qu'on le croit.

Après la mort de son père, Chase devient plus indépendant. En bonne partie par nécessité. Il prend un second poste dans le service de réanimation néonatale parce que son père l'a déshérité. Chase n'est donc plus un gosse de riche *(À la vie à la mort)*. Fini l'époque où il va faire du snowboard à Gstaad comme dans la saison 1 *(Changement de direction)*. Lorsque Vogler cherche quelqu'un pour espionner House, Chase se porte volontaire. Pourtant, par la suite, il refusera de rendre le même service à Tritter *(Rendez-vous avec Judas)*. L'inspecteur Tritter, qui sait ce qui s'est passé avec Vogler, fait planer le doute sur l'attitude de Chase en gelant tous les comptes en banque sauf le sien. Toutefois, Chase demeure loyal, même si House l'accuse de l'avoir de nouveau trahi et lui donne un coup de poing. Par ailleurs, Chase tient tête à House en refusant de lui faire une ordonnance de Vicodin. Tout cela ne lui donne pas bonne presse. Dans *Deux frères,* House le traite de « roi de la magouille ».

> **« J'ai toujours pensé** qu'il y avait des points communs entre les personnages de Chase et de Numéro 13. Chase a depuis la saison 4 une attitude opiniâtre, indépendante, style "Allez vous faire foutre", vis-à-vis de House. C'est le genre de choses que Numéro 13 respecte. »
>
> —OLIVIA WILDE

Chase est en proie à un conflit dont les racines sont profondes. Il a un côté très humain, lui aussi. On a vu que dans *Leçon d'espoir,* il accède à la demande d'une fillette de neuf ans qui est en train de mourir et qui veut savoir ce qu'est un baiser.

Chase est dès le départ séduit par Allison Cameron. Il l'invite à sortir à l'épisode 3, *Cherchez l'erreur,* mais Cameron le repousse sans le laisser terminer sa phrase. Elle ne veut pas de lui. Dans *Partie de chasse,* Cameron lui saute dessus parce qu'elle est défoncée. « Surtout, ne joue pas les gentils maintenant », lui dit-elle. Par la suite, dans *Sans peur et sans douleur,* Cameron propose à Chase un arrangement : ils n'ont qu'à coucher ensemble, sans rien de plus. Pour deux personnes occupées comme eux, c'est pratique. De toute façon, il est peu probable qu'elle tombe amoureuse de lui. Chase est partant, même, comme il le confie à Foreman, s'il pense que Cameron ne couche avec lui que pour rendre House jaloux *(L'Enfant miroir)*. Pourtant, Chase déclare à Cameron qu'il veut plus, et dès qu'elle lui donne plus *(Y a-t-il un médecin dans l'avion ?)*, elle casse.

Chase est tenace. Il lui offre des fleurs. Chaque semaine, il rappelle à Cameron sa flamme. Peu à peu, elle s'aperçoit qu'elle n'est pas aussi indifférente qu'elle le croit. Bien plus tard, dans *Lecture pour tous*, Chase s'inquiète à la pensée que l'attirance de Cameron est peut-être seulement physique. Chase se rend avec House et Wilson à une séance de « speed dating ». Et comme il fallait le prévoir, en dépit de son comportement à la Forrest Gump, il cueille les conquêtes à la pelle. Les gens sont-il superficiels à ce point ? Devant l'évidence, Numéro 13 assure à Chase que les sentiments de Cameron partent du cœur. À la fin de la saison 5, lorsque House est interné à l'hôpital psychiatrique, Cameron a surmonté ses doutes et épouse Chase.

QUESTION : J'étais étonné que vous vous soyez mariés.

JESSE SPENCER : Nous aussi ! Mais cela faisait un bon contrepoint à la folie de House et à son internement.

QUESTION : Cela veut dire aussi que vous tomberez de plus haut.

SPENCER : Exact.

Chase est assez autonome pour survivre sans House. À la fin de la saison 3, House vire Chase. « Parce que vous êtes ici depuis plus longtemps que les autres, vous avez appris tout ce qu'il y a à apprendre, ou alors vous n'avez rien appris du tout. Quoi qu'il en soit, il est temps de changer » *(Dernier espoir)*. Tout ce que Chase trouve à dire, c'est : « Très bien. Ce boulot-là est ce qu'il m'est arrivé de mieux dans la vie. Maintenant, le perdre ? Je crois que ce devrait être bien aussi. » Au moment où House cherche des remplaçants pour reformer son équipe, il suppose que Chase a trouvé un poste dans une annexe de la clinique Mayo en Arizona et qu'il est avec Cameron. Alors que Chase, grâce à ses spécialités en cardiologie et en réanimation, est de retour au CHU de Princeton-Plainsboro, où il est chirurgien, apparemment content de son sort. Puis, au cours de la saison 6, Foreman – House n'a plus le droit d'exercer – leur demande, à Cameron et à lui, de revenir l'aider, une fois qu'il a licencié Numéro 13 et que Taub a donné sa démission.

> « **Je ne pense** pas que Chase soit naïf face à House. Il est surtout naïf face à lui-même. »
>
> —David Shore

Mais Chase ne peut pas se passer de House. Du point de vue de Cameron, House a créé le cadre qui a autorisé Chase à causer la mort (volontairement ou pas, c'est discutable) du tyran Dibala, avant que ce dernier ne rentre dans son pays où il aurait perpétré le génocide d'une grande partie de la population *(Le Serment d'Hippocrate)*. Mais en fin de compte, Chase n'est pas comme House. La mort de Dibala le prouve. « J'ai dépassé les limites, confie-t-il à Foreman. Je n'arrive plus à revenir de l'autre côté » *(L'argent ne fait pas le bonheur)*. Foreman l'interroge : « Pourrais-tu tuer un autre être humain sans que cela te coûte ? » Chase sait qu'il en est incapable. Dans *L'erreur est humaine,* Chase raconte qu'il a quitté le séminaire parce qu'il avait perdu la foi. Après la mort de Dibala, il se tourne de nouveau vers l'Église et se confesse à un prêtre, qui refuse de lui donner l'absolution s'il ne se dénonce pas à la police. « J'ai tué un homme, déclare Chase au prêtre. Mais je n'avais pas le choix » *(Le Cœur du problème)*. Alors que son mariage est en train de faire naufrage, Chase affirme à Cameron que quel qu'en soit le prix, il tuerait de nouveau Dibala si les mêmes circonstances se représentaient.

> « **Même quand vous** avez perdu la foi, il vous reste la conscience qu'il existe une vie spirituelle, et cela a une influence sur vous. Je vais à confesse... C'est quelque chose qui est dans l'air. Rien n'est jamais noir ou blanc... tout est dans des nuances de gris. C'est ce que j'aime quand je regarde la série... Ces questions qui sont posées et auxquelles il n'y a pas toujours de réponses, mais dont on voit les conséquences sur les personnages. »
>
> —Jesse Spencer

Après bien des réticences, Chase avoue à sa femme qu'il a interverti les résultats des analyses du dictateur, de manière qu'on lui donne un traitement qui le tuerait. Au départ, Chase accepte de quitter Princeton-Plainsboro avec Cameron pour reprendre les choses de zéro. House, convaincu que leur mariage ne réchappera pas de la mort de Dibala, réussit à convaincre Chase que Cameron ne le juge pas responsable. Et ça marche ! Quand il s'aperçoit que Cameron estime House plus coupable que lui, Chase se met à revendiquer le meurtre de Dibala. Comme l'a prévu House, Chase souhaite revenir travailler avec House dans le seul but de prouver qu'il n'est pas une simple marionnette, qu'il est capable de prendre ses décisions tout seul. Cameron interprète son geste comme la preuve du contraire.

> « **Voilà ce que** House dit à Chase et Cameron : ˮLe problème se posera tôt ou tard, autant qu'il se pose tout de suite".»
>
> —DAVID SHORE

House a-t-il vraiment guidé le bras de Chase ? Cameron en est persuadée. Elle le déclare à House alors qu'elle quitte l'hôpital et son mari. « Vous l'avez abîmé au point qu'il ne distingue plus le bien et le mal. Il ne voit même plus ce que la vie a de sacré » *(Classé X)*. Lorsque Cameron retourne au CHU afin de faire signer à Chase les papiers du divorce *(Personne ne bouge !)*, Chase est persuadé qu'elle ne l'a jamais aimé. De son côté, pour commencer, elle avoue ne pas savoir, ce qui n'est pas vrai. Cameron s'accable de reproches, d'abord pour avoir épousé un mourant, et ensuite pour avoir exclu Chase de sa vie. La rupture se passe amicalement, c'est le moins qu'on puisse dire : elle regrette à l'avance de ne plus pouvoir danser avec lui. Chase met *Alison*, d'Elvis Costello. Ils dansent. Ils s'embrassent. Ils font l'amour. Chase se sent disculpé : la responsabilité de l'échec de leur union ne lui incombe pas. House a gagné.

Chase aurait dû se rappeler les paroles qu'il avait lui-même prononcées à l'épisode 3 au bénéfice de Foreman : « Le cerveau de House marche en mode décalé. Est-ce un mal ? »

> **KATIE JACOBS** : Le rôle de Chase était au départ pour un Américain. Et pour un type plus vieux que Jesse. Mais quand je l'ai vu à l'audition, j'ai trouvé qu'il collait parfaitement. Cela lui vient tout seul, il ne faut surtout pas qu'il lutte contre son naturel.

CATHY CRANDALL (COSTUMIÈRE): Il est assez BCBG, malgré son petit côté australien. Je lui fais un look jeune. Il a l'air de s'en fiche, mais au fond, il sait qu'il est beau mec. Il sait qu'il peut avoir du chic. Je tiens à ce qu'il reste juvénile et branché.

Jesse Spencer à propos de... philosophie

QUESTION: La philosophie de la série est souvent noire. Cela est-il en accord avec votre point de vue ?
– La série se démarque des autres choses qu'on peut voir à la télévision. C'est ce qui fait en partie son succès. Elle reste fidèle à son principe de base. Le cynisme y règne parfois en maître, ce qui n'a rien d'idéaliste. Ça me plaît. Cela rend d'autant plus surprenants les moments où House a tort, où il doit réviser ses a priori sur le monde. Ces instants d'espoir sont d'autant plus émouvants qu'ils sont rares. Tout est dans le contraste. Ils donnent à House un côté plus léger qui lui permet de briller.

QUESTION: C'est parfois très drôle.
– Oui, derrière le noir, il y a l'humour ! House est un champion du gag. Il se moque des réactions attendues des êtres humains à telle ou telle circonstance. Il faut bien qu'il y ait de l'humour. Sinon, ce serait trop déprimant.

Jesse Spencer à propos de... House

QUESTION: Il n'y a pas de filtre avec House.
– On aimerait bien tous être comme ça. Il ne vit pas selon les mêmes règles ni les mêmes conventions que nous autres.

QUESTION: Quand il dit : « Tout le monde ment » ?
– C'est que le mensonge est roi.

QUESTION: Vous avez envoyé un direct du droit à House *(Heureux les ignorants)*. Depuis quand cela vous démangeait-il ?
– Oh, je ne fais que lui rendre la monnaie de sa pièce. Il m'avait frappé dans un épisode précédent *(Rendez-vous avec Judas)*. Il était en manque. J'essayais d'arrêter une opération. C'était en fait une protoporphyrie érythropoïétique – celle-là, je ne l'oublierai pas ! Et vlan ! voilà qu'il me flanque son poing dans la figure, en plein dans le nez. C'était agréable de le lui rendre. Cela surprend, parce que les spectateurs se disent : « Pourquoi est-ce que personne ne s'oppose à lui ? » Ils ont l'impression que cela n'arrivera jamais.

QUESTION : Vous lui dites : «Je veux que les gens me laissent tranquille.»
– Il y a plusieurs manières de réagir à une situation. Est-ce que, à l'américaine, vous allez consulter un psy, ou bien est-ce que vous vous donnez un coup de pied au cul et vous continuez ?

QUESTION : Est-ce là une réaction à l'australienne? On baisse la tête et on fonce ?
– Oui, à cent pour cent! C'est bien dans la mentalité australienne. Les Américains adorent la psychothérapie.

Jesse Spencer à propos de... Jesse Spencer

QUESTION : Dans un épisode, vous êtes accusé d'être anglais, et Foreman déclare : «Vous avez la reine estampillée sur votre monnaie, alors vous êtes anglais!» L'avez-vous mal pris ?
– Non. On pense toujours que je suis anglais, mais c'est par ignorance. Il y a des Australiens que cela vexe. C'est comme les gens qui disent que les Anglais sont américains. Ici, il y a même des Anglais que l'on prend pour des Australiens. Moi, je passe souvent pour anglais. Chase était à l'origine américain, mais... Après, on s'est dit qu'il pourrait aussi bien être australien. C'était plus intéressant comme ça.

QUESTION : Vous avez vous-même financé votre voyage jusqu'à Los Angeles ?
– Oui. Et un peu plus, je loupais l'audition pour le rôle. Chase était un Américain de trente-sept ans. J'en avais vingt-quatre. Je ne pensais pas que cela pouvait changer. C'était mal connaître l'Amérique. Si vous plaisez, ils changeront ce qu'ils veulent. En plus, je n'avais jamais lu un script aussi génial.

QUESTION : Avez-vous des médecins parmi les vôtres?
– Mon père est médecin généraliste. Mon frère aîné est ophtalmo. Celui qui suit est chirurgien-orthopédiste. Ensuite, il y a moi. Et après moi, ma sœur qui tient un peu de House, dans le sens qu'elle est surdouée, mais ne supporte pas les malades. Elle veut être médecin anesthésiste. Et il y a moi, qui joue un médecin à la télé. Ce n'est pas si bizarre que ça. En Amérique, quand on est acteur, un jour ou l'autre, on joue un flic ou un médecin... C'est obligatoire.

QUESTION : Vous n'avez jamais envisagé des études de médecine ?

– Je devais aller à l'université, mais je ne m'y suis jamais présenté. J'avais l'intention de faire ma médecine, mais je n'en avais pas envie, au fond. Je me serais borné à me conformer à la tradition familiale. Je savais à quoi allait ressembler cette vie-là.

QUESTION : La musique compte beaucoup pour vous.
– Je joue du violon [sur le plateau] avec un ampli. Le violon, la guitare, un peu le piano. Je joue avec Hugh dans son groupe caritatif [Band from TV]. C'est un hobby, cela n'a rien à voir avec mon métier d'acteur. On joue dans des casinos, on a joué à Atlantis dans les Bahamas. Ils nous payent et nous, nous reversons nos cachets à des œuvres de bienfaisance.

QUESTION : Vous êtes plutôt bon ?
– Oui et non. Pour quelqu'un qui ne sait pas jouer, je suis bon. Pour quelqu'un qui sait jouer, je suis très mauvais. J'ai arrêté de jouer pendant huit ans, alors que j'étais en Grande-Bretagne. Je mettais toute mon énergie dans ma carrière et l'apprentissage de mon métier. J'aurais dû continuer, mais c'était trop pour moi. Maintenant, récupérer mon niveau n'est pas facile. Cela fait deux ans que je m'y suis remis. Mes doigts ont perdu de leur dextérité.

Jesse Spencer à propos de… Chase

QUESTION : Chase commet des actes sans cœur… comme fournir à Vogler des renseignements…
– En effet. C'est un cafteur.

QUESTION : Comment justifiez-vous cette conduite ?
– Il sait que ça passera.

QUESTION : Pensez-vous que House respecte Chase ?
– Il ne lui dirait jamais en face, mais vous savez, cette équipe qu'il a autour de lui, il sait qu'elle est bonne. Quoiqu'il ait essayé plusieurs fois de me virer…

QUESTION : L'histoire avec votre père, c'est lourd…
– Triste, oui. Les relations entre les gens ne sont jamais idylliques. Il y a toutes les choses qu'on ignore du passé, qui engendrent des malentendus et rendent les intrigues complexes.

QUESTION : Chase refuse de lâcher prise…
– Oui, il n'y va pas de main morte.

QUESTION : On apprend en cours de route que vous avez été séminariste. Est-ce une diversion pour présenter un Chase en enfant de chœur ?

– On établit des parallèles entre la science et la religion. Qu'est-ce que la foi ? Que signifie avoir la foi ? Les gens sont-ils rendus aveugles ou leurs yeux s'ouvrent-ils ?

QUESTION : Chase partage-t-il le point de vue de House ?

– Chase a eu la foi, il l'a perdue en cours de route et a décidé d'embrasser la science, plus compatible avec le monde qu'il voyait autour de lui.

QUESTION : Avec Dibala, vous avez pris une décision.

– Est-il louable d'éliminer un monstre qui est sur le point de commettre un génocide ? Est-ce bien ? C'est un meurtre, d'accord, mais pas direct. Il y a de l'ambiguïté. Nous ne savions pas exactement ce dont il souffrait. On n'avait pas encore le diagnostic. On jouait aux devinettes. Et c'est une devinette qui l'a tué. Mais ensuite, il faut vivre avec, même si vous pensez que vous avez eu raison.

QUESTION : Mais vous avez prononcé un serment...

– Oui, dans ce sens, j'ai violé le serment d'Hippocrate. Même si Chase estime avoir effectué le seul choix possible, il ne peut se défaire du remords d'avoir pris une vie. Cela le suivra toujours.

QUESTION : Et c'est la raison pour laquelle Cameron vous quitte.

– Leur mariage est déjà compromis, puisqu'elle sait que quelque chose ne va pas. Elle finira par accuser House plutôt que moi. C'est l'insulte suprême. Chase pense qu'il a agi de son propre chef. Il n'a pas été infecté par un virus House qui l'aurait poussé à commettre cette horreur. House ne fait pas ce genre de choses. House résout des énigmes, pose des diagnostics. Il s'en fout si Dibala vit ou meurt. Il veut finir à tout prix son puzzle. Cameron le quitte parce qu'elle croit qu'il est pollué par House.

QUESTION : Vous veniez de vous marier.

– On le voyait venir. On se disait : combien de temps est-ce que ça va durer ? On n'est pas dans un conte de fées où tout se termine bien avec beaucoup d'enfants... Il se rend compte qu'il ne peut fuir la réalité de ce qui est en train de se produire. Il décide de faire face à l'adversité. Il doit demeurer dans l'équipe. Il veut être le plus près possible de son ennemi et de l'hôpital. Il doit rester.

QUESTION : Vous prenez plaisir à tous ces rebondissements ?

– C'est génial. J'espère que je fais du bon boulot, parce que c'est un scénario génial, et il faut que ça marche. Nous devons le rendre crédible.

QUESTION : Vous n'avez pas de mal à mémoriser les termes médicaux ?

– Je me rappelle le premier. Leucoencéphalopathie multifocale progressive. Ils l'avaient coupé du pilote.

4

DES JOURNÉES DE 14 HEURES

☒ **Production de la série, Deuxième partie**

« J'adore l'esprit collectif de la télévision, le sens du travail
d'équipe. Il y a une scène superbe dans *Apollo 13* où Ed
Harris jette tout sur la table. "Voilà ce dont on dispose pour
les ramener sur Terre." J'ai la même impression avec une
série télé. Nous avons sept jours pour la préparer ; huit
pour la tourner ; et nous avons le script, les acteurs et le
réalisateur. Comment procède-t-on ? Comment parvenir
au meilleur ? Comment s'en sort-on ensemble ? Et nous y
parvenons. »

—GREG YAITANES, RÉALISATEUR

L'heure de début de tournage sur un plateau de *Dr House* est
déterminée par le temps de rotation syndicale depuis la fin d'une
journée de prise jusqu'au début de la suivante. Le minimum
est de 11 heures pour les membres du syndicat des opérateurs
caméra. En pratique, si le tournage se termine à 19 h 30, on peut
commencer le jour suivant à 6 h 30 du matin. Les acteurs béné-
ficient de 12 heures de repos par jour en cours de semaine et
disposent d'un minimum de 54 heures minimum par week-end.
Quelle que soit l'heure où commence la journée, la décision d'arrêter le travail en fin de journée appartient au réalisateur, que
ce soient 10, 12 ou 14 heures plus tard. Pendant la saison 6, la
moitié des épisodes ont été dirigés par Greg Yaitanes.

Le réalisateur Greg Yaitanes et le premier assistant Robert Scott.

Greg Yaitanes occupe en fait deux fonctions à plein temps. En tant que directeur de production, il a réalisé alternativement tous les épisodes, depuis *Sans explication* jusqu'à *Heureux les ignorants*, et il doit conjuguer ses responsabilités au montage ainsi qu'à la préproduction et à la postproduction. Yaitanes garde un contact permanent avec les fans de la série par l'intermédiaire du réseau Twitter. Il apprécie ce service depuis qu'il existe (c'est un ami de l'un des fondateurs) et il aime beaucoup les réactions immédiates. Il a encouragé ses collègues à participer à Twitter, de sorte que la série *Dr House* est très présente dans cette communauté. Yaitanes se connecte par son iPhone au moment de la préparation des scènes sur le plateau. Il n'arrête jamais ; quand il ne réalise pas, il s'occupe de la production. « Cette activité multitâche m'oblige à garder la tête claire, dit-il. C'est comme si je faisais plusieurs grilles de mots croisés en même temps. » Yaitanes commence ses journées à 4 ou 5 heures du matin et travaille 16 à 18 heures par jour, avant de rentrer chez lui et de s'écrouler.

Pendant les week-ends, il passe le plus de temps possible avec sa femme et ses jeunes enfants.

Les journées interminables ne facilitent pas la vie familiale des autres membres des équipes. Même s'il travaille plus de 14 heures par jour, Yaitanes s'est efforcé de réorganiser la production afin de libérer davantage les autres. Il cherche à optimiser le temps que les acteurs principaux passent sur le plateau, et en particulier Hugh Laurie, qui est pratiquement tout le temps à l'écran. C'est Yaitanes qui donne le rythme des tournages. Il a la réputation de travailler très vite.

Le décorateur Jeremy Cassells, le coordinateur de la fabrication des décors Stephen Howard et Yaitanes ont collaboré pour parvenir à une motorisation des murs des décors les plus utilisés. Ceux-là montent et descendent, permettant aux équipes de se déplacer plus rapidement. « Il bouge plutôt vite, dit Jeremy Cassells de Yaitanes, et il n'aime pas attendre. » La cloison entre le bureau de House et le couloir est mobile, de même que celle qui sépare la machine à café et l'entrée. Il y a un rail de chaque côté et un système de treuil : la précision de placement est de moins de 2 millimètres, selon Stephen Howard.

Vu sa position au cœur de l'action, Yaitanes est particulièrement sensible aux besoins des équipes et à ceux des acteurs. Secondé admirablement par Katie Jacobs pour le côté visuel et en conjonction avec Gerrit van der Meer et Marcy Kaplan pour la direction de production, Yaitanes s'assure que le quotidien des tournages soit aussi efficace que possible. Il conseille et prépare ses collègues réalisateurs afin que ceux-ci disposent du meilleur environnement technique pour exprimer leur talent dans la création de *Dr House*.

En tant que producteur, Greg Yaitanes connaît le fil directeur de l'histoire bien avant qu'il ne reçoive le script définitif de réalisation, sept jours avant le tournage. Lorsqu'il lit le script pour la première fois, le réalisateur va rechercher la mise en scène la plus efficace pour mettre en valeur l'histoire. Yaitanes encourage chaque réalisateur à développer sa propre vision. « Les styles de mise en scène sont aussi variés que ceux des scénaristes. » Pour *Comme un chef*, Yaitanes voulait garder pendant tout l'épisode le mouvement et la fluidité de la séquence « style jeu vidéo » de l'ouverture. Il a tourné avec une seule caméra au lieu de deux ou trois pour restituer le point de vue personnel de celui qui s'implique dans un jeu vidéo. C'était totalement différent de la manière dont Katie Jacobs avait tourné l'ouverture de la saison en deux parties, et différait également du style de David Straiton sur *Le Serment d'Hippocrate*, qui soulignait dans son intensité massive le fond du sujet de l'épisode.

Comme un chef marque le retour de House à Princeton-Plainsboro après son séjour à l'hôpital psychiatrique Mayfield, et la première réapparition des acteurs depuis la saison précédente.

....

Yaitanes explique comment cela a influencé sa mise en scène : « J'ai travaillé en très gros plans avec des optiques grand angle pour des moments très intimes et des visages bien sculptés parce que j'avais l'impression de ne pas avoir vu tous ces gens depuis bien longtemps. Je cherchais une véritable intimité physique avec tous les personnages à la caméra. »

Le travail passé à l'organisation et à la préparation des journées de fabrication doit être respecté à la lettre si l'on veut que le tournage commence bien le lundi matin. Le second assistant réalisateur, Vince Duque, est toujours sur le plateau. Il vérifie que tout est bien en place et transmet les informations de l'état de préparation du plateau au premier assistant et au réalisateur. Pendant que l'équipe caméra attend de mettre en place la première scène, les acteurs arrivent sur le plateau pour la répétition de mise en scène. Ensemble, avec le réalisateur et le scénariste, ils établissent le blocage des plans et discutent de la façon dont ils vont interpréter la scène. Pour les aider à se concentrer, le plateau est dégagé jusqu'à ce qu'ils se sentent prêts. *Dr House* se tourne à plateau fermé, ce qui signifie que seules les équipes de tournage sont autorisées dans le studio. Le responsable de la publicité, Geoffrey Colo était assistant de production sur la série *Dr Quinn, femme médecin* qui était tournée sur les Paramount Hills, dans un parc public. Et un des aspects pénibles de son travail consistait à empêcher les curieux d'approcher des lieux de tournage.

Les acteurs de *Dr House* reçoivent en permanence des demandes d'apparition dans la presse ou à la télévision. Toutes les demandes sont filtrées avant d'arriver au responsable de la publicité Geoffrey Colo, dont le travail consiste à faciliter les demandes qui ont été approuvées. Dès que l'acteur accepte une interview, Geoffrey travaille avec l'assistant réalisateur pour trouver un créneau de temps dans le programme de tournage. *Dr House* est un peu une exception, car la série dispose de son propre chef de publicité ; les acteurs ont leurs propres attachés de presse pour les événements mondains et les apparitions médiatiques non directement reliées à *Dr House*. La chaîne organise de son côté sa publicité, comme par exemple la grande «Séance de photo FOX» à chaque saison, où sont réalisés les photographies et les clips destinés à être insérés dans les pages de publicité («*Dr House* est de retour dans quelques minutes»). Ces séances de prise de vue sont de plus en plus sophistiquées, car de plus en plus éloignées des scènes habituelles dans le cadre hospitalier. Hugh Laurie a ainsi été photographié avec deux serpents enroulés autour de lui, pour symboliser le caducée des médecins. C'était en fait un seul serpent, avec son reflet dans un miroir. Et le reptile était un vétéran des tournages d'*Indiana Jones*.

Laurie a lui-même dirigé une série de photos d'un camping-car en panne, avec tous les acteurs dans des poses diverses. Cameron est en robe de taffetas, en train de réparer le moteur ; Taub se rase dans le rétroviseur extérieur ; Cuddy est sur le toit en train de se faire bronzer ; Chase fait cuire des hamburgers sur le barbecue : Foreman fait des haltères assis sur le marchepied ; Wilson s'amuse avec des balles de golf, tandis que Numéro 13, habillée en Lara Croft, joue à Tomb Raider, une arbalète à la main. Ils sont tous en arrière-plan, House est devant, fixant l'appareil, portant une casquette sur laquelle est écrit «C'est moi le chef».

Dr House est la septième série sur laquelle Geoffrey Colo travaille. Pour lui, les acteurs sont «très agréables dans le travail. Ils n'ont pas d'ego ; ils ont les pieds sur terre, et sont très rassurants, très positifs». Geoffrey affirme que tous jouent le jeu et qu'aucun d'eux n'essaie de tirer la couverture à lui ou d'enfoncer un collègue. «Et je dirai que dans la majorité des séries où j'ai pu travailler, le même état d'esprit régnait.»

Équipement.

Lorsque les acteurs ont fini de préparer la scène, les électriciens et l'équipe caméra se mettent en place pour tourner. Les acteurs principaux sont rejoints par leurs doublures-lumière, qui viennent prendre la place exacte des comédiens dans le décor, afin de régler les éclairages sur eux et de laisser le pointeur ajuster la focale de la caméra. Dès que les doublures ont noté avec leurs acteurs respectifs les blocages et les mouvements au cours d'une répétition de marquage, les comédiens principaux sont libérés. La mise en place technique demande entre vingt à quarante-cinq minutes. Pendant que les doublures se positionnent et se déplacent, le chef opérateur Gale Tattersall choisit les lumières et les réflecteurs pour chaque partie de la scène.

Dr House comprend cinq doublures-lumière. Patrick Price est celle de Hugh Laurie et il double Jesse Spencer. Cuddy et Numéro 13 se partagent la même doublure. Il y a en plus un second Taub, un autre Foreman ainsi qu'un autre Wilson. Si un personnage supplémentaire est nécessaire pour préparer la lumière, on fait appel aux figurants qui attendent. Les

Patrick Price, la doublure de Hugh Laurie, allongé pendant une prise.

doublures-lumière ont la même taille et la même couleur de peau que les acteurs principaux qu'ils doublent et permettent donc le réglage précis des lumières. Les vingt ou trente minutes pendant lesquelles la mise en place est effectuée permettent aux acteurs de se reposer, de répéter ou de réviser leur texte. L'emploi du temps des acteurs est extrêmement dense. Sans ces doublures-lumière, ce serait pour eux insupportable.

Patrick Price apparaît dans le rôle de l'infirmier Jeffrey Sparkman. Mais il est présent aussi comme doublure de Hugh Laurie, dans des prises occasionnelles par-dessus l'épaule, ou lorsqu'il faut un bras, ou une main faisant une piqûre. Patrick a déjà travaillé avec Hugh Laurie dans *Stuart Little* et il a rejoint *Dr House* dès le pilote de la série : « J'ai su tout de suite. Je le sentais. Je savais que ce serait une série incroyable, je n'en doutais pas. »
Patrick est présent du matin jusqu'au soir sur le plateau de *Dr House*, et pratiquement chaque jour de tournage. Selon lui, le rôle de doublure est un formidable entraînement pour un comédien. Quand il tourne une pub, il enjoint aux autres acteurs de tenir la fonction de doublure s'ils en ont l'opportunité. Aujourd'hui, il sait parfaitement comment Hugh Laurie bouge et joue avec sa canne. Il peut imiter sa démarche pour montrer à l'opérateur comment Laurie risque de se retrouver hors cadre lors d'un travelling avec conversation. « Je l'observe comme un rapace. Je rêve parfois que je suis lui », avoue Patrick.

Le réalisateur est installé dans ce qu'on appelle le « village vidéo », une zone à part, dans une pièce séparée du plateau de tournage. Ici, les moniteurs qui montrent ce que voient les caméras sont disposés en ligne.

Ira Hurvitz, superviseur du script, est assise à côté du réalisateur et du scénariste de l'épisode. Sur des chaises pliantes surélevées, à l'arrière de la salle, les producteurs ou parfois les acteurs qui ne sont pas sur scène observent le tournage. Les maquilleuses et les coiffeurs sont là pour les dernières retouches. Si un accessoire est demandé dans la scène, Eddie Grisco, l'assistant accessoiriste, est sur le qui-vive, prêt à l'apporter. Des casques sont disponibles pour ceux qui désirent entendre le son.

Robert Scott, le premier assistant réalisateur, piétine à côté, anxieux de démarrer la prise. Depuis le plateau, le directeur de la photo prévient l'assistant réalisateur qu'il est presque prêt en disant « cinq minutes ! » ou « moins de cinq. » C'est le signal pour l'assistant réalisateur. Il doit maintenant s'assurer que les acteurs sont prêts. C'est là qu'interviennent les retouches de maquillage. L'action d'arrière-plan – figurants marchant de long en large ou intervenant avec les acteurs – sont mis en mouvement par un second assistant réalisateur, John Nolan, qui doit tous les avoir instruits de leurs déplacements dans le cadre, quand le tournage démarre.

Des lampes rouges sont disposées au-dessus des portes qui mènent au plateau et lorsque celles-ci sont allumées, personne ne peut entrer. Le chef opérateur du son contrôle une sonnerie placée dans les cintres du studio. Il la déclenche pour demander le silence plateau. Dès que ce signal retentit, le chef opérateur du son a signifié à toutes les équipes qu'il est prêt à enregistrer. Un assistant réalisateur rappelle à tous : « Éteignez vos téléphones portables. » Le plateau est dégagé, tout le monde est silencieux ; le réalisateur se concentre sur les moniteurs. L'assistant prononce alors « Ça tourne », ce qui veut dire que l'ingénieur du son a lancé l'enregistrement. Avant l'arrivée du son numérique, le clap de l'ardoise devant la caméra accompagné du classique « Scène 6, première ! » servait de signal de synchronisation du son avec l'image. Aujourd'hui, le clap électronique est relié à la mixette du preneur de son. Lorsque le clap tombe, le time-code est synchronisé. S'il y a des figurants, l'assistant réalisateur va crier : « Figuration ! » pour les mettre en marche avant que les acteurs ne commencent, afin d'éviter des mouvements intempestifs. Puis, le réalisateur est prêt à crier « Moteur ! »

Les comédiens jouent la scène pendant que le réalisateur observe le tout sur les moniteurs. La prise peut durer seulement quelques secondes ; elle peut se concentrer sur un acteur, qui réagit à un autre qui parle. Pour la prise suivante, ils rejoueront la même scène, mais la caméra sera dirigée sur l'autre acteur. Les caméras bougent en fonction d'une chorégraphie précise, établie durant la préparation, en se rapprochant ou s'éloignant des personnages présents dans la scène. Le plan est vite enregistré et Greg crie : « Coupez ! » Puis il sort de derrière ses moniteurs. Il peut alors lancer : « Pas mal ! », ou « Très bien ! » et s'approcher des acteurs pour discuter de leur jeu. La lumière peut nécessiter un léger ajustement. Soit la prise est bonne, soit on recommence jusqu'à obtention du résultat voulu. Troisième prise, et Yaitanes peut s'exclamer : « Génial ! C'était parfait ! »

ROBERT SEAN LEONARD : Nous avons une lecture du script chaque semaine et on est supposé avoir déjà lu ses répliques et être sûr de savoir les prononcer. Je dirai « Bon, avec cette tirade, cela doit être... Je n'y arrive pas. Passons à la ligne suivante. » Cela n'a pas d'importance. Quand quelqu'un savonne, je vais lui lancer : « Si tu le dis comme ça le jour du tournage, je vais te rentrer dedans. » Parce que c'est à surveiller. Quand Cameron sort : « Peut-être qu'il a une pro-por-pro-por-porphyrie ? », je lui rétorque : « Jennifer, surtout, dis-le comme quand on va tourner. »

PETER JACOBSON : Il faut s'habituer aux termes jargonneux. Je crois que je parle sans trop d'effort, donc je n'ai pas vraiment de problèmes de prononciation, mais il faut un peu de temps parce que si je n'ai pas l'air de savoir de quoi je parle, il n'y a plus qu'à oublier. Par exemple, je n'arrivais pas à articuler *pancytopénie*, je prononçais Pancy-to-pénie en butant sur chaque syllabe et le scénariste m'a dit : « Tu le prononces comme un enfant qui joue à un jeu idiot. Je t'en prie, fais attention. » Je ne savais plus où me mettre.

QUESTION : Qu'est-ce que la pancytopénie ?

PETER JACOBSON : En fait, dès que j'entends « Coupez. C'est fini pour cette scène », tout est oublié. Je crois que c'est un type plus rare de cytopénie. Pour tout vous avouer, je n'en sais rien.

Sur le plateau de *Dr House* tout le monde apprécie beaucoup le talent du directeur de la photo, Gale Tattersall, et le style visuel de la série.

« Il fait partie des rares chefs opérateurs qui sont extrêmement rapides, mais fournissent des images superbes », dit Greg Yaitanes.

« Il filme tous les épisodes, ce qui est de plus en plus rare sur les séries, rapporte Katie Jacobs. Il m'impressionne non seulement par son éthique de travail, mais par la qualité d'images de toute la série... Et en termes de photographie, on peut mettre *Dr House* face à n'importe quelle autre production. »

Gale Tattersall répugne presque à admettre qu'il a une part de responsabilité dans cette qualité. Quand on insiste, il vous dira : « Mon travail consiste à interpréter ce que cherche le réalisateur en termes visuels et à suggérer des plans. Il s'agit aussi de contrôler la continuité visuelle de la série, de construire la lumière avec les machinistes et les électriciens. Je dois aussi diriger les opérateurs et les équipes caméras et m'assurer que les plans sont bien interprétés en termes d'atmosphère, que la scène soit triste, sinistre ou drôle. »

Ce qui caractérise la télévision pour Gale, qui vient du monde des spots publicitaires et du long métrage, c'est la vitesse à laquelle tout doit être exécuté. Mieux vaut savoir exactement ce qu'on veut faire, au risque d'être écrasé par le rouleau compresseur.

Tattersall refuse d'admettre que la série a son propre style visuel ; chaque épisode est traité différemment. Il adore cette recherche constante de la perfection, qui à chaque fois passe par de nouvelles solutions. Il cite l'épisode dans lequel Kutner se suicide *(Sans explication)* qu'il trouve totalement différente visuellement, avec une dominante sinistre et une désaturation des couleurs qui souligne la gravité du sujet.

Gale Tattersall, de nationalité britannique, a dirigé et tourné des spots publicitaires à la même époque que ses compatriotes Alan Parker et Ridley Scott, futurs réalisateurs de longs métrages. Il travaillait souvent aux États-

Unis, et après le tournage au Brésil de *L'Orchidée sauvage* avec Mickey Rourke et Carrie Otis. Il a repris au dernier moment la direction de la photo sur le premier film de *La Famille Addams* et a émigré à Los Angeles avec sa famille et n'est jamais retourné travailler en Grande-Bretagne.

La Californie bénéficie peut-être d'une météo au beau fixe, mais pour un expert comme Tattersall, la lumière y est horrible. Aux débuts du cinéma, les films étaient très peu sensibles, et l'industrie cinématographique avait besoin d'en endroit où le soleil reste fort pendant de longues heures. C'est pourquoi les producteurs sont venus s'installer en Californie du Sud. Ils se servaient de la lumière naturelle et peignaient en dégradé les murs des studios pour éviter la surexposition en haut du cadre. Puis, comme le fait observer Gale, un imbécile a décidé de construire des toitures sur les studios et d'utiliser la lumière artificielle. Car la lumière extérieure est dure, elle produit des ombres peu flatteuses et creuse les orbites des yeux parce qu'il n'y a pas de nuages.

Sa lumière préférée ? « Près du cercle polaire en février, quand le soleil ne monte jamais au-dessus de onze degrés et qu'il est filtré par de la brume. Cela dure cinq heures sans changements. Ici, à Los Angeles, l'heure magique est plutôt la minute magique, juste au coucher du soleil. Puis, c'est le noir total et tout est fini en quelques secondes. »

Greg Yaitanes décrit le travail exceptionnel de Tattersall sur la scène d'ouverture de *House divisé*, qui se passait dans un gymnase où des jeunes ados sourds-muets s'entraînaient à la lutte. N'ayant que l'habituelle semaine pour découper le script, Tattersall a trouvé un moyen de permettre à Yaitanes de filmer les lutteurs sur 360 degrés en faisant construire un rail circulaire dans le sol. Le gymnase utilisé pour la scène avait une toiture en verre et Tattersall a mis au point un système d'éclairage suspendu par une grue gigantesque à cinquante mètres au-dessus du sol, qui formait un simple puits de lumière par la verrière. Les éclairages étaient tellement puissants qu'un vélum translucide a dû être tendu au-dessus sur du toit afin de diffuser la lumière, laquelle était ensuite réfléchie vers les yeux des enfants par des réflecteurs argentés.

«*Celle qui venait du froid* était un de mes premiers épisodes. J'ai travaillé en étroite collaboration avec Gale. Il s'agissait d'obtenir une ambiance claustrophobique et nous avions monté un dôme, avec des éclairages à l'intérieur, pour simuler un soleil tellement bas qu'il allait se cogner aux fenêtres... Gale est un grand directeur de la photo. Il adore les puits de lumière, la fumée. La série a sans conteste un style visuel que Gale lui a donné, et il a fait un boulot formidable.»

—JEREMY CASSELLS, DÉCORATEUR

Tattersall était certain que son idée était la bonne. Sinon, cela aurait été une vraie catastrophe! «Je dépends totalement du talent de nos équipes», déclare-t-il en évoquant Monty Woodard, le chef électro; Shawn Whelan, le chef machino; et Tony Gaudioz, le caméraman, qui s'occupe aussi de l'équipe B. Puis Gale ne tarit pas d'éloges pour les réalisateurs «incroyables, plein de talents», Katie Jacobs, David Straiton et Greg Yaitanes. «J'ai beaucoup, beaucoup de chance.» Les producteurs projettent l'épisode de la soirée sur grand écran pendant la coupure déjeuner du lundi, et une cinquantaine de personnes arrivent pour voir l'épisode. Tout le monde applaudit. «C'est comme une grande famille», dit Gale. Le personnel passe en fait beaucoup plus de temps dans cette grande famille du plateau qu'avec les leurs, et il est essentiel qu'ils se respectent et s'apprécient.

Deux réalisateurs en conversation, Greg Yaitanes et Katie Jacobs.

Malheureusement, Gale Tattersall ne peut contrôler la manière dont les téléspectateurs voient son travail sur leurs écrans. Chaque récepteur est réglé différemment et beaucoup d'entre nous regardent la télévision toutes lampes allumées dans la pièce, peut-être avec une lumière qui se reflète au beau milieu de l'écran. Gale a bien pensé à réaliser un film avec une lampe superposée sur l'écran et se demande si beaucoup de personnes s'en apercevraient. Les statistiques montrent que beaucoup de gens changent de chaîne s'ils considèrent que l'image d'un programme est trop sombre, et donc, quand Gale essaie de recréer une ambiance dans un décor sombre et peu éclairé, c'est un risque. « Une fois en diffusion sur une chaîne, nous ne pouvons plus intervenir, dit-il. Je suis sûr qu'il y a un gars dans une cabine quelque part, avec un gros bouton qui indique *Plus sombre!* et *Plus clair!* On ne peut plus rien contrôler. »

....

Il est essentiel d'établir un rythme de travail soutenu dès le début d'une journée de tournage. Une des attributions de l'assistant réalisateur est de s'assurer qu'il n'y a pas de temps perdu. Si une répétition se prolonge trop, il va suggérer aux acteurs de continuer le travail hors plateau, pour que les électriciens puissent commencer l'installation des éclairages. Et un assistant peut fort bien dire à un réalisateur qui demande à retourner une scène « Vous êtes sûr? », à ses risques et périls. Un réalisateur débutant demande parfois trop de prises de la même scène et l'assistant lui dira « On ne l'a pas déjà? », ou « On peut peut-être passer à la suivante? ». « Si en retournant la prise, on est certain de l'améliorer, tout le monde sera d'accord, dit l'assistant réalisateur Kevin Williams. Mais si on la refait juste parce qu'on n'est pas sûr de soi, c'est une autre histoire. »

Gerrit van der Meer raconte une anecdote. Peter Medak dirigeait le tournage de *Une mère à charge* et il avait mis en scène un « gag », un trucage où la patiente vomit des flots de sang. Le placement du tuyau sur le visage de la femme et le réglage du débit avaient pris du temps. Il était 2 h 30 du matin quand tout était prêt, après treize heures trente de tournage. Gerrit regarde la prise sur le moniteur. Un véritable film d'horreur. « C'était parfait. Le réalisateur dit "coupez" et se tourne vers moi en disant : "On en fait une autre ?" J'ai répondu "Non, elle est bonne". »

Sur n'importe quel tournage, si l'acteur principal demande une autre prise, on la lui accorde la plupart du temps. Le réalisateur peut avoir vu quelques petits défauts dans une scène et demander de recommencer. Greg Yaitanes a fait reprendre cinq fois une scène où deux acteurs discutent en marchant. Sur des prises effectuées au Steadycam, beaucoup de problèmes peuvent survenir. « On fait des ajustements, précise Yaitanes. On s'efforce de diriger en laissant de la marge. J'essaie de leur donner un cheminement assez large pour leur faciliter le travail et je réajuste le champ pour leur faire savoir où je veux qu'ils se déplacent. » Un acteur peut jouer trop long, ou trop court. « Il y avait quelques intentions et des inflexions que je voulais ajuster. Tous connaissent leurs personnages parfaitement et je discute avec eux avant les prises. La plupart du temps, ils finissent exactement là où je le veux. Ce sont des comédiens incroyables. »

Faire une autre prise offre la possibilité de changements subtils. La lumière peut être ajustée. Peut-être que l'action en arrière-plan est trop voyante (« on va l'alléger ») ou au contraire pas assez animée.

> « Le cinéma n'a jamais été ma passion. Beaucoup d'acteurs adorent les tournages : moi non, je n'ai jamais aimé ça. Douze à quatorze heures sur un plateau, qui a besoin de ça ? Au théâtre, on répète de onze heures à cinq heures pendant trois semaines et on est rodé. Pendant les représentations, on est sur scène à 19 h 30 et on est de retour à la maison pour voir l'émission de fin de soirée de *David Letterman*. Pas mal, non ? Le théâtre, c'est génial ; mais ça ne paie pas. »
>
> —ROBERT SEAN LEONARD

« Il y a une expression, dans le métier, *Gone with the wind* ("Autant en emporte le vent...") le matin, et *Dukes of Hazard* ("Shérif, fais-moi peur !") l'après-midi. Le matin, on a douze heures devant soi et donc tout le temps qu'il nous faut. Mais après le déjeuner, l'horloge tourne, et on doit avoir fini à une certaine heure, la dernière scène est expédiée plus vite parce que tout le monde a pris son temps pendant la journée. *Dukes of Hazard*, ça veut dire qu'il faut faire au plus vite, qu'il faut la tourner, quoi qu'il arrive. »

—KEVIN WILLIAMS

Plus les prises d'un même plan se succèdent, plus il devient difficile de maintenir la continuité. Les répliques des acteurs et leurs actions doivent être répétées à l'identique. Les figurants doivent s'assurer qu'ils traversent le plateau exactement de la même manière à chaque prise. Un passage mal synchronisé peut avoir pour conséquences d'apercevoir deux fois la même personne traverser la scène. En plus des notes sur les marquages de scènes et sur le nombre de prises, la scripte Ira Hurvitz surveille la continuité pour s'assurer qu'un acteur répète les mêmes actes au même endroit de l'action.

Parfois, un comédien dit une réplique avec des mots différents de ceux qui sont écrits. Son phrasé est peut-être plus fluide et plus familier pour lui. La scripte va vérifier avec le scénariste que son intention est bien respectée malgré les légers changements. Les scénaristes ne sont pas toujours acceptés sur les plateaux ; sur *Dr House*, ils sont là. Les nuances écrites sur une page peuvent acquérir un autre sens sur le plateau et les acteurs peuvent trouver d'autres significations que le scénariste n'avait pas anticipées.

« Je veux qu'on puisse me consulter, déclare David Hoselton. Personne ne connaît mieux que moi la gestation de ce scénario. Donc si quelqu'un se pose des questions du genre : "Pourquoi je dois dire ce mot ?" je suis là. Sur le tournage de *Heureux les ignorants*, Hoselton intervient pour dire que c'est un gros effort pour le génie Sidas d'admettre devant sa femme qu'il est accro au sirop anti-toux. L'implication étant qu'il faut insister un peu plus à ce moment-là. »

« On ne voulait pas louper ce moment, dit Yaitanes. Ce que j'apprécie avec la présence sur le plateau du scénariste, c'est que nous avons une paire d'yeux supplémentaire… David a peut-être ressenti que j'étais un peu trop subtil sur cette scène et nous voulons être sûr que l'audience a bien saisi ce moment. Parfois, il faut pousser un cran plus loin. »

Un autre regard est celui de Hugh Laurie qui est impliqué en permanence dans la fabrication du film.

« Hugh est un peu comme un second réalisateur sur le plateau, précise Greg Yaitanes. C'est un collaborateur formidable. Il faudrait être fou pour refuser d'écouter ses suggestions. »

Sur *Personne ne bouge!*, le seizième épisode de la saison 6, Hugh Laurie s'est retrouvé des deux côtés de la caméra, puisque c'est lui qui a mis en scène l'épisode. Katie Jacobs a raconté au *New York Times* qu'elle essayait depuis des années de persuader l'acteur principal de la série de réaliser. Laurie dit qu'il est fasciné par la réalisation et les multiples talents qu'elle demande. Le pousser à mettre en scène fut comme ce passage du film *Y a-t-il un pilote dans l'avion?* où l'hôtesse de l'air cherche parmi les passagers quelqu'un pour faire atterrir l'appareil.

« Je ne vais pas dire que j'aurais bousculé quelqu'un pour prendre sa place, s'il y avait eu quelqu'un de plus qualifié, dit Laurie. Mais si personne ne se présente, je suis ravi d'essayer. »

Hugh est comme un second réalisateur sur le plateau.

« **Hugh est un** vrai perfectionniste. Il travaille dur. Il ne prend jamais un jour de congé. Parfois, le scénariste est sur le plateau et dit que tout va bien. Mais Hugh réagit: "Non, non, on a loupé ce détail!" C'est quelqu'un de très discipliné qui ne rechigne pas à la tâche, ce qui est une aide précieuse dans ces petits moments subtils, parce qu'il ne laisse rien passer. »

—TOMMY MORAN

Sur certaines scènes, le réalisateur laisse l'action se terminer et indique: « Ça tourne toujours! », ce qui signifie que le son est toujours enregistré, parce qu'il veut juste procéder à une petite modification. Au lieu de perdre du temps en disant « coupez! », ce qui implique que tout le monde se précipite sur le plateau pour retoucher le maquillage et les coiffures, il est parfois plus simple de laisser la caméra tourner et de demander de reprendre la scène en vitesse pour que l'arrière-plan reste le même. Il s'agit de parvenir au point final, où Greg Yaitanes peut dire: « Coupez. On tire celle-là. » Cette phrase « on tire celle-là » ne veut plus dire grand-chose avec les technologies modernes, mais elle indique que la scène est bonne pour le réalisateur. Quelqu'un peut aussi dire « vérifier la fenêtre film », c'est à dire ouvrir la caméra pour vérifier qu'il n'y a pas une poussière ou un cheveu dans l'ouverture devant laquelle passe le film, ce qui se produit parfois – mais rarement.

....

Chaque surface plane dans les studios ou les bureaux de la production de *Dr House* est chargée de choses à manger – des céréales, des barres énergétiques, des fruits frais, des chips, des noix de toutes sortes. Les comédiens et les équipes peuvent profiter de petits-déjeuners chauds, de déjeuners et de dîners servis dans des cantines sur chaque plateau. Dans un camion, à l'extérieur, on peut aussi se servir et se préparer des sandwichs et une tasse de café. La phrase « assez de nourriture pour toute une armée » est assez appropriée. Le tout est administré par un couple, Susan et Brian Bourg. À moins qu'il n'y ait deux équipes qui tournent en même temps, Brian et Susan font tout eux-mêmes et nourrissent une équipe régulière de 125 personnes, sans compter les éventuels figurants.

« De temps en temps, dit Brian, nous sommes à court de nourriture et cela pourrait devenir très ennuyeux, mais dans ce cas, nous courons chez le régisseur de la FOX pour nous réapprovisionner. »

Selon la réglementation syndicale, six heures après le début du travail, un repas doit être servi au personnel, mais les producteurs Gerrit van der Meer et Marcy Kaplan ont décidé d'offrir en plus un petit déjeuner chaud, ce qui n'est pas une obligation.

« Les gens passent tellement de temps ici qu'on s'efforce de rendre la journée la plus confortable possible, dit Gerrit. Si on leur donne n'importe quoi, ils seront obligés de manger n'importe quoi, dit Marcy. On a choisi une autre option et on leur offre de la vraie nourriture. Oui, cela augmente nos frais, mais tout le monde est content. »

Le petit déjeuner est à la carte : œufs, pommes de terre, french toast, céréales. Le repas principal est le déjeuner – aujourd'hui corned beef et choux – et le menu varie en rotation de trois semaines. « Poulet et bœuf... *fish and chips*, Hugh Laurie adore ça », précise Susan. Une variante végétarienne est toujours prévue. (« Lisa Edelstein attache beaucoup d'importance à une nourriture saine. ») Susan raconte que Hugh Laurie se propose très souvent pour aider à débarrasser les ordures. Elle demande à Brian de le surveiller pour éviter qu'il ne soulève des poubelles !

«Un jour, je suis tombée sur lui pile quand je sortais les poubelles. Je me suis exclamée : "Pourquoi êtes-vous là chaque fois que l'on débarrasse les ordures ?" Il a regardé sa montre et m'a répondu : "Je vous attends depuis une demi-heure, où étiez-vous passée ?" C'est un type formidable. »

—SUSAN BOURG

Brian Bourg pratique le métier de traiteur itinérant depuis toujours. Au départ, il travaillait sur les tournages de clips publicitaires et de films industriels. Lui et sa femme Susan étaient sur le point de déménager à Phoenix, quand ils apprirent qu'il y avait du travail non syndiqué dans le service de restauration, emploi avec « permis » permettant d'accéder à l'accréditation syndicale indispensable. Susan fut appelée pour travailler sur *Dr House*. Elle était toute seule et a fait venir Brian en renfort. « Marcy nous a reçus pour un entretien et elle nous a fait confiance », dit Brian. Les Bourg ne font pas la cuisine ; la nourriture chaude est apportée par camion et transférée sur les plateaux par chariot chauffant. Les acteurs et les réalisateurs peuvent décider de déjeuner à part, et les Bourg organisent la livraison des plats venus de restaurants comme Panda Express, Versailles et In-N-Out Burger. « Ils adorent le Panda Express », précise Brian.

Susan Bourg a une autre anecdote. Tous les matins, ils servent au petit déjeuner ce qu'ils appellent des « œufs au fromage ». Lorsque Hugh Laurie a remporté le Screen Actors Guild Award, il les a cités dans son discours : « Je tiens à remercier Brian et Susan Bourg pour les meilleurs œufs au fromage au nord du Rio Grande. »

QUESTION : Quelle est la recette ?

SUSAN BOURG : Ce n'est pas nous qui les préparons ! Mais nous avons changé de fournisseur et tout le monde a protesté. Les nouveaux œufs au fromage font un bide.

« C'est dur de travailler ensemble, pour un couple marié, avoue Susan. J'étais une maman à la maison et il gagnait beaucoup d'argent. Si l'on m'avait dit que je ferais ce travail à 59 ans... mais on adore notre boulot. »

Susan et Brian sont mariés depuis trente ans. Et Brian d'ajouter : « Je crois que je n'ai jamais autant aimé ma femme ! »

....

Quand les équipes commencent à mettre en place la scène suivante, c'est le début d'un cycle : un temps de précipitation, suivi d'attente pour ceux qui sont de service. Les figurants se rassemblent à l'extérieur de la porte d'entrée de l'hôpital, juste

Brian Bourg à la table de régie avant un sprint.

devant la toile de fond du décor. Ils sont assis, lisent leur journal, vérifient leurs messages, ou vont faire un tour à la table régie. Un panneau sur la poubelle indique que celle-ci fait partie du décor. Les acteurs en profitent pour se retirer dans leur caravane, pour une retouche de maquillage, ou alors ils vont lire un magazine dans le « village vidéo ». Dans un coin, quelqu'un fait une petite sieste. Lors de la coupure déjeuner, le plateau se vide, les gens filent vers la cantine, la cafétéria de la FOX, leurs bureaux ou leurs caravanes.

D'autres terminent leur travail spécifique. June Park, l'assistante qui charge les films dans la caméra, prend les films

Figurants attendant l'appel dans le décor de l'hôpital.

exposés et les range avec soin dans une caisse avant de les envoyer au labo pour le développement. Une fois livrés au laboratoire, les films passent sous la responsabilité de la postproduction. Chaque bobine est étiquetée avec précision. Un inventaire quotidien est établi, détaillant la quantité de film exposé, ce qui a été perdu, et ce qui est resté vierge. Meg Schave, du bureau de production, tient une comptabilité exacte de ces mouvements. June charge les magasins de films vierges pour la prochaine prise.

Le plateau est une arène entièrement régie par le réalisateur. Il y règne une ambiance industrieuse et professionnelle, mais aucune tension. Ce qui ne veut pas dire qu'il n'y a jamais d'erreur. Tout le monde travaille dans l'efficacité et la précision. Les acteurs et l'équipe de tournage avancent huitième de page par huitième de page de script, et aussi vite que possible. Tout le monde se connaît depuis longtemps et les plaisanteries ne manquent pas de fuser. Aujourd'hui, le réalisateur dirige une prise jouée par Olivia Wilde. Un malade se plaint du temps qu'il a fallu pour trouver ce qu'elle avait. « Je suis malade, vous avez dit que j'avais ceci, puis que c'était cela. » Wilde lui coupe la parole :

« Suis-je la seule ici à regarder cette série ? C'est toujours comme ça ! » Des moments comme celui-là contribuent à détendre l'atmosphère et fournissent de la matière pour la petite rétrospective des gaffes devant la caméra, lors de la soirée de fin de tournage.

Bien que les assistants réalisateurs n'oublient jamais de rappeler à tout le monde que les téléphones portables doivent être éteints, il y en a toujours un qui sonne, toujours au mauvais moment. Cela peut être comique si, comme s'en souvient Kevin Williams, le portable d'un assistant à la caméra émet une sonnerie gag juste à côté des acteurs : « Mais le rythme de la prise est perturbé et les acteurs peuvent mal réagir. Parfois, c'est le téléphone d'un comédien qui sonne au beau milieu de la prise, ou même celui du réalisateur. »

QUESTION : Et le vôtre, il a déjà sonné pendant le tournage ?
KEVIN WILLIAMS : Oui, ça m'est arrivé une fois. Pas très agréable !

Patrick Price explique que la politique sur le plateau est de ne désigner personne en cas de sonnerie intempestive. Personne ne veut savoir qui est responsable ; une seule chose, que cela ne se reproduise pas. Peine perdue !
« En plein milieu d'une scène. Bing ! C'est très perturbant. On se dit : espérons que ce ne sera pas une scène avec Hugh. Mais c'est ce qui se produit 99 fois sur 100. »

Pour Greg Yaitanes, l'essentiel n'est pas de réaliser selon une idée forte, mais plutôt de la meilleure façon possible. Il ne veut pas contraindre les acteurs à un style précis. « Je répète souvent qu'ils peuvent bouger comme ils veulent. Et que j'aurai des plans intéressants s'ils trouvent leurs propres marques. »
Il a contribué à créer un environnement qui facilite le travail de tous les participants, Gale, les assistants réalisateurs, toute l'équipe. Il sait que chaque fois qu'il dirige un épisode, c'est parti pour une semaine où chacun doit donner son maximum. Il sait

qu'il faut éviter des journées de quatorze heures qui se succèdent, « parce que sinon, le réalisateur suivant n'aurait plus rien, plus de répondant... Ce qui m'importe, c'est que tout le monde puisse tenir au meilleur de sa forme jusqu'en mars ». Par des choix judicieux, Yaitanes évite aux autres les longues heures de tournage.

« Pour que tous ceux qui sont sur le plateau exécutent leurs tâches le mieux possible, je dois faire des efforts particuliers, mais cette contrainte est un plaisir sur une série pareille ! Cela me prend des heures. Je n'applique pas à moi-même ce que je prône pour les équipes, mais cette série le mérite vraiment. »

La fonction de producteur-réalisateur se retrouve, avec quelques différences, sur d'autres séries. Yaitanes a reçu de nombreuses propositions pour aller ailleurs. Il est très content de réaliser *Dr House* et il a gagné un Emmy pour son travail sur *Dans la tête de House*. Lorsque le précédent producteur-réalisateur a quitté la série pour diriger un pilote, il a accepté le poste avec plaisir. S'il y a quinze ans on lui avait demandé ce qu'il ferait aujourd'hui, il pensait qu'à ce stade de sa carrière, il serait réalisateur de long métrage. Il estime néanmoins avoir eu de la chance d'être entré dans la production de fiction télévisuelle à une époque où elle n'était pas d'aussi bonne qualité. Il a ainsi eu la possibilité de grimper les échelons en interne. Bien qu'il ne veuille pas admettre que c'est une sorte d'âge d'or de la fiction télé (il faut, d'après lui, attendre que la période soit terminée pour la qualifier ainsi), Yaitanes n'a pas du tout envie de changer d'orientation, maintenant qu'il s'est beaucoup investi dans ce genre.

« Il y a trois ans, j'en suis arrivé à la conclusion que je n'avais pas du tout besoin de diriger un long métrage de cinéma. Les films qu'on m'a proposés ne sont pas à la hauteur d'un épisode de *Dr House*. Ni aussi excitants que la série *Lost* ni aussi insolites que *24 heures chrono*. Ils ne tiennent pas aussi bien la route. »

Quand on lui demande quels sont ses épisodes préférés, il cite les premiers qu'il a réalisés, *L'erreur est humaine*, *Dans la tête de House*, *Crise de foi* – pour lequel David Hoeslton a obtenu le Humanitas Award – et les six derniers épisodes de la saison 5, à commencer par *Je suis vivant !*, qui fut son premier épisode en tant que producteur.

« C'est une belle suite de six épisodes. Si vous les regardez, vous verrez qu'aucun d'eux n'est de la même veine. »

Aussi bien visuellement qu'en termes de jeu des acteurs, ou de type d'intrigue, *House divisé*, qui a remporté l'Emmy pour le son, et le dernier aussi sont remarquables… «Si ce n'était pas une fabuleuse expérience, je serais déjà parti ailleurs», ajoute Yaitanes.

Quel que soit l'angle sous lequel on l'approche – série, épisode, scène, plan – le travail collectif fourni par les équipes de tournage et les acteurs est impressionnant. Il serait difficile de soustraire un des membres de cette équipe et de conserver la même qualité. Kevin Williams évoque un plan particulièrement mémorable. Chase est responsable de la mort du dictateur Dibala. Foreman le sait. Sont en jeu la carrière de Chase, son mariage, et même sa liberté. Foreman va-t-il l'aider? Les questions éthiques planent au-dessus de l'histoire: est-il acceptable de laisser une vie s'éteindre pour en sauver d'autres? Et vers qui se tourner quand on a déjà été trahi?

Foreman demande à Chase s'il pense qu'il peut commettre un acte pareil sans en payer le prix.

Williams décrit la scène: «Nous avions trois caméras, une sur le profil de Chase, un très gros plan avec ses cheveux tombant sur le visage, en silhouette et éclairé à contre-jour. La moitié du visage était dans le noir. On l'entend à peine, quand il prononce «non». Il sait qu'il y aura des conséquences. La force de l'émotion qu'il ressent quand il marmonne le mot fatidique est transmise dans ce plan serré, alors qu'il est assis, complètement prostré. C'était superbe, et on dit au réalisateur: "Fabuleux, tu l'as!" Il a répondu que c'était la bonne. L'importance de la lumière était primordiale, tout comme il était essentiel de rendre le plateau silencieux, afin d'établir une ambiance propice permettant à Jesse de rentrer dans son rôle… Des gars qui sirotent une cannette sur le plateau, et pouf! Tout s'évapore, plus d'ambiance. Il faut le laisser rentrer dans le personnage, dans le moment. Quand la prise est réussie, on peut se détendre… Coupez! Tirez! On a le plan. Quand est-ce qu'on se retrouve au bar? Chaque chose en son temps. »

« Lorsque Foreman se regarde dans le miroir, il a confiance. Sa soif de vérité est imprimée en lui. On l'accuse parfois d'être vide à l'intérieur, de respirer l'ennui, alors qu'en fait, il est seulement bien dans sa peau. Ce qui le motive, c'est d'où il vient.

—Omar Epps

FOREMAN

Omar Epps

Chacun des membres de l'équipe de diagnosticiens de House est parti à un moment ou à un autre, comme pour mieux revenir ensuite. Seule Cameron a réussi à rompre définitivement. Quant à Eric Foreman, il est le plus réticent d'entre eux à effectuer ce retour. Il a toujours été le premier à critiquer House et ses méthodes. Il est persuadé que House est capable de voler à Wilson son bloc d'ordonnances. « House est un junkie » *(24 heures pour vivre et mourir)*. Il refuse qu'on le compare à son patron. Dans *Empoisonnement*, il s'exclame : « Si vous voulez, je suis comme lui, à part que je suis ni furieux, ni aigri, ni pompeux, ni infirme. » Cela dit, la mère de l'adolescent malade que soignent House et Foreman ne voit pas ce qui les distingue : « Vous êtes tout aussi prétentieux et supérieur que lui », déclare-t-elle à Foreman. L'ado demande à sa mère : « C'est qui, ces deux types ? » Elle répond : « Oh, ce sont les deux connards arrogants qui t'ont sauvé la vie. » Foreman et House entrent ensemble dans l'ascenseur de l'hôpital et baissent en même temps les yeux sur leurs pieds : ils portent les mêmes baskets.

> **« House fait corps** avec le puzzle. Foreman est possédé par cette même pulsion qui le pousse à résoudre l'énigme, seulement il ne prend pas le même chemin que House pour y parvenir. »
>
> —OMAR EPPS

Dès le pilote, on sait que Foreman a un passé de délinquant et qu'il a été poursuivi à l'âge de seize ans pour cambriolage. House l'a engagé parce que c'est un « démerdard » susceptible d'identifier les délinquants. Ce qu'il ignore, c'est que Foreman a failli être renvoyé de l'école de médecine pour avoir trafiqué une analyse de laboratoire. Un jour, Taub *(Personne ne bouge !)* surprend Foreman en train d'effacer les traces de cette infraction de son dossier. Foreman se justifie en disant qu'il se sentait obligé de battre les gosses de riche. Avant que Taub n'ait eu le temps d'arranger l'affaire, ils découvrent que House lui-même a falsifié son propre dossier.

L'inspecteur Tritter sait que le frère de Foreman est en prison. Il tente de persuader Foreman de dénoncer House, en échange d'une libération conditionnelle plus rapide de son frère *(Rendez-vous avec Judas)*. Foreman cherche à prouver qu'il est digne de confiance. Dans *Mauvaises décisions*, il a du mal à communiquer avec Lupe, une femme qui a gâché sa propre vie. L'équipe, Foreman compris, se trompe dans son traitement, et le système immunitaire de Lupe s'effondre. Elle n'a plus les défenses nécessaires pour lutter contre l'infection. Foreman reste au chevet de Lupe. Il lui raconte que, même s'il a volé des voitures et cambriolé des maisons, il a eu sa chance, et que cela lui a permis de découvrir un tout autre monde.

> **FOREMAN** : Il y a une partie de moi dont je suis incapable de me débarrasser. [...] Je me dis toujours que si je ne suis pas le plus intelligent, si je ne gagne pas à tous les coups, ils vont se demander ce que je fiche ici. Ils me renverront d'où je viens.
>
> **LUPE** : Vous savez que ça ne va pas arriver. Vous êtes dehors.
>
> **FOREMAN** : Jamais je n'en sortirai.

Du point de vue de House, la mort de Lupe ne doit pas éveiller chez eux de regrets : il faut bien commettre des erreurs de temps en temps. Au moment où les parents de Foreman viennent lui rendre visite, ce dernier n'est pas retourné chez lui depuis huit ans et sa mère est malade. Quand Foreman raconte à sa mère ce qui s'est passé, elle lui pardonne, mais on voit bien qu'elle ne sait pas qui est vraiment son fils.

Dans *L'Histoire d'une vie*, au départ, Foreman manifeste de l'hostilité à une patiente, une sans-abri. Puis il vient la réconforter, quand elle est à l'agonie. Il sait que son mari et son fils sont morts dans un accident de la route alors qu'elle conduisait. Elle délire. Foreman lui dit qu'il est son mari et qu'il lui pardonne.

Foreman ne ressent aucune sympathie pour L.L. Cool J., le condamné à mort de *Peine de vie*. Mais lorsqu'il se révèle que les fureurs meurtrières de ce dernier sont causées par une tumeur, Foreman se déclare prêt à témoigner en sa faveur. (House insiste pour qu'il le fasse pendant son temps libre...) De nouveau, la distance que Foreman tente de mettre entre lui et ses origines sociales s'amenuise, parce que, en fin de compte, il y tient.

> « **Il y a** l'épisode génial où L.L. Cool J., le prisonnier, essaie de faire ami ami avec Foreman, sous le prétexte qu'ils sont noirs tous les deux. Mais Foreman ne se laisse pas prendre à ce jeu-là. Lui, c'est le gars qui a remonté ses manches et qui n'a pas lésiné

pour arriver où il est. Il ne va pas faire de concessions sur la base de liens de race, de statut social ou de niveau de revenus. »

—OMAR EPPS

Aiguillonné par le besoin de se prouver à lui-même qu'il est un homme bon, Foreman est le plus ambitieux des assistants de House. Dans *À bout de nerfs*, il proteste qu'il n'a pas étudié pendant quatorze ans (il a choisi la spécialité de neurologie) pour que House l'oblige à déterrer un chat mort. À plus d'une reprise, il se retrouve à la tête de l'équipe : pendant la saison 2, quand House est mis à pied pour avoir menti au comité de transplantation, pendant la saison 6, quand House est interdit d'exercice après son internement à Mayfield. Même si Cuddy a apprécié l'efficacité de Foreman lors de son premier remplacement, House s'arrange pour ne pas respecter son autorité.

Voici ce qu'en pense Foreman : « Quelqu'un qui a le cran de se rebiffer contre une loi injustifiée est un héros. House ne se rebiffe pas, il ignore les règles. Il n'est pas Rosa Parks, c'est un anarchiste *(Faux-semblants)*. Foreman montre à quel point il est inébranlable quand, pour empêcher ses relations amoureuses avec Numéro 13 de perturber sa direction du service, il la licencie *(Comme un chef)*. »

Foreman a été un temps chef de service, mais pas à Princeton-Plainsboro. Après la mort de Lupe, il traverse une période de dépression et perd confiance en lui. Après que ses prières ont sauvé deux frères passés sous les fourches caudines de l'équipe de diagnosticiens, il donne sa démission.

FOREMAN : Je déteste quand j'entends un gosse hurler de douleur, et que moi, je ne prends même pas une minute pour me demander si je fais ce qu'il faut. Je déteste, pour être un médecin comme vous, avoir à me conduire comme vous en tant qu'être humain. Bref, je ne veux pas me métamorphoser en vous !

HOUSE : Pas de souci. Vous êtes comme moi depuis que vous avez huit ans.

FOREMAN : Vous sauverez plus de vies que moi. Moi, je me contenterai de tuer moins de gens. Je vous donne mes deux semaines de préavis *(Deux frères)*.

Cuddy confie à Foreman qu'il y a pire que de se métamorphoser en House. « Le jeu n'en vaut pas la chandelle, déclare Foreman *(Démission…)*. »

« Je ne veux pas être comme vous, vous êtes trop malheureux », lance-t-il à House.

Foreman trouve un poste à l'hôpital Mercy à New York. Il est chef de service : il a sa propre équipe, sa propre salle de diagnostic *(97 secondes)*. Mettant en pratique sans hésiter ce qu'il a appris auprès de House, il enfreint le règlement et sauve une vie. On lui reproche de ne pas avoir respecté la déontologie, et il est renvoyé. Mis au ban du milieu médical, il revient demander à Cuddy de le reprendre. Il veut une augmentation, un bureau à lui et un assistant ; elle est disposée à lui rendre son ancien poste. « Vous allez le regretter », dit House à Foreman. « Je le regrette déjà », réplique Foreman. Mais c'est plus fort que lui, il ne peut pas quitter le service.

> **« De lui-même, il** se conformerait plutôt aux règles, je crois. Mais il a été influencé par House, qui trouve souvent nécessaire d'enfreindre le règlement pour trouver la solution au puzzle. »
>
> —OMAR EPPS

Foreman a en tout cas réussi à tourner le dos à la délinquance de sa jeunesse. Quand House envoie Lucas espionner l'équipe *(La Vie privée de Numéro 13)*, Lucas l'informe que Foreman n'a rien fait d'intéressant depuis ses 17 ans. Chase, pour sa part, déclare que Foreman est rasoir, même s'il a un tatouage. C'est un bourreau de travail. Quant à ses amitiés, il en compte trois sur son profil Internet *(Comme un chef)*. Dans *Une aiguille dans une botte de foin*, Foreman pense que le jeune Rom veut faire sa vie loin de ses parents qui l'étouffent, mais le garçon lui fait remarquer que Cameron, Chase et Foreman lui-même sont seuls dans l'existence. Cameron et Chase se sont trouvés ; mais quelle vie affective a Foreman ?

Un bon test d'aptitude à l'interaction humaine consiste à se trouver confronté à Cameron. Dans *Insomnies*, Foreman envoie à une publication médicale un article sur un cas dont s'occupe Cameron. Cette dernière est horrifiée : ce genre de chose ne se fait pas ! House, bien entendu, n'est pas étonné, c'est exactement le genre de choses que font les gens. Cameron

> **« C'est Foreman qui fait remarquer que si on permettait aux médecins d'agir comme House, la morgue serait vite saturée. Foreman a dit beaucoup de choses très justes à propos de House. »**
>
> —DAVID SHORE

se raisonne. Elle confesse à Foreman qu'elle regrette sa réaction et qu'elle espère que celle-là ne nuira pas à leur amitié. Foreman lui répond qu'il l'aime bien, mais qu'ils sont collègues et non amis. Il estime qu'il n'a pas à s'excuser pour ce qu'il a fait.

> « **Quand Foreman est** en train de mourir et infecte Cameron avec son sang, c'est un moment fort. Vous fabriquez un monstre. Quand le monstre se déconnecte de son générateur et se met à marcher tout seul, il devient impossible à contrôler. »
>
> —OMAR EPPS

Dans *De l'autre côté,* Foreman se retrouve en quarantaine avec un flic qui se tord de douleur. Afin d'obliger Cameron à retourner au domicile du policier et à découvrir l'origine de leur maladie, Foreman la pique avec une seringue usagée. Quand Foreman est sauvé, il supplie Cameron : « Pardonne-moi, Allison. Je n'aurais pas dû te voler ton article. Je n'aurais pas dû t'exposer à une contamination. Tu étais mon amie. Dis-moi, s'il te plaît, que tu ne m'en veux pas. » Cameron, toutefois, n'accepte pas tout de suite ses excuses. Il faut peut-être du temps à Foreman pour qu'il s'attache à quelqu'un. Au cours de la saison 6, il sauve la peau de Chase dans l'affaire Dibala et l'invite à boire un verre après le départ de Cameron *(Heureux les ignorants).* Pourtant, à la fin de la saison 3, il a déclaré à Chase : « Je ne t'aime pas. Je ne t'ai jamais aimé. Je ne t'aimerai jamais » *(Démission).*

Brouillé avec ses parents, distant envers ses collègues, Foreman semble destiné à rester vieux garçon. À la saison 1 *(Rencontre sportive),* il a pourtant eu une liaison avec la représentante d'un laboratoire pharmaceutique. Quand il rencontre Numéro 13, il rit de bon cœur aux blagues de House sur le fait qu'elle est « bi ». Et malgré tout, il tombe amoureux d'elle. Il ne sait pas ce qui l'attend ! Il ne va en effet pas tarder à se heurter à un problème déontologique en la soumettant à un traitement expérimental contre sa maladie, puisqu'il ne devrait même pas connaître un des cobayes de ce programme. Il s'introduit par effraction dans l'appartement de Numéro 13 afin de vérifier si elle prend bien ses médicaments *(Manger, bouger).* Dans *Le Grand Mal,* il manipule le programme en sorte que Numéro 13 rencontre Janice, une patiente qui réagit bien au traitement. Lorsque Foreman s'aperçoit qu'elle est sous placebo, il cherche à la mettre sous le véritable traitement, ce qu'il ne peut accomplir qu'en ruinant sa propre carrière, la chose qui lui tient le plus à cœur.

Les quelques années supplémentaires à vivre que Numéro 13 peut y gagner valent-elles cet immense sacrifice ? demande House à Foreman. Salir volontairement sa réputation, voilà qui ne ressemble guère à Foreman. « À moins que vous ne l'aimiez, dit House. Quand on aime, on fait des trucs idiots » *(Le Petit Paradis)*. Foreman n'en intervertit pas moins les médicaments. Numéro 13 s'aperçoit de la substitution. Elle s'arrête de les prendre. Mais ces drogues ont eu le temps de lui donner une tumeur au cerveau. Finalement, Foreman *(À la recherche du bonheur)* détourne les accusations qui l'accablent et parvient à garder et son autorisation d'exercer et Numéro 13. House, en revanche, n'est pas prêt à accepter Numéro 13 dans son équipe. De Foreman et de Numéro 13, il dit à Kutner: « Séparément, ce sont des super toubibs, mais ensemble, ce sont des nuls. » À la veille du procès, ils cherchent tous les deux un autre poste. House les licencie, pour, par la suite, rengager Foreman, mais seulement après s'être assuré qu'il n'est plus avec Numéro 13 *(Crise de foi)*.

> « Une fois qu'on arrive à la saison 6, Foreman n'essaie plus de prendre la place de House. Le service de diagnostic n'existait, comme le dit Cuddy, que parce que House en était le patron... Foreman raisonne de la façon suivante : ils n'ont pas été virés, ils sont toujours là, ils ne sont pas partis poursuivre leur carrière ailleurs. Il veut rouvrir le service. Voilà ce qui, à mon avis, motive Foreman. Alors que les téléspectateurs ont cru qu'il essayait de remplacer House. C'est bien simple, House est irremplaçable. »
>
> —OMAR EPPS

Numéro 13, contre toute attente, en réchappe. Mais l'ambition de Foreman est dévorante. Cuddy le nomme à la tête du service lorsque House perd son autorisation d'exercer, après son séjour en hôpital psychiatrique. Cela dit, la présence de Numéro 13 dans l'équipe trouble Foreman et nuit à son travail de chef de service. Il ne veut plus d'elle à l'hôpital, tout en tenant à préserver leur lien amoureux. Foreman prend une grande décision *(Comme un chef)*.

NUMÉRO 13: Tu me jettes ?

FOREMAN: Non. L'autre soir, quand j'ai cru que j'étais fichu, tu étais là. J'ai besoin de toi. Je ne veux pas te perdre.

NUMÉRO 13 : Pourquoi, alors... tu me vires ?

FOREMAN : Je le regrette.

QUESTION : Foreman est poli. Quand il a viré Numéro 13, vous l'avez joué d'un hochement de tête.

OMAR EPPS : C'est son style. Il a du cœur.

Foreman n'est pas prêt à quitter la direction du service, alors que Numéro 13 estime que c'est ce qu'elle aurait fait à sa place. (Même House, dans *House à terre,* accuse Foreman d'être puéril. Foreman perd sur les deux tableaux, Numéro 13 est partie et House revient pour reprendre son poste. Lorsque ce dernier décide de rengager Taub et Numéro 13, cette dernière reste réticente jusqu'au moment où Foreman lui affirme qu'il ne voit aucun inconvénient personnel à son retour au sein de l'équipe *(Classé X)*. Pourtant on ne s'en douterait pas. Finalement, dans *Absence de conscience,* il fait amende honorable en disant à Numéro 13 que s'il l'a virée, c'était uniquement pour lui. « J'ai tout gâché. J'espère qu'on pourra quand même continuer à travailler ensemble. » Cette fois, il est peut-être sincère. Maintenant que son ambition a été réduite en bouillie, il peut penser à sa vie sentimentale.

Inévitablement, le passé de Foreman finit par le rattraper. Dans *Passage à l'offensive,* House procure un emploi au frère de Foreman, Marcus (Orlando Jones), repris de justice qui vient de sortir de prison. En réalité, House a des arrière-pensées : il cherche à manipuler Foreman. Ce dernier est convaincu que son frère va récidiver. Marcus se révèle d'une utilité négligeable, ne lui fournissant que des informations sans intérêt sur l'énurésie de Foreman enfant. Après quoi, Marcus trahit la confiance de son frère en annonçant à House que leur mère est morte et qu'Eric n'a pas voulu faire son éloge à l'enterrement. House à son tour trahit la confiance de Marcus et met tout le monde au courant de la mort de leur mère. La fourberie de House rapproche Marcus et Eric. Ce dernier propose à son frère de l'héberger. Wilson soupçonne que c'était en fait ce que cherchait House, la réconciliation des deux frères.

Quelle que soit la nature de leurs relations, Foreman a un besoin vital de la présence de House dans sa vie, comme on a besoin d'un pôle d'attraction à la fois positif et négatif. Lorsque Foreman frôle la mort *(Au suivant...),* le père de Foreman, Rodney, discute avec House de ce qui se passerait si

Foreman entrait dans le coma. Lorsque Rodney déclare à House : « Eric dit que vous êtes le meilleur médecin avec qui il ait travaillé », on a l'impression qu'il lui confie ce qui tient le plus à cœur à son fils.

QUESTION : On n'imagine pas Foreman rentrant à la maison.

OLIVIA WILDE : Il dort sur un lit de camp dans le bureau. Vêtu comme un prince.

QUESTION : Il est toujours élégant.

OLIVIA WILDE : Ça, c'est parce qu'Omar Epps est toujours élégant. Quelles que soient les circonstances, il est toujours impeccable. Sa femme le taquine toujours à ce propos.

CATHY CRANDALL (COSTUMIÈRE) : Il a une garde-robe magnifique. Il faut dire que c'est un très bel homme. Il serait élégant dans n'importe quoi. Il est en super forme, il se soigne, il est méticuleux en diable. Cela déteint sur Foreman. Il a un look propre et net. Foreman a très bon goût. Il s'habille surtout en Paul Smith. Avec un peu de Hugo Boss.

Omar Epps à propos de... Foreman

QUESTION : Votre personnage est toujours impeccablement habillé.
– Il a de belles fringues, non ?

QUESTION : Vous arrive-t-il de porter autre chose qu'un costume ?
– Seulement si l'on tourne une scène chez lui. Alors, il porte un sweat. Foreman ne donne pas dans le laisser-aller. Il est un peu guindé.

QUESTION : Foreman est dévoré d'ambition.
– Tout à fait. En deux ans, il a connu de surprenants revirements de carrière. Chase et Cameron ont quitté l'équipe, puis il l'a quittée à son tour pour diriger son propre service dans un autre hôpital dont, pour s'être conduit comme House, il est finalement licencié. À regret, il revient à Princeton-Plainsboro. Une fois que la nouvelle équipe se constitue, il en prend la tête. Il a été chef de service et ne se prend pas pour rien. House est le grand patron, mais moi, je me prends pour le chef de l'équipe, alors que les deux autres médecins disent qu'il n'y a pas de chef d'équipe.

QUESTION : Cela fait six ans que vous jouez dans la série...

– J'ai des copains toubibs qui me disent : «Combien de temps encore vont-ils rester assistants?» En fait, ils choisissent de rester avec House, car grâce à son enseignement ils vont devenir les meilleurs spécialistes dans leurs domaines. Le but ultime de Foreman est de devenir un meilleur médecin.

QUESTION : Quand vous avez renvoyé Numéro 13, qu'est-ce qui se passait dans votre tête?

– Ça doit faire plaisir à quelqu'un.

QUESTION : Ils avaient déjà essayé de trouver une petite amie à Foreman. La représentante du labo.

– Qui se servait de lui. Bien sûr.

QUESTION : Vous interrogez-vous sur ce qu'il va advenir de Foreman?

– Oui, bien sûr. J'en discute quelquefois avec David Shore. Le plus extraordinaire, c'est qu'ils ne savent pas. Les épisodes sont tellement bien calibrés qu'on croirait qu'ils ont déjà la saison tout entière planifiée. Mais pas du tout.

Je souhaite que Foreman continue à évoluer. C'est plus stimulant pour moi.

Où va-t-il? Veut-il rester dans cet hôpital et diriger son propre service? Préfère-t-il s'installer dans un cabinet en ville? Veut-il fonder une famille?

QUESTION : Et Numéro 13, dans tout ça?

– Numéro 13 a encore x années à vivre, et si elle avait un enfant, il y aurait cinquante pour cent de chances pour qu'il soit atteint lui aussi de la maladie de Huntington. Je pourrais éventuellement prendre une décision, puis changer d'avis. Foreman n'a pas envie, a priori, de ce genre de choses, mais ils pourront dire : «Non, non, il l'aime tellement qu'il veut un enfant d'elle.»

«**Ce qui est** vraiment captivant pour ceux qui regardent la série, c'est qu'ils découvrent Foreman tel qu'il est dans l'intimité. Même chose pour Numéro 13. C'est tellement rigolo de voir Foreman en pyjama en train de manger ses céréales. C'est du jamais vu, pour ce personnage. Sa vulnérabilité est intéressante, amusante, surprenante.»

—Olivia Wilde

QUESTION : Et que pense Foreman du programme expérimental de traitement de la maladie de Huntington?

– Lui dire qu'elle avait cette maladie a été en fait une épreuve de respect et de confiance. Quand il s'aperçoit qu'elle lui fait confiance, cela lui donne l'impression qu'il est invincible.

QUESTION : Foreman sacrifierait-il sa belle carrière pour deux ou trois années de bonheur avec Numéro 13 ?
– On est dans le non-dit. En sous-texte à la série, on a une famille dysfonctionnelle. House est le pater familias. Il est très protecteur. Chase a fait des frasques, Foreman, n'en parlons pas... Cuddy sait tout, évidemment. Elle est une sorte de maman poule. Wilson est un peu la conscience de House. En même temps, il est son catalyseur. Au moment de l'histoire du programme expérimental, Foreman veut aller se dénoncer. C'est House qui le retient, comme pour lui dire : « Qu'est-ce que vous fichez ? Ils vont vous interdire de pratiquer la médecine ». Il doit le faire descendre de ses nuages.

QUESTION : On est en droit de vous reprocher votre abominable conduite à l'égard de Cameron. Vous lui volez un article...
– Ah, ça c'est à cause de son ambition dévorante. Aussi parce qu'il a le nez dans le guidon. Voyez-vous, Foreman justifie son geste en disant que Cameron n'allait pas s'en servir.

Omar Epps à propos de... House

QUESTION : Foreman et House sont-ils sur la même longueur d'onde ?
– Ils suivent plus ou moins un chemin similaire. House charrie Foreman au sujet de son adolescence. Lui-même avait mal tourné dans sa propre jeunesse. Ce sont tous les deux des médecins talentueux. Foreman, comme House, est doué d'une intelligence supérieure et ne recule pas devant les risques. C'est quelque chose que House savait peut-être et que Foreman ignorait encore.

QUESTION : Il va découvrir certains de vos secrets...
– Ce qui nous ramène à l'énigme, au fameux puzzle. House veut tout savoir. C'est une obsession chez lui. Il dit bon, je vous engage, mais je vais chercher à connaître le moindre détail sur votre vie. Ensuite, on sera quittes. C'est un drogué. Il ne s'en cache pas. Comme on dirait : je suis transparent pour les autres, alors les autres doivent être transparents pour moi.

QUESTION : Sauf que Foreman a plus d'empathie pour les malades ?

– Ah ça, oui ! Avec House, un type entre dans le service, il est HS, on le guérit, on trouve ce qu'il a, et après, ouste ! Avec Foreman, on le guérit, on a trouvé ce qu'il a, mais si on le relâche dans la nature comme ça, il y a des chances qu'il commette de nouveau les mêmes erreurs qui l'ont amené dans nos lits, alors, pourquoi ne pas lui faire consulter un psychothérapeute ?

C'est une des bases du personnage de House. L'amour de la vérité. Qu'on le veuille ou non, il s'y collera, quitte à mentir, à manipuler, à jouer avec les autres. Mais il lui faut toujours aller au fond des choses. Et pour ça, les gens le respectent, l'admirent même. En tant qu'êtres humains, c'est une qualité que nous voudrions tous posséder.

QUESTION : Existe-t-il une vérité absolue ?

– Oui. C'est comme ça, il ne faut pas chercher à comprendre. Cela n'a rien à voir avec les faits. Que les gens croient en Dieu, en une puissance supérieure ou en rien du tout, ils possèdent quand même en eux la vérité. Quand vous vous regardez dans la glace, vous savez où vous en êtes avec vous-même. C'est notre combat de tous les jours.

QUESTION : Foreman est moins au vitriol que House…

– Avec House, les gens peuvent en quelque sorte vivre par procuration : j'aimerais dire ceci ou cela à mon patron. J'aimerais dire ça à mon copain. Dans la vraie vie, il y a un temps approprié pour chaque chose. House, dans la série, est déconnecté du temps. Il dit leurs quatre vérités aux patients, et on voit à la tête de Foreman qu'il se dit : « Il est pas possible, ce mec ! »

QUESTION : À la mort de Kutner, Foreman fait de son mieux pour garder House en piste.

– Il est obligé de le restreindre. Le problème, c'est qu'il n'a pas vu venir le suicide de Kutner. C'est ce que tous les autres personnages essayent de dire : dans la vie, il y a des ratés. House refuse ce point de vue. Pour lui, il y a une raison à tout, la science est partout. Il accuse les parents, puis Numéro 13 et Taub. Ils se défendent : « Hé ! C'est pas notre faute. Personne n'aurait pu deviner. » House a du mal à accepter cette réalité. Il est éternellement repris par la pulsion qui le pousse à voir le dessous des cartes. Il projette cela sur les parents. Cet épisode a été un sacré tournage !

QUESTION : House profère des paroles racistes à l'encontre de Foreman.

– Cela ne dérange pas Foreman. Il connaît House. Dans la saison précédente, House préparait des boulettes de viande avec Wilson. Wilson lui demande s'il va faire une blague salace ? On le voit venir à un kilomètre. Et c'est quand même marrant quand il fait la blague. Les types dans son style mettent le doigt sur notre pruderie, notre hypocrisie. Il joue sur l'inconscient des téléspectateurs. Foreman, lui, a la peau dure. On revient à la comparaison avec une famille. On peut dire certaines choses à sa famille, si dysfonctionnelle soit-elle, que l'on ne peut confier à personne d'autre. Nos personnages évoluent au sein d'une famille.

QUESTION : Vous protège-t-il ?
– Absolument. Et nous le protégeons. En somme, notre combat, c'est de sauver des vies.

QUESTION : Même si vous avez tué des gens ?
– On ne remporte pas toutes les batailles.

Omar Epps à propos de... Omar Epps

QUESTION : Vous avez fait vos études secondaires à l'excellent lycée LaGuardia à New York.
– Oui, j'ai fait du chemin depuis.

QUESTION : Comment vous paraît la vie à Los Angeles ?
– Je suis arrivé ici il y a treize ou quatorze ans. J'étais venu pour le travail. Les premières années, je n'ai même pas regardé autour de moi. J'étais tellement déterminé à y arriver. Maintenant, j'ai une famille, des gosses. Je fais plus attention. J'adore L.A. New York me manque pourtant. La qualité de la vie ici est incroyable. Ce que je veux, c'est me sentir chez moi, où que je sois. Il y a des choses qui me manquent. Quand je vais à New York, j'absorbe tout comme une éponge. Mais c'est ici que je vis, et c'est ici que ça se passe.

QUESTION : Vous avez joué des scènes d'une intensité presque insoutenable, où on vous voit en proie à une douleur incroyable.
– Ce qui compte surtout, ce sont les gens avec qui vous travaillez, les techniciens, les autres acteurs. Votre entourage influence votre prestation. Quand tout se passe bien, cela ne rend pas le travail plus facile, mais au moins vous partez sur une bonne base. Je me sens assez soutenu pour me permettre de laisser affleurer ma vulnérabilité, par exemple.

QUESTION : Cela fait longtemps que vous interprétez Foreman. En retirez-vous toujours de nouveaux enseignements ?

– Oui. Cette série a été pour moi une bénédiction. Elle m'a permis de grandir comme artiste. Son écriture est, à mon avis, la meilleure que l'on trouve à la télévision. Elle nous soumet à des défis constants. Elle est originale... Au commencement, on ne s'attend à rien, on n'est pas soutenu, la chaîne ne vous dit rien. Une fois que vous avez de l'Audimat, que vous tenez le schéma narratif et que les épisodes se mettent à rouler, vous avez votre formule. Nous avons déterminé notre propre formule. Il ne nous reste plus qu'à nous surpasser à chaque fois. Ce en quoi nous croyions le premier jour dans le scénario, c'est ce qui nous motive encore. D'un point de vue créatif, nous sommes en quelque sorte toujours au premier jour.

QUESTION : *Dr House* est la série la plus regardée dans le monde. Cela influence-t-il votre travail ?

– Pas du tout. Le succès nous flatte, bien sûr, et nous rend d'autant plus modestes... L'Audimat, rien n'est plus volatil. Nous ne pouvons pas nous permettre de nous reposer sur nos lauriers.

Nous avons une équipe de fans enragés. Au temps des premières diffusions, nous avions six millions de téléspectateurs, mais ceux qui sont tombés amoureux de la série le sont restés et puis le bouche à oreille a été prodigieux. Il y a tout le temps des gens qui m'abordent en me disant : «Ma mère adore votre série, elle m'a finalement persuadée de la regarder, et je la trouve géniale !» Ou bien : «C'est la série préférée de mes enfants. Ils n'arrêtaient pas de me tanner et finalement je l'ai regardée, et je l'adore !» Ce truc-là, c'est incroyable ! À la télévision, on vise toujours un public cible, mais *Dr House* semble avoir mis en plein dans le mille de toutes les cibles ! C'est tout simplement fabuleux.

5

L.A., LA VILLE DES ACTEURS

 Le casting

> «Parfois, la meilleure orange est la meilleure orange, ou
> le meilleur John Wayne est le meilleur John Wayne.»

—AMY LIPPENS, DIRECTRICE DE CASTING

Les trois responsables du casting de *Dr House* – Amy Lippens, Stephanie Laffin et Janelle Scuderi – sont chargées d'engager tous les acteurs ayant des rôles grands ou petits. Sur la série, depuis le début, elles ont vu défiler des milliers de comédiens pour des centaines de rôles. À elles trois, elles possèdent un carnet d'adresses faramineux. En outre, rien de ce qui passe à la télévision et au cinéma ne leur échappe. Elles fréquentent les théâtres et assistent à des ateliers de création. Souvent, elles gardent un acteur ou une actrice en tête en espérant qu'il y aura un rôle pour lui ou elle. Il arrive aussi qu'un comédien venu auditionner ne soit engagé qu'un an plus tard, pour interpréter un autre personnage. Janelle a ainsi gardé longtemps une photo de Dave Matthews sur son mur; il a finalement été engagé dans *Demi-prodige*. De même, Stephanie Laffin conservait celle de Zeljko Ivanek; lui aussi a été embauché, en fin de compte, c'est lui qui joue le patient désespéré et armé de *Prise d'otages*.

L'équipe du casting a le bras long. À New York, on enregistre pour elle des bouts d'essai. Les théâtres du West End de

Londres n'ont pas de secrets pour elle. Pour un seul rôle, des centaines de candidats sont à sa disposition. « C'est notre métier, dit Amy Lippens. Nous mémorisons tous ces merveilleux acteurs et puis nous nous ingénions à les placer. » Chaque semaine, la lecture d'une nouveau script lance l'équipe sur de multiples pistes. Souvent, le visage qui convient est familier. Il y a des jeunes qu'Amy Lippens avait engagés pour le cinéma quand ils avaient douze ans et qui maintenant interprètent des rôles dans *Dr House*.

« Nous travaillons avec les mêmes, très souvent, au fil des ans, déclare Amy. Il y en a d'autres avec qui on veut travailler et que l'on finit un jour par caser… Ce que nous avons, ce n'est pas un simple job, c'est une vraie carrière. Nous tournons dans le milieu depuis longtemps. Les acteurs gardent contact avec nous jusqu'à leur retraite. Chaque saison est pour nous un nouveau challenge. »

....

Comme tout le monde, l'équipe de casting reçoit le scénario huit jours avant le début du tournage. (Amy s'en félicite. Il y a des séries où le script est en retard : le casting se fait à partir de quelques feuillets, ou même de rien du tout.) Il se peut de temps à autre qu'on les prévienne plus en avance pour tel ou tel rôle, mais en général tout est susceptible de changer, jusqu'au moment où le script se trouve entre leurs mains. Alors, elles déterminent combien d'acteurs il leur faut, avec quelles contraintes. A-t-on besoin d'enfants ? Elles doivent penser à demander aux acteurs s'ils savent tirer au pistolet, ou s'ils ne sont pas allergiques au latex, s'ils peuvent porter des prothèses. Ils sont peut-être allergiques aux chats, aux chiens ?… Cela les dérange-t-il d'être inondés d'asticots ?

Parfois, un scénario se borne à indiquer l'âge d'un personnage. Il est arrivé qu'on engage une femme pour un rôle d'homme, par exemple, ou un Noir pour un rôle de Blanc. Il se produit des glissements de série à série : le personnage du Dr Ben Gideon dans la série *Gideon's Crossing*, de Katie Jacobs, est inspiré par la sommité médicale Jerome Groopman, et interprété par un grand acteur qui sera invité dans *Dr House*: André Braugher. Le script de House incite toujours l'équipe à trouver un comédien formidable, les contraintes qui sont imposées sont seulement indicatives et ne ressemblent en aucun cas à un moule à respecter à tout prix.

«Nous travaillons très vite et devons donner en quelque sorte le *la* de l'épisode, puisque les autres attendent de savoir quels acteurs ils vont avoir pour s'y mettre. Jusqu'aux monteurs qui, au final, sont ceux grâce auxquels le film peut être diffusé.»

—AMY LIPPENS

Une fois le scénario décortiqué, l'équipe discute avec Katie, avec le scénariste, avec le réalisateur. Certains changements affectent le casting: un personnage va rajeunir ou vieillir. Une fois ces précisions obtenues, l'équipe établit une liste de comédiens. Pour un rôle plus important, l'acteur devra passer une audition devant le réalisateur et les producteurs. Il peut ainsi défiler jusqu'à huit candidats en une seule séance. (Seuls les acteurs interprétant les rôles principaux doivent se présenter devant les représentants du studio et de la chaîne.) Quand sur la liste figure une douzaine de candidats, souvent elle se rétrécit d'elle-même, parce que certains acteurs ne sont pas disponibles.

Paradoxalement, plus les rôles sont petits – une infirmière qui a une seule réplique, par exemple – plus le nombre de postulants est important. Pour une raison bien simple: les acteurs correspondant à cette catégorie ont peu d'expérience et ont davantage besoin d'être dirigés. Il y a une qualité *Dr House* à maintenir.

«Les gens que l'on recrute doivent être au même niveau que tous ceux qui ont joué dans la série, fait observer Amy Lippens. Nous plaçons la barre très haut. Même si vous n'avez qu'un seul mot à dire, il faut que vous soyez adapté au style du rôle.»

Le vivier d'acteurs est gigantesque. Il y a de tout, des gens pour qui c'est une seconde carrière, des gens qui ont démarré tard, des comédiens de théâtre, des acteurs qui ont joué ailleurs, dans des séries ou au cinéma…

« Nous sommes les maîtres de la piste. Los Angeles, parce que c'est là que sont réalisés la plupart des shows télévisés, regorge de talents. Mais quelques séries côte Est, ainsi que *Dr House* engagent parfois des acteurs de New York, comme l'invitée de *Faux-semblants*, Cynthia Nixon. Les comédiens de la côte Est et de Chicago ont une saveur qui nous manque parfois. Ils ont beaucoup de caractère, dit Amy Lippens. »

Peu d'acteurs sont originaires de Los Angeles. Sans compter ceux qui viennent de l'étranger. Dans *Dr House*, Jennifer Morrison est de Chicago, où est né Peter Jacobson. Jacobson habite New York, où est né Omar Epps. Robert Sean Leonard est né dans le New Jersey, où a grandi Lisa Edelstein, née quant à elle à Boston. Quant à Amy, Stephanie et Janelle, elles sont respectivement de Baltimore, de Boston et du Connecticut.

Hugh Laurie n'est pas, et de loin, le seul comédien britannique à travailler à Hollywood. La série *FlashForward* employait bon nombre d'Anglais : Joseph Fiennes, Sonya Walger, Jack Davenport et Dominic Monaghan (aussi dans *Lost*). Ajoutez à ce cocktail britannique Tim Roth, dans *Lie to Me*. Quant aux Australiens, on en a vu tout autant, sinon plus : Anna Torv et John Noble, deux des trois personnages récurrents de *Fringe*, Simon Baker *(The Mentalist)* ; Julian McMahon dans *Nip-Tuck* ; Anthony LaPaglia et Poppy Montgomery dans *FBI, Portés disparus*, ainsi que Marianne Jean-Baptiste, qui est anglaise. Et ainsi de suite. Tous ne jouent pas des personnages dotés d'accents américains, et il n'est pas donné à tous les acteurs du Commonwealth de s'en sortir avec panache. « Vous devriez entendre les mauvais ! », soupire Janelle.

À Los Angeles, la télévision, le cinéma, le théâtre, tous produisent à l'échelle planétaire. De nombreux acteurs américains travaillent en Europe. L'équipe de casting de *Dr House* tient à engager des comédiens qui collent à la description. Si le script parle d'un Japonais, elle trouve un acteur japonais ; pour un personnage britannique, un acteur britannique. Stephanie Laffin tient une liste d'acteurs anglais avec qui elle aime travailler, dont

Gina McKee et Henry Cavill. Obtenir des visas pour des non-résidents aux États-Unis se révèle une tâche compliquée. Cela peut prendre six semaines. Cela a été possible pour Franka Potente, parce qu'elle avait été recrutée très en avance pour le double épisode *Toucher le fond… et refaire surface*. Les acteurs étrangers engagés sont donc souvent déjà détenteurs de la carte verte.

L'équipe est unanime à propos de l'accent de Hugh Laurie, il est génial ! Pour Stephanie Laffin, les seuls à être à la hauteur de ce point de vue sont Mark Rylance (*Boeing-Boeing* au théâtre à Broadway) et Damian Lewis (la série policière *Life*).

« Quand quelqu'un m'affirme qu'Untel peut prendre un excellent accent américain, je l'arrête en lui disant : "Est-il aussi bon que celui de Hugh ?" S'ensuit en général un temps d'hésitation plus ou moins long, puis : "Non, pas vraiment." »

Pour Amy Lippens, l'accent n'est qu'un des exploits à l'actif de Laurie : « On a entendu beaucoup d'acteurs britanniques. Pas un ne lui arrivait à la cheville, côté accent. Il s'exprime dans un américain impeccable. Il doit en outre interpréter un personnage complexe qui marche avec une canne. Et le jargon médical ! C'est un rôle très difficile. Son côté anglais ajoutait encore une dimension à la difficulté. Et il s'en sort brillamment ! »

L'équipe de casting archive les anciennes auditions et les notes prises devant la télévision ou après une séance de cinéma. Elle ne cesse de vérifier et revérifier le planning des acteurs. Il n'y a pas si longtemps, à la télévision, l'année se déroulait comme à l'école, de septembre au début de l'été. Désormais, la programmation s'effectue toute l'année, de sorte qu'on peut avoir besoin d'acteurs au milieu de l'été. Les agents profitent de toutes les occasions pour bombarder leurs clients de rappels par courrier, par cartes postales, par téléphone.

« Ils sont incroyables, s'exclame Stephanie. Ils me disent des trucs comme : "Machin a déjà joué un prêtre dans une autre série." Ça me rend folle ! Je ne savais pas qu'il existait des gens qui ne pouvaient jouer que des prêtres ! »

D'après Amy Lippens : « Dépendre des agents rendrait notre boulot plus facile, oui. Mais aurions-nous l'impression de faire notre boulot au mieux ? Non. »

Katie Jacobs est à l'origine de nombreuses idées de casting. « Katie n'oublie jamais un acteur », dit Janelle Scuderi. Elle met en réserve des visages dans un coin de sa mémoire et un beau jour, elle les ressort quand ils conviennent à un rôle. Pour la distribution de *Cours magistral* à la saison 1, on lui demanda qui était l'acteur qu'elle aimait bien lors des auditions pour le rôle de Chase. C'est ainsi qu'Andrew Keegan est devenu l'étudiant impertinent qui répond à House dans les scènes d'amphithéâtre.

« **Pour l'épisode** *Je suis vivant*, on a établi une liste d'acteurs. Russel Friend et Garrett Lerner souhaitaient quelqu'un qui écoute plus qu'il ne regarde, quelqu'un avec une voix particulière. On a trouvé le comédien rêvé, un rappeur qui gagnait déjà sa vie en racontant des histoires avant de devenir une star de cinéma : Mos Def. »

—STEPHANIE LAFFIN

Les locaux où ont lieu les castings sont parmi les plus vieux et les plus exigus de l'enclos. On s'y sent entre soi. N'imaginez pas qu'il y règne une atmosphère de compétition féroce. C'est tout le contraire. Récemment, l'équipe auditionnait pour le rôle d'un vieil homme. Les comédiens se sont mis à bavarder en riant si fort qu'il a fallu leur demander de baisser la voix. Cela faisait trente ans qu'ils se retrouvaient à des castings. Pour eux, ce sont chaque fois des retrouvailles sympathiques.

« Les acteurs sont tous différents, dit Amy. Certains aiment parler, d'autres préfèrent rester seuls. »

On fait l'appel. Les acteurs entrent les uns après les autres dans la salle d'audition pour lire leur texte. L'équipe revoit ensuite les vidéos : la caméra capte des nuances qui parfois échappent à l'œil nu. Il arrive que la décision soit prise sur le moment. D'autres fois, il faut une journée ou deux. Le temps est minuté. Mais si les producteurs sont insatisfaits, l'équipe reprend tout de zéro et fait passer une nouvelle audition. Ils peuvent puiser indéfiniment dans leur vivier, car, comme aime à le répéter Stephanie Laffin, Los Angeles est la ville des acteurs.

....

Les directeurs de casting finissent par développer un sixième sens face aux acteurs. Ils ne demandent que rarement de l'aide à des collègues sur d'autres séries, sauf lorsqu'ils cherchent une perle rare, un acteur qui parle mandarin ou un jeune mal-entendant.

« Nous contribuons à amplifier l'originalité d'une série. Elle ne doit ressembler à aucune autre. Nous n'épargnons pas notre peine pour la rendre unique en son genre. », dit Stephanie Laffin.

« Il ne faut surtout pas que les téléspectateurs voient les mêmes têtes revenir, renchérit Amy Lippens. Nous essayons de faire du neuf, d'avoir un look bien à nous et de belles voix qui portent la série. »

Que cherche-t-on au juste chez un acteur ? Il faut qu'il soit crédible, qu'il incarne un médecin ou un malade ou encore un pilote de l'armée de l'air. Il devra peut-être se révéler capable de prononcer « rhabdomyosarcoma alvéolaire ». Il doit être sûr de lui face à la caméra et se montrer apte à travailler en bonne intelligence avec les autres acteurs de la distribution. En outre, s'il interprète le rôle de quelqu'un qui vit dans le New Jersey, il ne peut pas être bronzé en plein hiver, ce qui est souvent le cas à Los Angeles. En réalité, ce que l'on recherche est du domaine de l'intangible. C'est là que joue le talent de l'équipe de casting.

« Ce qu'il nous faut, c'est le comédien qui convient au rôle, dit Janelle. Peu importe s'il n'a pas d'expérience ou s'il est James Earl Jones. »

Ce qu'il faut éviter surtout, c'est l'évidence. Par exemple, si un acteur s'est toujours cantonné à des rôles d'homme riche ou d'ouvrier ou de victime, il ne sera pas pris dans *Dr House*. Même si, de temps à autre, comme le dit Amy, on se prête à ce genre de chose parce que la meilleure orange est toujours la meilleure orange.

Le renom d'un acteur ne lui décrochera pas forcément de rôle. Sur certaines séries, les scénarios sont écrits pour tel ou tel acteur, mais pas sur *Dr House*. Cela ne signifie pas pour autant qu'un acteur célèbre ne pourra pas décrocher un rôle dans la série. James Earl Jones fut choisi pour jouer le dictateur Dibala dans les temps habituels, soit au cours des huit jours qui ont précédé le tournage. Jones se trouvait à New York pendant que les autres auditionnaient à Los Angeles. Il y a des acteurs dont la célébrité les dispense d'auditionner, mais on voit quand même toujours d'autres candidats.

Le *stunt casting* consiste à inviter une star ou une personnalité célèbre (la guest star) dans une série pour interpréter un rôle occasionnel. Au démarrage d'une série, la chaîne réclame souvent aux producteurs des célébrités pour retenir la curiosité du public.

« À la première saison, ils disent : mettons toute la gomme et faisons du stunt casting, dit Katie Jabobs. L'ennui, c'est que lorsque personne ne vous connaît, personne n'a envie de venir jouer chez vous. C'est seulement quand on n'en a plus besoin qu'on attire les grands noms… »

Voici l'histoire de Peter Jacobson, et comment il a été choisi pour incarner Taub. Pendant la saison 1, on lui avait proposé d'apparaître en guest star dans le rôle de l'avocat de Vogler. Il n'était pas nécessaire qu'il auditionne, le rôle était à lui et son agent s'était engagé en son nom. Mais il se révéla ensuite que dix jours après le tournage, il devait se rendre en Australie pour tourner pendant trois mois les épisodes de la série *Starter Wife*. À la dernière minute, la perspective de ce voyage lui parut exténuante, et par le truchement de son agent, il déclina le rôle. S'il l'avait pris pour deux scènes de tribunal, Jacobson n'aurait jamais été pressenti pour Taub (hé, dis donc, ce chirurgien plasticien, c'était pas le même acteur que l'avocat de la saison 1 ?).
Katie Jacobs avait travaillé en 2001 avec Peter Jacobson pour un épisode de sa série *Gideon's Crossing*. Elle a pensé tout de suite à lui pour Taub. L'équipe de casting apprend alors que Jacobson est à New York. On aurait pu lui demander d'envoyer une vidéo. Mais il se trouve que Stephanie Laffin tombe sur lui dans un restaurant de Venice. « Qu'est-ce qu'il fabrique ici ? se dit-elle. C'était écrit dans les étoiles. » Jacobson et sa femme avaient échoué à L.A. un peu par

hasard! Quand Jacobson a compris qu'il s'agissait d'un rôle récurrent, il a demandé à voir. Et quand sa femme a lu les répliques de l'audition, elle s'est exclamée : «Il est pour toi, celui-là!» Comme Jacobson hésitait encore, sa femme est encore intervenue en lui disant : «Mais tu es fou, ou quoi?» Et c'est ainsi qu'a été distribué le rôle de Taub.

Le casting a ses imprévus, en particulier quand on essaye de faire une distribution sans personnages bien définis. Katie Jacobs a ainsi choisi un bon nombre d'acteurs pour le double épisode de *Toucher le fond… et refaire surface*, alors qu'ils n'étaient même pas encore écrits. Elle a choisi André Braugher, qu'elle connaissait depuis *Gideon's Crossing*, et Lin-Manuel Miranda, qu'elle avait vu sur scène à Broadway dans sa comédie musicale *In the Heights*. Franka Potente (*Cours, Lola, Cours* et la série des films *Bourne*), qui avait rencontré Katie à la fin de sa saison 5, a été choisie aussi. pour cet épisode.

Jacobs annonça aux acteurs : «On se lance dans tout autre chose. Je pense que vous serez génial dans le rôle du voisin de lit de House [par exemple]. Voulez-vous être des nôtres?»

«Et, dit-elle, ils ont tous accepté sans avoir lu le script. Ensuite, les scénaristes ont travaillé avec ces acteurs en tête.» Si Jacobs avait attendu le script, ils n'auraient jamais eu le temps de booker ces acteurs avant le tournage.

Il y a aussi des charrettes inattendues.

«Nous avions terminé la saison 3, dit Stephanie Laffin, et je me souviens de Katie me lançant en passant : "On va infuser du sang neuf à la prochaine saison." Sur le moment, j'ai pensé, bon, très bien, profite bien de tes vacances d'été! C'est Amy qui a reçu le coup de fil. "On va rajouter quelques personnes…" Quarante personnes! On n'a pas bénéficié de temps supplémentaire, précise Amy. House remplace d'un seul coup tous les membres de son équipe. Il y a quarante postulants, mais pas quarante rôles parlants, car House en a renvoyé tout un lot sans les laisser ouvrir la bouche. Néanmoins, vingt rôles parlants, dont trois destinés à devenir récurrents, c'est déjà énorme. Cela faisait cinq acteurs à auditionner devant les gens du studio et de la chaîne : Taub, Kutner, Numéro 13, Big Love et Amber.

« On a plongé, dit Amy Lippens. Dans un casting télé, il y a un début, un milieu et une fin, et très peu de temps entre tout ça, c'est bien là le nœud du problème. Nous voulons faire de notre mieux, et nous devons le faire en huit jours, comme si nous avions deux mois devant nous ! »

« Elle ne peut pas penser tout le temps à
la maladie de Huntington. Sinon, elle ne
pourrait pas continuer comme elle le fait.
C'est pourquoi elle aime tant s'absorber
dans son travail, c'est le seul moment
où elle oublie. Cela la pousse à devenir
un meilleur médecin, afin de sauver
plus de vies, puisqu'elle ne peut pas
sauver la sienne. C'est l'ironie de cette
histoire : même House ne peut pas la
guérir. Alors qu'ils accomplissent tout le
temps l'impossible. Je me demande si elle
n'espère pas quand même quelque part
qu'il se produira un miracle pour elle. »

—Olivia Wilde

NUMÉRO 13

Olivia Wilde

Au centre hospitalier universitaire de Princeton-Plainsboro, on n'est pas trop branché sur les prénoms, et même Chase appelle sa femme Cameron. Lorsque quarante postulants font leur apparition dans *Le Boulot de ses rêves*, afin de prendre la place d'Eric, Allison et Robert, House se montre inventif dans les petits noms qu'il leur trouve. Il surnomme la candidate numéro 13 «Kitty Carlisle», du nom d'une vieille mondaine ancienne actrice de Broadway. Elle en déduit avec justesse que le malade est pilote. Et comme elle refuse de lui dire son nom, elle reste Numéro 13. Mais il vaut mieux porter un numéro que d'être affligé par House de sobriquets du style «Abominable Garce» (Amber aurait peut-être préféré «Numéro 24») ou «Défibrillateur professionnel» (Kutner, le numéro 6). En tout cas, c'est mieux que ce que House a réservé à Cole : «Fou de dieu» et «Big Love» (en référence à la série mormone).

N'empêche, Numéro 13, comme Cameron avant elle, intrigue House au plus haut point. Une négligence de la jeune femme entraîne la mort d'un malade : elle ne s'était pas assurée qu'il avait bien pris ses médicaments contre sa strongyloïdose, une parasitose sévère *(97 secondes)*. Par extraordinaire, House ne la licencie pas (alors qu'il éconduit des candidats pour avoir confondu l'acteur Buddy Ebsen avec Neville Chamberlain, l'homme politique). Et pourtant, Numéro 13 reste.

> **«J'étais tellement fière** quand j'ai vu qu'ils me confiaient des scènes aussi fortes! Ils me laissaient prendre mon pied! Si je pouvais tuer quelqu'un tout de suite, c'est que je leur plaisais. Sauf que causer la mort d'un chien, ça ne vous rend pas sympa.»
>
> —OLIVIA WILDE

Son sixième sens avertit House que Numéro 13 leur mijote un mauvais plan. Wilson rabroue House en lui reprochant son attitude à l'égard des femmes comme Numéro 13, Cameron et Amber : «Tu embauches des filles superbes, tu les asservis, tu les forces à papillonner autour de toi rien que parce que tu ne sais pas établir une véritable relation. Si elles sont qualifiées, garde-les. Sinon, vire-les sans regret.»

House ne suit ce conseil qu'avec le Dr Terzi, de la CIA. Entretemps, il fait boire à Numéro 13 un café serré qui lui donne des tremblements *(La Part de mystère)*. House se doute qu'elle a des antécédents : il a retrouvé l'avis de décès de la mère de Numéro 13, décédée à l'issue d'une longue maladie. Une Parkinson ? Non, ce sera une maladie de Huntington. Même à House, cette nouvelle arrache un soupir désolé.

> « Cette maladie est une aubaine du point de vue narratif, parce qu'elle est à l'heure actuelle encore inguérissable. Cela met le personnage face à un dilemme très intéressant, puisqu'il sait que la maladie rôde autour de lui sans que la date soit fixée. »
>
> —DAVID FOSTER

La chorée de Huntington est une maladie d'une impitoyable cruauté, débilitante au physique comme au mental. Les personnes atteintes perdent peu à peu leurs capacités de coordonner leurs mouvements. Bientôt, ils ne peuvent même plus parler ni manger. Certains plongent dans une profonde dépression et deviennent suicidaires. C'est aussi une maladie génétique, si on en est atteint, on a cinquante pour cent de chances de la transmettre à ses enfants. Une fois amorcée, la maladie met dix à vingt ans à se développer avant d'entraîner la mort. Autrefois, elle était confondue avec la danse de Saint-Guy – « chorée » vient d'un mot grec qui signifie « danse ». Cela dit, au départ, Numéro 13 ne sait pas si elle va développer la maladie.

> **NUMÉRO 13** : Le fait de ne pas savoir m'incite à faire des choses qui a priori me font peur. Prendre des cours de pilotage, grimper au Kilimanjaro, travailler pour vous.
>
> **HOUSE** : Ah, oui, parce que si vous saviez, vous ne pourriez rien faire de tous ces trucs ?

House ne lui cache pas qu'il tient pour sa part à savoir ce qu'il en est exactement. Lorsqu'Amber est blessée dans un accident de la route, Numéro 13 refuse de prendre sa place. Elle n'aimait pas beaucoup Amber, pourtant elle est bouleversée par sa mort prématurée. House lui dit alors : « De deux choses l'une : soit vous prenez sa place, soit vous pouvez faire vos bagages. » Après la mort d'Amber, Numéro 13 accepte de se soumettre au test qui déterminera si elle va développer la maladie de Huntington. Le test est positif. Dans *Parle avec lui*, il déclare à Numéro 13 : « De mourir change tout. »

DAVID SHORE : J'aimais l'idée qu'il y ait un énorme point d'interrogation suspendu au-dessus de sa tête. L'idée que quelqu'un, sans doute destiné à mourir jeune, préfère ne pas savoir.

QUESTION : Ce que House ne va pas tolérer ? Le fait de ne pas savoir.

SHORE : Exactement. Si elle avait su au départ, cela n'aurait été d'aucun intérêt.

Dans *La Vie privée de Numéro 13*, la jeune femme a l'impression que la maladie est en train de la gagner, mais elle continue à vivre comme si de rien n'était. Lorsqu'une femme qu'elle a rencontrée dans un bar – une aventure d'un soir – est prise de convulsions, elle la ramène dans le service de House en admettant qu'elle ne connaît même pas son nom.

« Une aventure homosexuelle sans lendemain ! s'exclame House. Je vous attendais au tournant depuis le diagnostic de Huntington. Mais je n'en espérais pas tant ! »

Le jour où Numéro 13 manque une réunion dans la salle de diagnostic pour se faire une perfusion anti-gueule-de-bois, House la renvoie. Pourtant, Numéro 13 reste dans les parages et contribue à sauver la jeune Spencer, qui se révèle avoir recherché sa compagnie uniquement pour être soignée par House. Numéro 13 compatit au sort de Spencer, qui est peut-être elle aussi atteinte d'une maladie incurable. House a une illumination en voyant que Numéro 13 a les lèvres gercées : Spencer lui a transmis son syndrome de Sjögren. « Encore une vie sauvée grâce au sexe lesbien », constate House.

Numéro 13 prend de plus en plus de risques. House la réintègre à son équipe, en déclarant que la chute est inéluctable, mais qu'en attendant qu'elle touche terre, elle peut lui être utile. À la fin de *La Vie privée de Numéro 13*, elle a trouvé une autre amoureuse. Puis, dans *Prise d'otages*, elle teste les médicaments prescrits par House au preneur d'otages Jason (Zeljko Ivanek). « Ah, voilà un niveau de risque supérieur au sexe lesbien », fait observer House. House accuse Numéro 13 de vouloir mourir, mais de ne pas oser se supprimer elle-même. Elle lui réplique : « Je ne veux pas mourir. » Numéro 13 s'enrôle dans des essais cliniques que Foreman administre à des malades souffrant de Huntington. Un véritable champ de mines pour la déontologie et l'éthique personnelle. Numéro 13 a mauvaise conscience de s'y être engagée. Sa rencontre avec une malade du nom de Janice lui rappelle l'hospitalisation de sa mère, à l'époque où elle était petite fille et s'appelait Remy. Elle confie à Foreman que sa mère lui criait dessus. « Je voulais qu'elle meure », avoue-t-elle. Elle ne lui a pas dit adieu.

Numéro 13 est de plus en plus dubitative à propos des essais thérapeutiques : elle soupçonne Foreman de chercher à manipuler les essais, et à travers les essais, de la manipuler elle-même. Pourtant, quand Foreman lui administre le traitement réel, il semblerait qu'il y ait de l'espoir pour Numéro 13. Elle envisage même d'avoir un jour des enfants *(Le Petit Paradis)*. Mais Foreman est allé un peu trop loin. Le vrai médicament rend Numéro 13 malade : elle développe une tumeur au cerveau et devient aveugle. Foreman tente désespérément de sauver Numéro 13, sa peau et sa carrière à l'hôpital Princeton-Plainsboro.

> **« Elle a pris** le parti diamétralement opposé de celui qui, dans l'épisode de la prise d'otages, l'avait propulsée dans la gueule du danger. C'est Foreman qui l'a encouragée à choisir le camp de la vie et de la santé. Aussi, sa culpabilité au cours des essais thérapeutiques est-elle exacerbée, du fait qu'il l'ait volontairement tirée du côté de l'espoir... L'essai se révèle un échec. Il n'y a pas de *happy end*. »
>
> —Olivia Wilde

L'essai clinique a échoué, mais l'engrenage de la dépression a été stoppé. Elle est heureuse de travailler dans le service de House et d'être avec Foreman. Elle regrette toutefois ses aventures amoureuses, féminines comme masculines.

> **NUMÉRO 13** : La monogamie, c'est comme si je disais que je ne mangerais plus jamais d'autre glace, par exemple, que de la Rocky Road.
>
> **FOREMAN** : Tu veux dire que si tu te prives de chocolat, un de ces jours, tu vas craquer et courir après le vendeur de glaces ?
>
> **NUMÉRO 13** : Non, j'adore la Rocky Road. Miam, délicieux, il y a plein de choses dedans... *(La Face cachée)*

> **QUESTION** : Que pensez-vous de sa tirade sur la crème glacée Rocky Road ?
>
> **OLIVIA WILDE** : Elle est réaliste. Foreman, lui, a une conception des relations amoureuses plus traditionnelle. Elle aime bien le pousser dans ses retranchements. J'adore le bon mot de François Truffaut, cité quand ils discutent de *Jules et Jim*, « la

monogamie ne marche pas, mais le reste, c'est encore pire ».
C'est le point de vue de Numéro 13 : c'est bon quand même d'avoir
un compagnon. À mon avis, elle va se débrouiller pour rester en
bonne santé tout en continuant à satisfaire sa curiosité.

Foreman décide qu'il ne peut à la fois être le patron et coucher avec
Numéro 13, qui fait partie de son équipe. Sa solution : virer Numéro 13, et
donc perdre son amour. Foreman refuse d'admettre qu'il s'est trompé. Ce
qui ne l'empêche pas de revenir sur sa décision et de déclarer que, finalement, il peut travailler avec Numéro 13. Cette dernière est prête à trouver
un autre poste ailleurs en attendant le retour de House, qui va la réintégrer
dans son équipe en même temps que Taub. House drague Numéro 13. Il fait
son apparition dans la salle de gym où elle fait des Pilates pour renforcer ses
muscles stabilisateurs profonds, dans l'espoir de retarder le déclenchement
de la maladie. Elle veut bien passer du temps avec House, en attendant l'explosion de la bombe qu'elle a dans ses gènes.

LE LOOK DE NUMÉRO 13

« **C'est une fille** hyper-branchée. Elle est bi, et donc s'habille de manière
un peu androgyne. Mais elle est quand même super-sexy, super-féminine,
avec une touche de masculin, si une pareille chose est possible. »

—CATHY CRANDALL

QUESTION : Est-ce qu'elle a un nuancier de couleur ?

CATHY CRANDALL : Elle porte beaucoup de gris, du noir, du bleu marine, de
l'aubergine et une espèce de bleu pétrole et de turquoise. En fait, elle s'habille de plusieurs sortes de gris. Ça va lui va bien au teint et s'harmonise
avec la couleur de ses yeux.

Olivia Wilde, à propos de... Numéro 13 et Foreman

QUESTION : Foreman serait-il capable de sacrifier sa carrière
pour vivre deux ans de plus avec Numéro 13 ?

– À ce stade, ils ne se connaissent pas depuis longtemps... Et lui ne demande qu'à repousser l'inévitable. Comme on est tous avec ceux qui nous sont chers.

QUESTION : Le couple Numéro 13 et Foreman a-t-il un avenir ?
– Numéro 13 va essayer de s'entendre avec Foreman. Elle cherche à rester en bonne santé, sans abandonner sa vie amoureuse ni ses relations amicales.

QUESTION : Elle a besoin d'une vie amoureuse en dehors du travail...
– En fait, ils passent trop de temps à travailler. Ce que je pense, c'est que si elle ne sortait qu'avec des femmes à l'époque où elle était déprimée, c'était un effet secondaire de la dépression. Je ne sais pas si ce lien était intentionnel de la part des scénaristes. Une fois qu'elle est avec un homme et qu'elle se sent en bonne santé, elle va de nouveau vivre sa bisexualité, afin de bien montrer que si elle sort avec une femme, ce n'est pas uniquement parce qu'elle est déprimée et malade.

Olivia Wilde à propos de... la maladie de Huntington

– Sans doute une maladie fascinante pour les scénaristes, parce qu'elle est mystérieuse... On peut maintenant se tester tout seul. Il y a des gens qui l'ont fait et d'autres qui préfèrent ne pas savoir. C'est fascinant de réfléchir à la différence de qualité de vie entre ces deux groupes.

QUESTION : Que feriez-vous ?
– Je voudrais savoir. Les existentialistes pensent qu'une fois que vous avez vu la mort en face, vous vivez votre vie plus pleinement.

QUESTION : C'est le choix que fait votre personnage.
– C'était inévitable. À sa place, c'est ce que j'aurais fait. Seul l'amour pourrait vous en empêcher.

QUESTION : Mais l'inévitable est là. Vous avez en vous cette bombe à retardement.
– Comme j'ai vu ma mère mourir d'un Huntington, je sais ce qui m'attend. D'autre part, j'ai étudié la médecine, je sais comment ça marche, il n'y a pas de mystère.

QUESTION : Avez-vous des symptômes ?
– Elle a déjà quelques troubles nerveux, mais les symptômes proprement dits n'apparaîtront pas avant plusieurs années. Il était important qu'on mette en scène une personne vraiment atteinte de la maladie, afin de montrer aux spectateurs ce qui attendait Numéro 13. La plupart des gens ne savent pas ce

qu'est un Huntington. Quand on en parlait, le public avait du mal à s'émouvoir de choses qu'il ne percevait pas dans leur réalité. Mais une fois que Janice est passée par là, les gens se disent : «Oh, non, cela ne peut pas arriver à Numéro 13!» On espère qu'elle va rester en bonne santé et continuer à s'amuser.

Olivia Wilde à propos de... Numéro 13

– *Dr House* est sans doute la série où on travaille le plus durement. Je le savais déjà avant d'y jouer. C'est intéressant de monter dans le train en cours de route, après quelques saisons, parce qu'on a eu des échos sur ce qui se passe sur le plateau.

QUESTION : Regardiez-vous la série avant d'y jouer ?
– Je n'ai jamais beaucoup regardé la télévision, mais je la connaissais de réputation, et je savais qu'il y avait des super-rôles féminins. Je jouais au théâtre à New York, quand mon agent m'a annoncé qu'ils avaient l'intention d'ajouter une femme médecin à *Dr House*. Il a rajouté que si on me proposait le rôle, ce serait de la folie de refuser. Pourtant, je lui ai dit que je ne referais pas de télé. Il m'a répondu : «Cette fois, c'est tout autre chose. On propose peu de scripts aussi brillants!» Et il avait raison. C'était un bon conseil.

QUESTION : À quoi ressemblait la sélection pour la saison 4 ?
– Nous ne savions pas ce qui allait se passer. On nous avait seulement dit que c'étaient des personnages récurrents. Bref, nous ne savions pas à quelle sauce nous allions être mangés. En tout cas, je ne m'attendais pas à bosser autant, ni à me trouver impliquée tout de suite dans l'histoire.

QUESTION : Au départ, vous deviez interpréter le rôle d'Amber ?
– Oui, et c'était Annie Dudeck qui devait jouer Numéro 13. Je voulais vraiment jouer Amber. Je la trouvais trop drôle ! Cela m'amusait beaucoup de jouer quelqu'un d'aussi machiavélique... Quand ils m'ont parlé de Numéro 13, j'ai hésité. J'ai dit qu'elle était trop mystérieuse. Ils m'ont dit : «Elle cache des trucs intéressants.» Annie protestait comme moi de son côté. En fait, ils avaient raison. Je n'aurais pas été aussi bonne dans Amber qu'Annie. Je suis très contente de la façon dont les choses ont tourné.

QUESTION : Vous n'avez pas trop de mal à apprendre la terminologie médicale ?
– C'est un peu comme apprendre du Shakespeare. On ne peut pas faire de paraphrases, il faut savoir son texte. Il faut y trouver de la beauté, l'apprivoiser. À l'époque de l'audition, ça me parais-

sait insurmontable. Pourtant, le seul mot compliqué alors était «intestin». «Oh! là, là, comment vais-je me rappeler *intestin grêle, gros intestin?*» Au milieu de l'audition, j'ai craqué. J'ai crié «Merde!» J'étais catastrophée. Mais Katie Jacobs m'a rassurée. Elle m'a dit : «Tu es raccord avec la série. Ne t'inquiète pas, ça arrive tous les jours.»

QUESTION: Nous buvons toutes vos paroles, à vous autres les docteurs!
– La question qu'on nous pose toujours, c'est: «Comment arrivez-vous à vous rappeler tout ce jargon?» La deuxième question étant: «Est-ce aussi rigolo à tourner qu'à regarder?» On m'aborde souvent dans le métro à New York. Les gens me demandent: «Vous connaissez telle maladie?» Moi-même, j'ai posé une question de ce genre à Hugh lors de mon premier épisode. Je parlais de quelqu'un qui était malade et je l'ai consulté comme on consulte un docteur sur le traitement que cette personne suivait. Il m'a fixée longuement, puis a répondu: «Tu sais, je ne suis pas un vrai médecin.» «Oh! Oui, bien sûr! Désolée!»

QUESTION: Votre propre rapport à la médecine et aux médecins a-t-il changé?
– J'ai davantage de respect pour eux. Quand je consulte, je leur donne beaucoup plus de détails sur moi et mes sensations. C'est là notre erreur avec les médecins. Nous nous attendons à ce qu'ils fassent des miracles sans leur donner les informations dont ils ont besoin pour nous soigner.
Cela dit, quelle autre équipe médicale passe autant de temps et dépense autant d'énergie pour sauver une seule personne? Je serais ravie si cinq médecins se tuaient au travail jour et nuit sans me faire payer, pour trouver le traitement qui pourrait me sauver! C'est sans doute parce que la série est créée par des Canadiens

Olivia Wilde se prépare pour un gros plan.

qu'on ne se préoccupe pas de cet aspect des choses. Je parie que David Shore n'a même pas pensé à la ruine financière de ses malades à leur sortie de l'hôpital.

QUESTION : Votre destin est scellé. Mais votre personnage change-t-il néanmoins ?
– Pour moi, Numéro 13 est le personnage qui change le plus. Au départ, elle est très réservée, très têtue, très renfermée. Peu à peu elle s'ouvre, elle entame une relation amoureuse saine, elle s'occupe d'elle-même. Elle a changé du tout au tout. Elle est la preuve vivante qu'on peut changer ! House a lui aussi cette capacité. Il tente de se désintoxiquer. C'est en soi un changement. Il aspire à devenir autre. Rien que ça, c'est un changement.

Olivia Wilde à propos de... Olivia Wilde

QUESTION : En tant que fille des célèbres journalistes Leslie et Andrew Cockburn, vous avez grandi au milieu de discussions passionnées et du crépitement des machines à écrire...
– C'était le seul monde que je connaissais. Je trouvais ça excitant. J'avais l'impression qu'ils étaient branché sur tout ce qui se passait. Je pouvais leur poser n'importe quelle question sur la politique, sur l'histoire. Pour moi, ils savaient tout. Mais j'ai toujours voulu jouer des rôles... Mon approche du métier d'acteur est celle d'une journaliste : j'enquête sur le personnage que je joue.

QUESTION : Parlez-vous politique à table ?
– C'est très sain de grandir en se disant que le débat fait partie des relations entre les gens. Ceux de gauche cherchent toujours à savoir qui est de gauche et qui ne l'est pas. J'étais entourée de toutes sortes de gens. Dans ma famille, certains étaient très conservateurs. J'ai appris à un très jeune âge que pour discuter avec un républicain, il fallait employer le langage des républicains... autrement dit, parler pognon. Pour convaincre un républicain qu'il faut engager de meilleurs instituteurs et les payer plus, il faut lui dire qu'un meilleur niveau d'éducation de la population favorise l'augmentation du PNB. Et si en plus vous ajoutez qu'ils pourront payer moins d'impôts...

QUESTION : Kal Penn a quitté la série pour la Maison Blanche...
– J'ai demandé à Kal ce que cela lui faisait de travailler dans l'administration. Il a dit, oui, c'est différent que d'être acteur. Par exemple, quand il fait froid, personne ne vous apporte de manteau bien chaud. Vous voyez combien on peut être infantilisés dans notre métier. Il fait un froid de canard. Pourquoi personne

ne m'apporte un bon cachemire ? C'est trop cool de le voir se sortir de là grâce au service public.

QUESTION : Vous vous sentez proche de l'Irlande.
– Mon père est irlandais. On a vécu entre les États-Unis et l'Irlande.

QUESTION : D'où le choix du nom Wilde ?
– En partie. C'est une tradition dans ma famille, les noms de plume. Mon oncle Alexander écrivait «Beat the Devil» [un édito dans *The Nation*] sous pseudo. Ça m'a toujours paru romantique. À cinq ou six ans, j'ai traversé une phase où je voulais écrire des romans d'horreur. Ma tante, Sarah Caudwell, était un écrivain de romans policiers très connu. Je me rappelle lui avoir un jour demandé quel nom de plume je pourrais prendre. Ça m'a toujours plu, cette idée de pseudo.
Lorsque j'ai compris combien ce métier vous exposait aux indiscrétions, j'ai voulu protéger ma famille. Me protéger aussi, bien entendu. Je tenais à faire mon chemin toute seule. J'avais grandi à Washington avec des parents connus, et je ne voulais pas garder cette identité-là. Quand on pense à Sigourney Weaver... Elle a pris ce prénom dans Gatsby le Magnifique de Scott Fitzgerald. Cela lui a beaucoup servi en tant qu'artiste.
Je me produisais à l'époque dans une superbe production, *De l'importance d'être constant,* où je jouais Gwendolen. J'admire la façon dont Oscar Wilde prend la défense de la liberté et de l'individualité. Son sens de l'humour transcende l'humiliation. À mon avis, on ne survit pas dans ce monde si on n'a pas d'humour.

... Et enfin, parce ce que c'est un nom anglo-irlandais courant.

QUESTION : Vous avez fait vos études en Irlande ?
– J'avais dix-huit ans. Je suis allée à la Gaiety School of Acting à Dublin. J'adore Dublin. C'était l'époque du Tigre celtique. Le boom économique s'accompagnait d'un boom culturel. Partout, on montait des pièces de Beckett. C'était extraordinaire. J'ai eu de la chance de me trouver là-bas à cette période. C'était très convivial. Quand on allait voir une pièce où jouait Colm Meany, j'allais ensuite prendre un pot avec lui. J'ai aussi étudié à New York.

QUESTION : Si vous pouviez être comédienne sans être une célébrité, cela vous conviendrait-il ?
– Oh, oui. Je pourrais me concentrer sur mon travail sans tous ces à-côtés déstabilisants. Les meilleurs acteurs sont ceux qui n'ont peur de rien. Mais c'est dur de ne pas avoir peur, quand on est critiqué tous azimuts. Il faut prendre sur soi.

QUESTION : J'ai eu des échos de vous et de Julie Christie...
– Elle est mon mentor, c'est une grande dame. Ce que j'admire

chez elle, c'est son réalisme, elle a vraiment les deux pieds sur terre. Elle est très modeste, humble même. Elle dit des choses comme : « Je n'étais pas si bonne que ça quand j'étais jeune... » Elle est au-dessus de la mêlée, c'est formidable.

QUESTION : Et vous admirez Hugh Laurie ?
– Je me tourne tout le temps vers Hugh pour lui demander des conseils. C'est un grand sage, et un champion de l'auto-dérision. Mais il est très gentil avec moi et j'écoute toujours ce qu'il me dit. Il a beau ne pas aimer la célébrité, il s'en tire superbement bien. C'est un grand acteur, de ceux qui savent ne pas se cantonner à un seul genre.

QUESTION : Parlez-moi de *Tron l'héritage*.
– C'est tout autre chose. Pour moi, c'était important de me prouver que j'étais capable de faire quelque chose dont j'avais très peur, comme un film de science-fiction. Finalement, j'ai adoré ! Mais je n'en apprécie que plus *Dr House*. Nous avons des scénaristes fantastiques. Les péripéties s'enchaînent avec une logique parfaite, même quand les événements sont éloignés de plusieurs années. À la télé, les scénaristes sont maîtres à bord. Alors qu'au cinéma, c'est le réalisateur. J'interroge souvent les scénaristes, je discute des personnages avec eux. Quand je m'adresse à eux sur un plateau de cinéma, ils sont étonnés, l'air de dire : « Les acteurs n'ont pas à nous consulter. »

QUESTION : Comment avez-vous réussi à caser *Tron* dans le programme de House ?
– On a filmé pendant une relâche ! À six heures et demie, un lundi matin, j'étais à Vancouver pour *Tron*, et le même jour j'étais de retour sur la plateau de *Dr House* à Los Angeles.

QUESTION : Cela vous ressource de faire quelque chose de différent ?
– Pour moi, tout est question d'équilibre. Ce que je veux maintenant, c'est me lancer dans tout autre chose. Mon mari [Tao Ruspoli] et moi, on a fait un film [*Fix*]. Il a été tourné au moment où je suis entrée dans la distribution de *Dr House*. Heureusement que j'étais mariée au réalisateur. Personne d'autre n'aurait accepté de composer avec un tel emploi du temps.

QUESTION : Avez-vous envie de faire d'autres films ?
– Quand les gens vous ont vue dans une blouse blanche, ils peuvent vous imaginer dans n'importe quel personnage doté d'un certain pouvoir. Autrement dit, si vous avez joué un médecin, vous pouvez jouer un flic, un politicien, un pompier. Tout ce qui porte un insigne. Les gens me prennent au sérieux, et ça c'est génial. Mon objectif,

c'est d'aborder tous les genres. Je voudrais passer sans heurt de la comédie à la tragédie et vice versa... comme Cate Blanchett ou Meryl Streep. Il y a peu de grands rôles, mais il y en a.

J'ai joué dans un Paul Haggis avec Russel Crowe. Je suis arrivée à le boucler en deux semaines. Merci à nos producteurs de nous donner notre programme à l'avance ! La série est toujours prioritaire. Tout le reste doit pouvoir se caser dans des entre-deux *Dr House*. Il suffit d'être prête à ne jamais dormir... J'attends les dates des prochaines relâches pour faire une ou deux autres petites choses.

QUESTION : Prenez-vous parfois des vacances ?
– Quand on commencera à me dire que je vieillis, je prendrai des vacances. Mais c'est important de déconnecter quelques jours de temps à autre. Je reviens toujours remontée et pleine d'inspiration. Il faut savoir prendre le temps de lire et d'aller au théâtre... et de se rappeler pourquoi on fait ce métier... Je n'aime pas commencer la journée sans avoir lu le journal.

QUESTION : Dans *Dr House*, tout revient à une question de langue.
– Le verbe est primordial, tout à fait. On ne peut pas dire : « Il n'y a pas de scénario, mais la réalisation est superbe ! » Pour moi, sans script il n'y a pas de film.

QUESTION : Avez-vous des projets d'écriture ?
– De plus en plus. Et je pense que cette année, je vais aboutir enfin à quelque chose.

QUESTION : Qu'écrivez-vous ?
– De la non-fiction. Mes réflexions sur différentes situations. Des nouvelles, aussi. Mais je ne suis pas encore prête à publier. Je suis en train de créer un site Web, c'est très amusant. Je ne suis pas très à l'aise avec l'Internet, mais maintenant c'est le seul moyen de faire entendre sa voix.
Grâce au cyberespace, le journalisme s'est démocratisé. Le problème, c'est qu'il n'y a pas de commission chargée de vérifier les affirmations sur Internet. Ce qu'on appelle le « fact-checking ». La vérité devient difficile à cerner... Alors, au lieu de ronger mon frein de mon côté, j'ai décidé de créer un site pour donner mon opinion. J'aime l'idée de pouvoir dire que je vais inter-viewer Julie Christie... sur la monogamie. Et pas sur ma petite vie ni sur le restaurant macrobiotique où nous avons déjeuné.

QUESTION : C'est une bonne idée, après tout, vous n'avez rien d'autre à faire...
– Vous avez raison. Je devrais me secouer et arrêter de me laisser aller à la paresse.

6

PUISQUE LE CAS S'EST DÉJÀ PRODUIT

☒ **La médecine de House, une médecine unique au monde**

«Si le cas s'est déjà produit, vous êtes dans
le vrai. Les médecins sont ainsi, ils notent
tout. Si bien que vous trouvez les cas les plus
invraisemblables dans les revues médicales,
ou sur Internet. Bref, si vous n'avez rien sur
votre cas dans la littérature des cinquante
dernières années, c'est qu'il n'existe pas.
Mais si c'est arrivé ne serait-ce qu'une seule
fois, vous entrez dans les statistiques.»

—DAVID FOSTER

Chaque semaine, *Dr House* **ajoute un chapitre aux histoires**
extraordinaires de la médecine. Le service de diagnostics, un
service fictif qui n'existe que parce que House est House, ne
s'intéresse en effet qu'aux malades présentant des signes cliniques ayant laissé perplexe tous les autres médecins. Par exemple
Mark, le mari de l'ex de House, Stacy, a consulté cinq docteurs
avant que Stacy ne vienne trouver House. Jason, qui oblige
House à le diagnostiquer en le menaçant d'une arme à feu dans
Prise d'otages présente, quant à lui, un palmarès de seize médecins en trois ans ; Jack, le fils du financier Roy Randall *(L'argent
ne fait pas le bonheur)* a été vu par dix-sept hommes de l'art. Dans

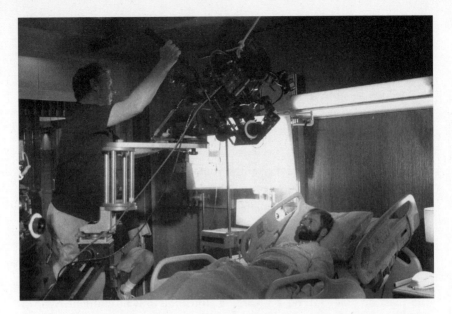

House s'aventure dans les régions inexplorées de la médecine.

le pilote, Foreman rappelle qu'aux étudiants en médecine, on répète volontiers : « Quand vous entendez *sabots*, pensez *cheval* et non *zèbre* ! » Sauf qu'ici, les 17 praticiens ont éliminé tous les chevaux et que House hérite seulement des zèbres !

Ces cas singuliers sont les énigmes, les puzzles dont House a besoin pour se sentir en vie et en contact avec le reste du monde, ce que lui fait comprendre le Dr Nolan (André Braugher) à la saison 6. En général, ce cas rare se présente en même temps en écho aux problèmes d'ordre privé auxquels les personnages principaux de la série sont confrontés. Son usage est double : il est le mystère de la semaine, et l'élément de suspense qui permet de se dérouler aux différentes trames du scénario. C'est beaucoup exiger d'une maladie !

Peu importe au fond aux spectateurs qui est le « méchant » de la semaine. Ils ne vont pas se dire : « Ah, je savais bien que c'était une panencéphalite sub-aiguë sclérosante ! » *(Test de paternité)*. S'ils regardent la série, c'est parce qu'ils s'intéressent à ce que le diagnostic révèle sur les médecins et les malades impliqués. Outre son rôle de producteur et de scénariste, David Foster, lui-même docteur en médecine, est conseiller médical de *Dr House*. Pour lui, une maladie s'avance camouflée sous un tas de mensonges. «L'histoire médicale est là pour permettre à House de se livrer à des commentaires sur le tempérament du malade, confronté à un dilemme qu'il parviendra à résoudre "à la House". »

On peut dire de certaines maladies qu'elles sont «housiennes». Parfois, leurs symptômes les font prendre pour tout autre chose. D'autres fois, elles mettent au jour chez les malades des mécanismes psychologiques que nous côtoyons dans notre vie quotidienne. Sans parler des mensonges qu'ils profèrent en toute connaissance de cause :

- Le mari de Stacy, Mark, a raconté à House qu'il avait emmené Stacy à Paris pour leur lune de miel. Un PetScan révèle qu'il pense dire la vérité, alors qu'en fait il ment, ce qui signifie que son cerveau fabrique de faux souvenirs, sans doute un symptôme de porphyrie aiguë intermittente *(Le Choix de l'autre)*.

- Une femme jure qu'elle n'a pas fait l'amour avec son mari. Elle est somnambule, et dans son sommeil elle fait l'amour avec son ex – une maladie appelée «sexomnia» *(Double discours)*.

- L'écrivain est frappé d'une aphasie – il perd l'usage de la parole – et d'agraphie – il ne peut plus écrire – après avoir essayé de se traiter lui-même pour un syndrome maniaco-dépressif, ou désordre bipolaire, qu'il cache à sa femme *(Problèmes de communication)*.

- La mannequin adolescente est en réalité hermaphrodite… «La femme parfaite est un homme», déclare House *(Confusion des genres)*.

- Un officier de police meurt des suites d'une infection bactérienne, causée par les fientes de pigeon dont il se sert comme engrais pour sa plantation de cannabis *(De l'autre côté…)*.

- Le condamné dans le couloir de la mort (joué par LL Cool J) a des fureurs meurtrières causées par une tumeur du nom de phéochromocytome, induite par le plomb de ses tatouages faits en prison *(Peine de vie)*.

- Dans *Marché conclu*, la mineure, Ali (interprétée par Leighton Meester), drague House. Non parce qu'elle ne résiste pas à son charme (indéniable), mais parce que son cerveau est infecté par des *coccidioides immitis*.

- Dans *Acceptera ou pas ?*, la petite taille de la fille n'est pas causée par le gène de nanisme hérité de sa mère, mais par une maladie du nom de histiocytose de Langerhans.

- Un pianiste virtuose, interprété par Dave Matthew dans *Demi-prodige*, ne peut plus jouer. On s'aperçoit que l'hémisphère droit de son cerveau est mort.

- Une femme est prise d'aboulie – incapacité de prendre une décision – alors qu'elle joue au bonneteau dans la rue *(Mauvaises décisions)*.

- L'affection d'un père pousse son fils de huit ans à pincer les fesses de Cameron et à mordre Chase, et sa fille de six ans à avoir ses premières règles. En les tenant par la main, il leur a transmis la testostérone contenue dans le gel qu'il met, pour améliorer ses performances sexuelles – car il couche avec la jeune instit de sa fille *(Poussées d'hormones)*.

- Dans *Miroir, miroir*, un traumatisme cérébral a causé chez un homme un syndrome du miroir : il a perdu toute perception de lui-même et mime les gestes de toute personne qui se trouve en face de lui.

- *Anhedonia*, l'inaptitude au plaisir, symptôme de fièvre méditerranéenne familiale. *(Dans Rêves éveillés.)*

- Une enseignante pour enfants handicapés ne ressent aucun malaise, quand sa tension atteint des sommets à cause d'une persistance du canal artériel *(Le Petit Paradis)*.

- Un homme souffre du syndrome de la main étrangère : si je te frappe, ce n'est pas ma faute. Il s'agit d'un empoisonnement au propylène glycol *(Parle avec elle)*.

- Une jeune fille qui prétend avoir été violée a une hémorragie cérébrale qui la fait mentir. Tout le monde ment ! *(Dans Les Mots pour ne pas le dire.)*

- Un acteur de films X a un mode de vie trop sain. Son système immunitaire se rebelle *(Classé X)*.

- Ted s'effondre devant l'autel le jour de son mariage avec Nicole. Il a une malformation d'Arnold-Chiari, qui donne des troubles neurologiques. Elle a été révélée par la thérapie électroconvulsive, censée le convertir à l'hétérosexualité. Parmi les effets secondaires, Ted se met à avoir des écoulements de lait *(Le Copain d'avant)*.

L'étrange et mystérieuse maladie étudiée n'est pas forcément la cause de l'état de santé du patient. On ne saurait non plus lui attribuer l'origine de son caractère. Jasper, le petit garçon dont le père est fou d'amour, peut être excusé pour son geste, mais le gosse de l'épisode *Le Petit Con* est vraiment un petit con.

Dans *Je dis ce que je pense* est présenté un cas typique à la House : Nick Greenwald, un éditeur, à cause d'une désinhibition du lobe frontal du cerveau, se met soudain à dire tout ce qui lui passe par la tête, comme un animateur de radio. Il se moque du nez de Taub et déclare qu'il aimerait « se faire » Numéro 13 et Cuddy. En d'autres termes, il ressemble à House, lequel dans le même épisode surnomme Taub « Cyrano de Berkowitz » et glisse ses sempiternels sous-entendus inconvenants à ses collègues femmes. House, toutefois, n'a pas d'excuse – c'est juste un goujat. Quand Nick se frotte à House, ce dernier déclare qu'il sait exactement ce qu'il ressent.

En affirmant qu'il ne supporte pas sa fille handicapée mentale et qu'il regrette d'avoir épousé une femme au QI peu élevé, il provoque la fuite de son entourage. C'est un classique chez House : si c'est ce qui arrive quand on exprime le fond de sa pensée, vive le mensonge ! Au moment où l'état de Nick paraît permanent,

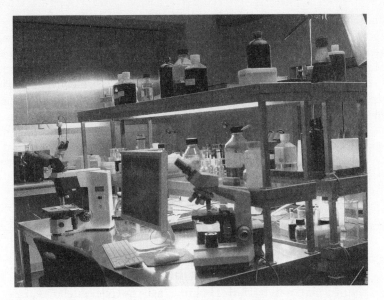

Le laboratoire d'anatomopathologie.

House lui trouve un syndrome de Dodge-Potter, extrêmement rare. Enlevez le fibrome, déclare House, et il redeviendra l'hypocrite heureux qu'il a toujours été, c'est-à-dire qu'il redeviendra comme tout le monde.

Mais on se demande parfois si le traitement n'est pas pire que le mal.

Prenons le cas de cette dame de 82 ans, qui se présente en consultation dans *Empoisonnement*. Elle n'est plus la même depuis quelque temps : elle mord à la vie à belles dents, elle drague, elle fantasme sur Ashton Kutcher. D'ailleurs, elle trouve que House lui ressemble, il a « le même regard langoureux ». House diagnostique une syphilis. La vieille dame n'est même pas étonnée : elle a dû l'attraper le soir de son bal de promo en 1939. On guérit facilement cette maladie, mais elle refuse le traitement. Elle aime bien se sentir sexy et draguer les jeunes docteurs. « Je n'ai pas du tout envie de passer le reste de ma vie à jouer à la canasta. » House la trouve sympa, il la comprend. Même si la syphilis est en train de la tuer, elle prend son pied.

«**Mon beau-père est** médecin. Il aime la série... Nous trichons, dans la mesure où nous raccourcissons le temps. Les examens médicaux nous reviennent le lendemain, par exemple. Les malades guérissent plus vite. Ou leur état empire encore plus rapidement. Il me dit toujours : "Robert, cette maladie ne donnerait jamais..." Je sais, je sais ! On a souvent ce genre de conversation. Mais il est très impressionné par la série. Nos scénaristes sont en or, et ils vont au fond des choses. Rien de ce qui se passe dans la série n'est impossible, médicalement parlant. Improbable, d'accord, mais pas impossible ! »

—Robert Sean Leonard

Dans *Symptômes XXL,* une femme bien en chair est scandalisée par le diagnostic des médecins : si elle est obèse, c'est qu'elle a une gigantesque tumeur. Elle refuse l'idée de guérir, et donc de maigrir, et affirme que son mari raffole de son corps tel qu'il est. Mais House déduit que ce n'est pas l'époux que la femme veut séduire, mais tous les autres hommes avec qui elle couche. House la persuade d'accepter l'intervention, en lui assurant qu'elle ne devrait pas s'inquiéter pour son physique. « Les hommes sont de gros cochons... Ils baiseraient avec pratiquement n'importe qui. » Jeff, le malade de *Trop gentil pour être vrai,* n'est plus aussi gentil après traitement. « Je ne suis plus si sûr d'aimer le ketchup », décrète-t-il à la fin. James Sadas, dans *Heureux les ignorants,* ne trouve pas forcément le bonheur en retrouvant ses capacités intellectuelles supérieures.

Le plus singulier de tous les cas de la série est sans doute celui de House en personne. Dans *Cours magistral,* l'épisode qui a été couronné d'un Emmy Award, nous découvrons ce qui lui est arrivé à la jambe, et que c'est House qui a posé le bon diagnostic. L'intervention chirurgicale choisie par Stacy pour son compagnon comateux a eu des conséquences dramatiques, puisqu'il est devenu dépendant d'un anti-douleur puissant. D'un bout à l'autre de la série, House essaie, alternativement, de décrocher, ou s'enfonce dans sa toxicomanie. Pour ce faire, il ira jusqu'à des extrêmes inimaginables. La question de l'addiction est fréquente en médecine, mais House y met son grain de sel : « Alors, vous voulez vraiment guérir ? »

Une de ces maladies est inventée par House pour calmer une malade convaincue qu'elle va mourir, alors que House est convaincu que tout est dans sa tête (House a tort). Les autres sont réelles.

Le *Rhabdomyosarcoma* alvéolaire
La lymphangioléiomyomatose
Le syndrome d'Anton Babinski
Le pseudohermaphrodisme mâle
La maladie (ou syndrome) de Chester-Erdheim
La neurocysticercose
La protoporphyrie érythropoïétique
Le syndrome d'Ortoli
Le syndrome de Fitz-Hugh-Curtis
Le syndrome paranéoplasique
Le *telangiectasia* hémorragique héréditaire
Le phéochromocytome
Le *coproporphyria* héréditaire
Le syndrome primaire des antiphospholipides
Le syndrome de reconstitution immunitaire
Le syndrome de Sjögren
Le syndrome de Kelley-Seegmiller
La panencéphalite sclérosante subaiguë
Le syndrome de Korsakoff
La maladie de Von Hippel-Lindau
Le syndrome de Lambert-Eaton
L'encéphalopathie de Wernicke
Histiocytose à cellules de Langerhans
La maladie de Wilsonw

. . . .

House a inventé le syndrome d'Ortoli dans *Le Cœur du problème*.

Que ce soit le sexe, le bonheur, la bonté, l'honnêteté ou simplement la vie, les patients de House ont tous quelque chose de majeur à perdre. C'est chez David Foster un credo : les spectateurs de *Dr House* ont beau savoir qu'il s'agit d'une fiction, l'intrigue doit rester ancrée dans la réalité. Nous ne marchons dans le jeu de House que dans la mesure où il se débat dans des lois qui sont celles de notre monde à tous. En d'autres termes, il doit y avoir des morts.

La maladie ne peut se contenter d'être théorique ou fantas-matique, comme le dit bien Foster : « Si vous ignorez les grandes lois de la nature et de la société, vous êtes perdu, parce que les spectateurs penseront que de toute façon, tout est faux ! »

David Foster a choisi d'étudier la médecine pour une bonne raison : il aime écouter les gens lui raconter leurs histoires. Foster a fait son internat à l'hô-pital Beth Israel de Boston et a exercé en ville pendant quelques années. Par l'intermédiaire de Neal Baer, un ami producteur sur la série *Urgences*, il a fait ses premiers pas dans le scénario TV. Peu à peu, le Dr Foster a viré de bord, puisqu'il s'est mis à écrire à temps complet. Il a été conseiller pour des productions de Hallmark Hall of Fame, des pilotes qui n'ont jamais décollé, et pour *Gideon's Crossing*. Puis, Baer a engagé Foster sur *New York District*. Là, il ne se contente plus de fignoler la terminologie médicale, il écrit des scé-narios entiers ! Sur *Dr House*, à la première saison, il est conseiller médical et scénariste en free-lance. À la deuxième édition, il est embauché comme scénariste.

« J'aime les gens qui voient le monde autrement, cela me plaît d'adopter leur point de vue, dit Foster. J'ai travaillé dans un dispensaire, j'ai dirigé un centre de désintoxication pour prostitués et dealers. Je trouve passionnant d'écouter quelqu'un vous décrire le monde d'une manière qui vous le fait découvrir sous un nouveau jour... Un jour un malade est entré dans mon cabinet et s'est plaint qu'une prostituée lui avait volé son dentier sur sa table de chevet. Vous imaginez un truc pareil ? »

Il se produit quelquefois des dérapages au-delà des limites de la réalité. Dans ces circonstances, le Dr Foster oppose son droit de veto à David Shore : « Je vous ai rarement dit que ce dont vous parlez est impossible. C'est arrivé, d'accord, mais combien de fois ? »

Et l'histoire des seize rates (une idée du conseiller médical John Dosos, dans *Heureux les ignorants*) ? « C'est une très curieuse pathologie, répond Foster. Mais il y a eu un cas. »

De même, dans *La Vérité, rien que la vérité*, le cancer du sein qui se loge derrière le genou de la patiente : « Nous sommes différents des autres séries médicales, indique le Dr Foster. Elles traitent des pathologies courantes ; nous nous spécialisons dans les maladies rares. Sous la double casquette d'écrivain et de médecin, je m'amuse comme un fou. C'est créatif, c'est excitant. Je suis tout le temps sur le fil du rasoir. »

Bobbin Bergstrom est infirmière. Conseillère sur la série, elle est chargée de contribuer à lui préserver un air de réalité, à rendre convaincants les gestes médicaux et à avertir de la douleur qui attend l'interprète-patient avant un examen ou le développement de « sa » maladie. De temps à autre, le scénario la laisse perplexe, mais c'est à elle de trouver la solution pour préserver un certain réalisme à la scène : « Je demande des précisions, pour avoir une explication à donner à Hugh. Les acteurs sont tous très intelligents. On ne la fait pas à Hugh ! Quant à Omar, il me coule un de ses regards, comme pour me dire : "Ah, bon ?" Je m'efforce d'être toujours honnête avec eux. Je ne vais pas tout le temps dire oui, même si nos scénaristes sont brillants et s'ils vérifient tout. »

Parfois, hélas, la réalité imite la fiction. À la lecture du script de l'épisode final de la saison 5, quand elle a vu le syndrome de la main étrangère, elle a fait un bond. Elle n'avait jamais vu ça et ne trouvait rien à ce sujet dans la littérature médicale. N'empêche, elle admet que l'épisode est « magnifique ». Quelques mois plus tard, elle entendra dire que l'épouse d'un homme parmi ses relations est atteinte du même terrible mal. « Ces scénaristes sont de vrais savants », commente-t-elle.

Dr House prend parfois un malin plaisir à taquiner les spectateurs. Dans *Le Divin Enfant*, ils sont menés en bateau par House, qui prétend assister à la première immaculée conception scientifiquement prouvée. Alors qu'il cherche seulement à sauver le futur mariage de sa patiente. « Les gens s'irritent ou sont choqués, commente David Foster. Il y a là un excès d'invraisemblance. »

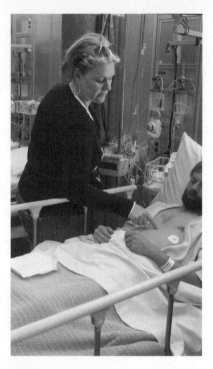

Bobbin Bergstrom prépare un patient.

Les scénaristes ne retiennent pas les histoires qui risquent d'être taxées de peu crédibles par le public. Dans *Faux-semblants,* House soigne une femme qui souffre d'infection après s'être servie de gelée de framboise comme contraceptif. Elle demande à House pendant combien de temps elle doit rester abstinente. House lui répond : « D'un point de vue évolutionniste, je dirais pour toujours. » De quel esprit saugrenu a bien pu sortir une idée pareille ? Ah, mais c'est une histoire vraie, précise Harley Liker, un des conseillers médicaux de la série.

DAVID FOSTER : Il avait une autre histoire du même acabit avec des grenouilles.

QUESTION : Qu'est-ce qu'ils ont fait des grenouilles ?

FOSTER : La même chose qu'avec la gelée.

QUESTION : Une grenouille vivante ou morte ?

FOSTER : Morte, je crois, mais je n'en suis pas sûr.

« C'est trop invraisemblable pour la télé, décrète Foster. On n'arrive pas à croire que c'est vraiment arrivé. Dans la réalité, on n'a pas besoin que cela ait l'air logique, puisque c'est arrivé : c'est comme ça ! »

Parfois, les histoires frôlent le scatologique. Dans *L'Histoire d'une vie,* House goûte du vomi afin de voir si une saveur salée pourrait indiquer un déséquilibre chimique. Quand la jeune rescapée de

> **« Goûter au vomi.
> Je me suis désisté.
> Je ne trouve pas ça drôle,
> ça me dégoûte. »**
>
> —ROBERT SEAN LEONARD

Katrina, atteinte de péristaltisme inversé *(De père inconnu)* se soulage par la bouche plutôt que par le bas, le dégoût est à son comble.

Demandez à Bobbin Bergstrom : « L'intestin qui a explosé au-dessus d'Omar *(Cancer, es-tu là ?)*, ça, c'était beurk. La gamine de Katrina ? C'était difficile. »

Et le patient qui s'était circoncis lui-même avec un cutter *(Leçon d'espoir)* ? Ou encore celui qui, en se servant de son coupe-ongles pour se tailler les poils de nez, s'était collé une mycose dans le nez *(De pièces en pièces)* ?

Bobbin Bergstrom raconte :

« Le coupe-ongles, oui... Vous en voulez une autre ? Un vieux monsieur charmant débarque avec une double infection oculaire assez grave. Il porte un curieux bandeau autour de la tête. Comme je m'intéresse toujours aux gens, je lui ai demandé : "Monsieur, c'est quoi, là, ce que vous avez sur la tête ?" "Oh, me dit-il. Ma femme, elle était beaucoup plus jeune que moi. Elle m'a quitté. Je porte son string en souvenir." OK. Ensuite, le vieux monsieur revient, toujours avec la même infection. Cette fois, c'est autre chose. Mais c'est moi qui ai trouvé : il se grattait les parties aux toilettes, puis se frottait les yeux. Il avait des *E. coli* plein les yeux... La plupart du temps, ce qu'on voit aux urgences, c'est le résultat de jeux sexuels. »

Où les scénaristes vont-ils pêcher leurs idées ? Hormis le Dr Foster, ils n'ont pas passé des années dans des dispensaires et des hôpitaux. Internet est riche en enseignements de toutes sortes sur les maladies les plus obscures. Mais là où il faut un sacré métier, c'est pour intégrer ces questions de santé au fil narratif. Prenons le traitement contre la parasitose dans *Classé X*.

D'après David Foster, le scénariste Eli Attie est fasciné par l'idée qu'un excès d'hygiène nous expose en fait à des maladies auto-immunes et à des allergies : « Nous

> « Il y a des moments où je serre les dents. Par exemple, quand quelqu'un a les testicules qui explosent. Et c'est même pas comme si j'en avais. »
>
> —LISA EDELSTEIN

vivons désormais loin de la terre des champs, dans des villes où nous nous entassons, et nous lavons les mains avec une ferveur quasi morale. L'idée, c'est de donner à l'organisme quelque chose de reconnaissable à combattre (un parasite, dans ce cas des vers), afin qu'il cesse d'attaquer des corps étrangers qui n'existent pas. »

Le diagnostic différentiel consiste à poser des hypothèses sur les causes possibles des symptômes manifestés par le malade, puis à les éliminer jusqu'à différencier un seul diagnostic. Cette méthode est familière aux spectateurs de *Dr House*, puisqu'ils la retrouvent d'épisode en épisode. Une fois qu'il tient son diagnostic, House en général passe tout de suite au traitement – en 45 minutes, on n'a guère le temps à perdre en examens de laboratoire !

« Nous avons plus d'un tour dans notre sac pour faire avancer l'histoire, dit David Foster. Après la théorie vient le traitement, et le malade guérit… ou bien, plus fréquemment, quelque chose d'autre arrive. »

C'est un peu ce qui se passe avec nos propres médecins, en beaucoup plus grave !

« Les examens cliniques sont normalement indispensables au diagnosticien. Nous contournons le problème en faisant dire à House que l'urgence impose un traitement immédiat : "On peut attendre les tests complémentaires, ou on peut tout de suite vous donner des médicaments." Nous nous trompons souvent, mais rarement au point d'aggraver les choses. »

En fait, il s'agit d'un système, d'un processus.

« House ne donnera jamais la réponse tout de suite. Il lui faut procéder étape par étape, jusqu'à ce qu'il trouve la solution de l'énigme. »

Si House guérissait les cas les plus compliqués sans le recours au diagnostic différentiel, on ne serait plus dans *Dr House*, mais dans *Les Anges du bonheur*.

Ici, le scénariste est parti d'un cas médical pour construire son intrigue. D'autres fois, il cherche des situations propres à montrer des traits de caractère des protagonistes. Pour écrire l'épisode *L'Enfant miroir*, Russel Friend et Garrett Lerner, producteurs exécutifs et coscénaristes, ont ainsi déroulé le fil du récit à l'envers, à partir de la célèbre photo de Michael Clancy d'un fœtus attrapant le doigt d'un chirurgien au cours d'un opération *in utero*. House, au moment où le fœtus lui serre le doigt, a un moment d'émotion très forte qu'il dissimule par un bon mot: «Oups. J'ai oublié de déclencher le TiVo d'*Alien*.»

En écrivant *Heureux les ignorants*, David Hoselton cherchait quelque chose qui «baisserait le volume du cerveau». L'alcool était une bonne solution, mais c'était trop évident pour *Dr House*. Un sirop pour la toux, voilà qui était plus sioux! Tout le monde en a dans sa pharmacie. Les drogués s'en servent, c'est un fait méconnu. La menace sous-jacente à des objets familiers constitue du bon matériau pour une histoire.

David Foster a lu dans le *New England Journal of Medicine* un article sur ce qui peut arriver quand on avale un cure-dents *(Une aiguille dans une botte de foin)*. C'était parfait. «J'ai effectué quelques recherches. C'est un incident qui se produit assez souvent. Curieux, mais vrai. Je me suis dit que c'était une bonne idée pour la série. Une maladie intéressante pour un Roméo et Juliette avec le cure-dents comme moteur de l'intrigue.» Foster a écrit une histoire où House diagnostique le diabète chez un homme en observant qu'il n'a pas un poil sur les mains, que ses chaussures sont trop serrées et qu'il a sur sa chemise des miettes de pâtisserie *(Vivre ou laisser mourir)*. Dans la première mouture de la scène, House établissait son diagnostic en recourant à des moyens plus classiques. D'après David Foster, David Shore l'avait mis au défi de trouver quelque chose de plus dramaturgique. Après s'être dit que c'était impossible, Foster avait réuni ces signes cliniques qui permettaient à House de faire usage de son pouvoir de déduction.

Les scénaristes sont conscients que les maladies mises en scène dans *Dr House* frappent parfois dans la réalité. Les malades qui en sont atteints sont peut-être contents qu'on parle de ce dont ils souffrent, surtout quand il s'agit d'une pathologie rare. Ils peuvent se dire que la publicité la fera connaître au grand

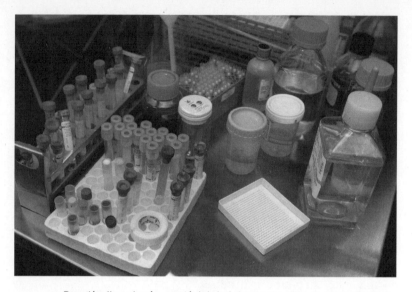

Des détails soignés : matériel du laboratoire d'anatomopathologie.

public et encouragera par conséquent la recherche dans ce domaine. Quand l'intérêt de House est éveillé, le nôtre l'est aussi, forcément.

Même s'ils s'accordent quelques nécessaires libertés avec la question temporelle – les maladies se développent à une vitesse-éclair, les examens s'effectuent avec une célérité jamais vue –, les scénaristes tentent de restituer le plus fidèlement possible la réalité clinique. Après avoir lu dans la presse l'histoire de l'hospitalisation mouvementée d'un enfant autiste, David Hoselton écrit dans *Dans ses yeux* : « Nous avons fait un énorme travail de documentation, nous avons engagé quelqu'un qui s'occupe d'enfants autistes, nous avons visité une école, énumère Hoselton. On ne voulait pas en parler à la légère, on tenait à être exact. Si on se plantait, les parents auraient été horrifiés. »

Dans *Comme un chef*, la maladie diagnostiquée est la maladie de Fabry, une pathologie héréditaire provoquant des dépôts anormaux d'une substance graisseuse dans les cellules. Une maladie très rare, touchant 1 personne sur 117 000. Si rare, en fait, que si vous commencez à manifester des symptômes à l'âge de dix ans, il faudra en moyenne attendre vingt-huit ans pour que le diagnostic en soit posé. Après la diffusion de l'épisode, David Shore fut contacté par un patient souffrant de ce mal : il espérait que les informations données par *Dr House* contribueraient à faire reconnaître la maladie de Fabry par son gouvernement (il était canadien) et d'activer la recherche d'un traitement.

Dr House cultive des liens privilégiés avec l'Alliance nationale sur les maladies mentales (la NAMI). Cette dernière a reconnu que la série concourt à atténuer les préjudices contre les affections mentales. « Tout le monde ment », disent *Dr House* et la NAMI, mais les malades mentaux ne mentent pas plus que les autres. Quant au lupus, même si dans la série, ce n'est presque jamais lui qui est le « vilain », les associations de personnes atteintes de cette maladie auto-immune ont remercié *Dr House* de l'avoir fait mieux connaître.

Cela dit, la série n'a absolument pas vocation de service public ! Mais c'est tant mieux si, en regardant un épisode ou un autre, quelqu'un assimile une information qui lui permettra de mieux prendre soin de lui-même et des siens – comme veiller à vacciner ses enfants (dans *Test de paternité,* House dit à un parent que les cercueils d'enfant se font dans tous les coloris) ou éviter de donner à manger à son bébé des aliments crus (« Si seulement ses ancêtres avaient percé les secrets du feu », dit House aux parents dans *Sacrifices*), ou bien encore ne pas tenter de se circoncire soi-même.

Quand quelqu'un possède une connaissance de première main d'une maladie, son premier réflexe est souvent de se dire : « Ce n'est pas comme ça que je le vis. Ce que je vois sur l'écran n'est pas ce qui m'est arrivé à moi. »

À quoi David Foster répondrait : « Tout à fait. C'est une série télévisée sur des cas rarissimes. Sinon, d'autres médecins auraient trouvé, et House ne serait pas entré dans la danse. On s'intéresse aussi aux pathologies banales qui présentent des signes et des symptômes tout à fait bizarres, mais qui en revanche donnent l'impression aux spectateurs que cela pourrait aussi leur arriver. »

Les conseillers médicaux et les scénaristes redoutent-ils le jour où ils auront épuisé les réserves de cas extraordinaires? Eh bien, non. Car si nous sommes des êtres disposant d'une gamme infinie de mensonges et de trahisons, nos corps ne sont pas en reste. La maladie courante a parfois l'art de se déguiser sous les symptômes les plus incongrus, ce qui n'a rien de rassurant, avouons-le. («Je ne savais pas qu'avoir mal à l'oreille pouvait signifier que j'avais une crise cardiaque.») Surtout que le cas est très fréquent! «Ce qui est mauvais pour l'humanité est bon pour nous, plaisante le Dr Foster. Dans un avenir lointain, on aura trouvé la clé de bien des mystères médicaux. House est juste un personnage fascinant.»

David Foster n'est pas toujours aussi sûr de lui: «Le deuxième épisode qu'on a tourné après le pilote a été *Cherchez l'erreur,* dit-il. À la fin, je me suis dit en soupirant: "J'ai vidé mon sac à histoires. Je me suis servi de toutes mes infos. Je n'ai plus rien dans les mains. C'est terminé pour moi." Six saisons plus tard, il a la preuve du contraire. Pourtant, sur le moment, "c'était effrayant. Je me sentais vraiment comme ça. Je ne sais pas comment on a pu continuer."»

7

DANS LA TÊTE DE DAVE MATTHEWS

☒ Les trucages médicaux

«On a gardé la tête de Dave Matthews après un épisode
où on lui trépanait le crâne. Ils ont moulé son visage. Il est
très ressemblant. On en avait trois; on lui en a donné une.
Il y a une photo de lui avec sa tête. C'est assez macabre.»

—MIKE CASEY

En plus de leurs talents d'accessoiristes, Tyler Patton et Mike
Casey sont les auteurs des effets spéciaux médicaux que l'on peut
voir dans tous les épisodes de *Dr House*. Ils travaillent en tandem.
Les médecins se trouvent souvent obligés de trépaner le crâne
du malade qui leur donne tant de fil à retordre. Ils se servent
de ce qui ressemble à s'y méprendre à un modèle courant de
perceuse, sauf qu'ils n'ont aucunement l'intention de monter des
étagères. Les scénaristes et le réalisateur informent Tyler et Mike
des effets qu'ils attendent.

« On veut savoir s'ils veulent qu'on ouvre le crâne et que des
flots de sang giclent partout… c'est un de leurs préférés… pas de
souci! »

À la réunion spéciale des accessoiristes avant le tournage,
l'équipe discute des effets attendus. Parfois, il est plus simple de
s'adresser à Elan Soltes, le directeur des effets spéciaux, et à son
département des effets visuels (VFX), et d'ajouter la scène de la

trépanation en post-production. On demande par exemple qu'une bouillie d'os, de sang et de cervelle gicle pendant que le trépan fore la boîte crânienne. Tyler et Mike ont un trépan en caoutchouc dont ils font usage lorsqu'ils doivent se rapprocher de la tête d'un acteur. Pour les plans de coupe, ils utilisent un crâne rempli de cervelle et recouvert de fausse peau. Et hop, c'est parti pour une biopsie !

QUESTION : Avez-vous des faux cerveaux en stock ?

TYLER PATTON : On a des spécialistes, on les appelle, ils nous font du cerveau. On a un tas d'astuces, c'est vrai. Si on nous dit : « On veut ça tout de suite ! », Mike file au supermarché acheter une lasagne pendant que je m'occupe de tapisser la salle d'op' de rideaux. On y arrive toujours.

Elan Soltes et les effets spéciaux étaient autrefois plus sollicités qu'aujourd'hui dans les séquences de voyage à l'intérieur du corps humain. Ils se servent naturellement beaucoup du numérique. Elan se sert aussi de maquettes. Son premier voyage à l'intérieur d'un corps de la saison 6 survient lors de l'épisode intitulé *Le Cœur du problème* : un policier est convaincu qu'il meurt d'une crise cardiaque parce que c'est ainsi que son morts tous ses aïeuls. Elan s'appuie sur une maquette pour montrer comment un anévrisme au cerveau peut grossir jusqu'à bloquer le nerf qui envoie des signaux au cœur. L'image nous transporte au long du nerf jusqu'à l'intérieur de la cage thoracique, où le cœur bat de plus en plus lentement, puis s'arrête.

Voici comment Elan Soltes explique le trucage :

« J'ai commandé la maquette d'un tronc cérébral où l'on pouvait filmer l'anévrisme en train de grossir : une capote peinte en rouge que l'on gonflait contre un morceau de latex qui figurait le nerf. Avec le latex, on fait des merveilles. »

La maquette du tronc cérébral mesure 60 centimètres carrés, de façon qu'une caméra puisse tenir à l'intérieur.

Il y a une autre maquette de crâne figurant un cuir chevelu irrigué par des vaisseaux sanguins : la caméra doit pouvoir s'y enfoncer. Ils utilisent aussi une autre maquette de crâne, plus celle du tronc cérébral. Elan a par ailleurs sous la main une maquette de cage thoracique plus grande que nature avec un cœur dont les battements sont actionnés par une pompe, et des poumons qui s'élèvent et s'abaissent. Grâce à une couche d'épaississant alimentaire, les viscères ont l'air vrais. Alan s'aide de livres d'anatomie, mais quand l'intrigue l'impose, il s'autorise des libertés. « L'anévrisme de ce type aurait mis des mois, que dis-je ? des années à grossir », fait-il observer.

Le problème, c'est comment montrer l'intérieur d'un corps ? C'est une caverne tellement noire ! Elan se rappelle qu'enfant il s'amusait à poser à plat sa main sur sa lampe de poche pour voir ce qu'il y avait dedans en transparence. Pour retrouver cet effet, il éclaire ses corps à travers plusieurs couches de latex. Il est en outre difficile pour le spectateur, une fois à l'intérieur, de s'orienter. Aussi prend-il soin de faire des sauts à l'extérieur afin de localiser les lieux internes. Les maquettes qu'il fabrique sont d'un réalisme saisissant. Presque effrayant.

« Un jour, on a reçu des critiques et on m'a demandé de faire un démo, raconte Elan. J'apporte quelques maquettes, et voilà qu'une nana se met dans tous ses états et m'accuse de voler des cadavres. J'ai nié, bien entendu… »

....

Le bloc opératoire de l'hôpital Princeton-Plainsboro, reconstitué dans les studios de la FOX, se révèle d'un réalisme tout aussi étonnant. Le coordinateur de la fabrication des décors s'est procuré le gros matériel médical, comme la machine IRM, auprès de firmes spécialisées. L'accessoiriste Natalie Pope est chargée des plus petites pièces, comme la gamma-caméra, un appareil de scintigraphie. Comme on ne pouvait pas s'en servir sur un lit d'hôpital normal, il a fallu qu'elle commande un lit spécial. « J'en ai trouvé un d'occasion, dit Natalie, mais c'est le modèle exact. » « Quand il y a un nouvel appareil dans le scénario, dit Mike Casey, on se demande d'abord ce que ça peut bien être que ce truc ! De deux choses l'une : on se débrouille pour se le procurer chez le fournisseur, ou bien on en construit une réplique. Comme les fabricants tiennent parfois à ce qu'on se serve de leurs produits selon le strict mode d'emploi, il arrive qu'une machine soit modifiée de sorte qu'on ne puisse pas l'identifier. »

QUESTION : Quel accessoire a été le plus difficile à trouver ?

MIKE CASEY : Le protecteur buccal utilisé pour les électrochocs. On en avait fait fabriquer un, mais il avait un goût atroce à cause du caoutchouc. Et avec les vrais, c'était encore pire.

Plus inquiétants encore que ces gros dispositifs médicaux : les endoscopes dont l'accessoiriste possède toute une collection. En particulier celui qui est monté sur un vidéoscope, dont on glisse l'embout dans la bouche du patient. Les images du vidéoscope piloté par un chirurgien s'affichent sur un poste de travail informatique. Il peut y être adjoint, à travers le tube de l'appareil, des instruments chirurgicaux pour effectuer des prélèvements (biopsie) ou introduire du liquide ou du gaz dans des endroits inaccessibles. Ce matériel est si coûteux que la fabricant a envoyé quelqu'un sur le plateau pour en faire la démonstration. Tyler a aussi bricolé un endoscope à partir de pièces trouvées sur eBay. Les mécaniciens se servent apparemment d'engins similaires pour diagnostiquer les pannes de voiture. Tyler et Mike ne se serviront jamais d'un vrai endoscope sur un acteur : toujours d'un faux.

Le patient est étendu sur la table d'opération. On lui place un faux endoscope dans la bouche. Pendant que le praticien tient le tube en place, sous la table, hors de vue de la caméra, Mike bouge la gaine, de sorte que le tube paraît entrer, puis sortir du corps du patient. Si jamais il faut retirer en urgence l'endoscope de la bouche du patient, Tyler et Mike ont un endoscope spécial en caoutchouc qui peut être enlevé en un clin d'œil. Ensuite, Elan Soltes se chargera de donner l'impression que le tube sort de l'estomac du personnage.

« **Les scalpels** : il y en a qui sont sans danger, pour la simple raison qu'ils sont en caoutchouc. On en a aussi des vrais, parce que de temps en temps, on est amenés à couper des trucs. Mais à le voir, on ne voit pas de différence. N'empêche, chaque fois que l'on s'en sert, même si c'est juste pour le poser, même si c'est sans aucun danger, quelqu'un est chargé de s'en assurer avant de le tendre à l'acteur. Il vaut mieux se couper soi-même que de risquer une éventration accidentelle ! »

—TYLER PATTON

Tyler et Mike sont passés maîtres en biopsies convaincantes. Mettons que, sur le plateau, deux médecins effectuent le prélèvement de tissus. L'un surveille le moniteur pendant que le second pique le patient. En postproduction, les techniciens se serviront de la vidéo en play-back pour insérer sur l'écran les images appropriées. Le médecin numéro 2 rapproche le tube creux équipé d'une pointe de la peau du patient, et au moment où l'appareil touche la peau, l'aiguille se rétracte à l'intérieur du tube. Cet instrument de torture est en acier inoxydable. « Le nouveau réalisateur en voulait un modèle vraiment horrible », commente Tyler en levant l'engin moyenâgeux qui brille dans la lumière. Les acteurs ne peuvent s'empêcher d'avoir peur en voyant l'aiguille s'approcher.

La même technique est appliquée pour différentes sortes de pompes à aiguille rétractable. Certaines sont montées de manière à se remplir de liquide quand on tire sur le piston.

« Ces seringues rechargeables coûtent environ 800 dollars pièce, parce qu'elles sont petites et précises, dit Tyler. On en a de toutes les tailles, 20, 10, 5, 3 cc. 4 par catégorie... Pour la saison 1, on n'avait qu'une seule seringue rétractable, une 5 cc. Notre stock ne cesse d'augmenter. »

En général, au bloc, il y a du sang. Dalia Dokter, la maquilleuse des effets spéciaux, a sous la main différentes sortes d'hémoglobine. Elle consulte la conseillère médicale Bobbin Bergstrom et le Dr David Foster : ont-ils besoin d'un sang sombre, clair ? Cela dépend des situations. Il y en a un dont Dalia se sert souvent : elle l'appelle « mon sang ». C'est son préféré, parce qu'il ne tache pas. S'il faut faire trois ou quatre prises de la scène, qu'à cela ne tienne, elle l'essuie et le remet. Quant au « sang de bouche », on peut l'avoir sans risque dans la bouche. « Je pourrais m'en servir pour les coupures, mais il est réservé à la bouche, précise Dalia. Vous pouvez en avaler un peu, mais n'en mettez pas sur vos frites. » Parmi leurs collections de perfusions et de poches d'urine, Tyler et Mike ont leur propre réserve d'hémoglobine. Comme Dalia, ils en ont de nuances et de consistances différentes. Ils ont du sang sombre à pomper, du sang de bouche sombre, du sang aqueux qui coule facilement. Ils ont du sang qui coagule et du « sang en gel » qui porte l'étiquette «ingestion sans danger». «Ce qu'il faut toujours avoir sous la main, ce sont des lingettes pour bébés, dit Mike. C'est ce qu'il y a de mieux pour nettoyer le faux sang.»

Une des tâches qui incombent à Bobbin Bergstrom consiste à montrer aux acteurs comment jouer telle ou telle scène médicale. C'est essentiel, si l'on veut que la situation ait l'air réaliste. Pour toutes les scènes qui se déroulent dans une salle de consultation ou dans une chambre de l'hôpital, ou même dans le bureau de House quand il s'injecte quelque chose, Bobbin doit être à disposition pour toute question susceptible de se poser. Elle peut glisser un mot à un acteur, ou donner une idée au réalisateur. Il est essentiel que l'acteur connaisse le degré de douleur qui l'attend lors d'un examen, d'une intervention ou d'une crise. Comment un malade va-t-il se sentir après une dialyse? S'il a une crise d'épilepsie ou une angine de poitrine, comment ces symptômes vont-ils se manifester? «Ils ne se serrent pas toujours la poitrine quand ils ont une crise cardiaque, fait remarquer Bobbin. On peut la ressentir de toutes sortes de manières différentes.»

«Je devrais demander à mon comptable de déduire de mes impôts le prix des consultations médicales, parce que quand je vois mon médecin, je bosse. Quand ils me prennent ma tension ou me font une prise de sang, je les observe attentivement. Je n'aime pas qu'on me donne ensuite une leçon. Jouer une scène médicale, c'est très dur, car il faut tout garder en tête et être prêt à tout répéter au mot près. Un médecin vous prélève un peu de sang sans y penser. Je veux que ce soit pareil pour moi. Il faut que cela me vienne naturellement. Tout le monde le fait à sa façon, moi je le fais à la façon de Bobbin.»

—PETER JACOBSON

Tous les amateurs de séries hospitalières ont vu des centaines d'électro-encéphalogrammes plats.

«Automatiquement, quand un spectateur voit que le tracé est plat, il se dit: "Ah, maintenant, le défibrillateur!"», dit Bobbin. En fait, suivant les dernières directives, le protocole consiste à administrer des médicaments avant d'appliquer des compressions thoraciques. Afin de maintenir la crédibilité médicale, il est avisé de s'adapter aux nouveautés. Bobbin est là pour doser la douleur. Un examen qui a priori semble affreusement douloureux, comme une biopsie de moelle osseuse, ne l'est pas tant que cela parce qu'il est pratiqué sous anesthésie locale. Une ponction lombaire, en revanche, un examen courant dans *Dr House*, est toujours très douloureuse, comme toute personne en ayant subi une peut en témoigner.

« Je raconte au patient ce qu'il doit éprouver, et le réalisateur me dit : "Un peu plus" ou "Un peu moins", dit Bobbin. Souvent, ils en veulent plus, parce qu'il leur faut du drame. »

De même, les spectateurs savent d'avance ce qui va se passer quand ils entendent un moniteur se mettre à faire *biiiiiip!* De nos jours, ce sont des effets ajoutés en post-production en même temps que les images sur les écrans. Bobbin les fournissait autrefois elle-même, en se passant le brassard du tensiomètre autour du bras et en le branchant sur le moniteur de fréquence cardiaque. Sur le plateau, un technicien est chargé de mimer hors champ l'électro-encéphalogramme plat, afin que les acteurs puissent réagir à l'instant approprié.

À en croire Bobbin, il n'est pas facile pour un acteur de rendre sa mort crédible. On repère tout de suite dans un film une scène de mort ratée, quand on voit quelqu'un se laisser tomber sur un lit, soi-disant inanimé. Pour éviter cet écueil, le personnage saignera abondamment au bloc, puis on le retrouvera sur une civière en route pour la morgue ou la salle d'autopsie. Le moment de la mort a été esquivé.

James Earl Jones, dans la peau du dictateur Dibala, a tourné une scène d'agonie extraordinaire. Arrêt cardiaque. Défibrillation. Le réalisateur a ajouté de la musique pour accentuer le côté dramatique.

– Il a cessé de bouger après le défibrillateur. Il était clair qu'il était mort, dit Bobbin. Mais au lieu du dernier râle et pouf, la scène s'est prolongée, empreinte de tristesse, réaliste, très belle. Alors qu'en général, le spectateur se désintéresse très vite de ce genre de scène.

QUESTION : Recevez-vous des visites dans votre bureau de gens qui ferment la porte et vous disent : « Tu peux regarder ce que j'ai » ?

BOBBIN BERGSTROM : Oui, et ce n'est pas toujours agréable pour moi, surtout de la part de gens avec qui je travaille. Mais la plupart du temps, cela m'est égal : ils cherchent à être rassurés.

À deux reprises, les capacités médicales de Bobbin ont été sollicitées sur le plateau pour un cas réel. Sur une autre série, un technicien était tombé d'une passerelle. Elle l'a stabilisé en attendant l'arrivée des secouristes. Un jour, un acteur a eu un malaise cardiaque sur le plateau de *Dr House*. Bobbin s'est occupée de lui jusqu'à son évacuation à l'hôpital. Il est revenu travailler le lendemain. Bobbin raconte qu'elle avait allongé l'acteur dans un coin où du faux sang avait été répandu par terre. Une infirmière lui a demandé s'il s'était cogné la tête.

« Quand il a fait son malaise, les deux personnes qui étaient à côté de lui se sont contentées de le fixer d'un air étonné, ajoute-t-elle. Ils ont vérifié dans le script. Moi-même, j'ai failli rester paralysée ! »

« Quand on voit un personnage, on
ne sait pas toujours quelles sont ses
motivations, où il veut en venir et ce qu'il
ressent vraiment. Tout le drame vient de
là. Et c'est cela la comédie. C'est du pur
divertissement. C'est pour cela que l'on
veut voir des acteurs en costumes.
À cause de cette tension. »

–Peter Jacobson

TAUB

Peter Jacobson

Chris Taub a failli disparaître au bout de cinq minutes, lors du processus de sélection de *Dr House* au début de la saison 4. En effet, il se trouve à la rangée D, que le Dr House élimine arbitrairement lorsque Cuddy lui fait savoir qu'il y a trop de candidats. Mais il est immédiatement rappelé lorsque House se rend compte qu'il a éliminé une femme séduisante. La première contribution de Taub est de suggérer à House de procéder à une augmentation mammaire sur une future astronaute de la NASA, afin de maquiller son opération des poumons. Taub lui dit que les personnes qui ont de grands rêves n'ont que faire de la moquerie d'autrui (*Le Boulot de ses rêves*). Et c'est ce dont Taub va avoir besoin. Il montre qu'il en est capable durant l'épisode *Trop belle, trop bête ?* avec l'enfant qui a une grosse protubérance sur la tête. Le traitement de l'enfant est filmé dans l'objectif de faire un documentaire, et alors que les autres membres de l'équipe restent silencieux devant la caméra, Taub s'exprime et remet en question le diagnostic de House. House le vire ; mais Cuddy le réembauche, et Taub prend la tête de la compétition.

« **Le premier épisode** où l'on apprend à connaître Taub est *Trop belle, trop bête ?* avec le type et sa protubérance en forme de brocoli sur la tête. On savait que mon personnage avait été chirurgien esthétique, et on était en plein dedans. Un peu avant de filmer cet épisode, ils avaient invité un fameux chirurgien esthétique de L.A. pour parler avec les auteurs. J'étais présent à cette réunion. C'était vraiment amusant de voir ce grand chirurgien face aux auteurs qui le harcelaient de questions pour leurs recherches. »

—PETER JACOBSON

Taub est ainsi : sûr de lui, un peu sournois et très désireux de faire partie de l'équipe.

« **Ce qui est** intéressant avec Taub, c'est que même s'il a fait une grande carrière en tant que chirurgien esthétique à New York, où il faisait surtout des augmentations mammaires et autres interventions chères aux gens fortunés, c'est un très bon docteur. J'aime à penser qu'il n'a peut-être pas seulement fait de la

chirurgie esthétique, qu'il a pratiqué d'autres formes de médecine et que c'est un praticien très, très intelligent. »

—Peter Jacobson

Curieux, House se renseigne en appelant son ancien cabinet. Taub est
marié, mais s'est fait surprendre avec la fille de son associé et a été obligé
de partir.

« Certaines personnes se bourrent de petites pilules. Moi je suis infidèle.
Chacun ses vices, lui répond Taub. »

Ce dernier a désormais l'honneur douteux de bénéficier de l'estime de
House. House connaît un de ses secrets et peut le torturer ; il ne se donnerait pas cette peine pour quelqu'un d'ennuyeux. House lui dit qu'il n'est pas
un vrai docteur. Bien plus tard, dans *Personne ne bouge !*, lorsque Foreman lit
le dossier de Taub, on découvre qu'il a démarré une brillante carrière très
jeune – il a été publié dans le *New England Journal of Medicine* à trente-six
ans. Peut-être essaie-t-il de continuer sur le chemin de la gloire.

> **QUESTION** : House est dur avec Taub. Après tout, il est humain...
>
> **DAVID SHORE** : C'est un coureur de jupons.
>
> **QUESTION** : Mais on parle d'une fois ou de plusieurs ?
>
> **SHORE** : Je pense de très, très nombreuses fois. Et c'est ce que
> je trouve intéressant, parce que je pense qu'il aime vraiment sa
> femme et qu'il n'a pas envie de la tromper. Mais il se retrouve
> dans certaines situations, prend de mauvaises décisions, et le
> regrette.

Taub est un peu plus âgé que la plupart des autres membres de l'équipe.
Cuddy reconnaît le fait qu'il puisse tenir tête à House. House dit à Cuddy
qu'il a engagé Taub justement pour cette raison *(Les Jeux sont faits)*. Taub fait
partie de l'équipe, il est satisfait, mais il y a visiblement des tensions chez lui
avec sa femme Rachel (Jennifer Crystal). Et elle lui cache aussi des choses :
dans *Flou artistique*, Lucas découvre qu'elle a quatre-vingt-trois mille dollars
sur un compte secret. Elle lui offre une Porsche, ce dont il a toujours rêvé.
Lorsque Rachel l'offre à Taub, il lui dit : « Il faut qu'on parle. »

Il est évident que Taub gagne beaucoup moins d'argent que lorsqu'il
avait son cabinet privé, ce qui est une autre source de tension à la maison.
Dans *Manger, bouger*, Taub fait en sorte de pouvoir investir dans 30 % des

actions de la Clinique de Seconde Opinion en ligne de Kutner, avant d'être surpris par House. Et dans *Un chat est un chat,* il se fait presque avoir par un arnaqueur. Taub est un homme qui tente de mettre tous les avantages de son côté. Compte tenu de sa réaction violente, Taub est visiblement très choqué par la mort de Kutner. Dans *Sans douleur,* Taub et Kutner parlent de suicide. Taub dit qu'un de ses collègues a essayé de se tuer et qu'il regrette de ne pas avoir davantage essayé de l'en empêcher. Kutner devine qu'il s'agissait en fait de lui-même, mais Taub le nie.

Dans *Brouillages,* Taub se joint à Numéro 13 et à Chase pour faire croire à Foreman qu'il gagne moins d'argent qu'eux. À la fin, ils décident de sacrifier une partie de leur salaire pour que Foreman bénéficie d'une augmentation. «La phrase: "Alors c'est qui le patron?" me vient aux lèvres», dit Foreman. Taub devra expliquer tout ça à sa femme...

Dans le processus de se faire virer et se faire réembaucher, Taub est plutôt dans le camp de Numéro 13, qui veut travailler pour House; à l'opposé de Chase et Foreman, qui doivent travailler pour House. Lorsque House s'absente et que Foreman prend la tête de l'équipe, Taub démissionne et retourne à la chirurgie esthétique. «Je suis venu ici pour travailler avec House», déclare-t-il *(Comme un chef).*

> **«Quand on m'a** dit que j'allais démissionner, j'ai dit: "OK, mais pourquoi?" Je savais que ce ne serait pas définitif. On m'a présenté la chose avec l'air de dire: "On veut juste faire bouger un peu les choses." Et c'est un bon événement dramatique. Cela rend plus profond le conflit que je traverse dans ma vie. Démissionner, revenir, et revenir encore une fois rend la relation avec ma femme d'autant plus difficile.»
>
> —PETER JACOBSON

Lorsque House veut reformer son équipe, Taub, tout comme Numéro 13, sont des proies faciles *(Classé X).* House donne à Taub et Numéro 13 (qui ont l'air totalement indifférents) les informations sur l'acteur de porno, et ils font le diagnostic. La chirurgie esthétique du nez et des pattes d'oie, cela n'a rien d'excitant, mais c'est ici que ça se passe. Taub veut revenir. Qu'en est-il de sa femme? «J'ai réorganisé ma vie pour pouvoir passer plus de temps avec elle, mais apparemment je ne l'aime pas autant que je le pensais.» L'idée de revenir à Princeton-Plainsboro n'est pas vraiment bien vue à la maison. Taub passe Thanksgiving à l'hôpital. «La vie est trop courte pour penser à l'argent, dit Taub. Elle est bien contente de se priver de quelques petites choses. Comme le sexe.» *(Heureux les ignorants.)* Ainsi, Taub continue à faire des siennes. Dans *Je suis vivant*, il s'approprie le diagnostic de Kutner. House est satisfait de son initiative.

Taub doit souvent se réconcilier avec sa femme. Dans *À la recherche du bonheur*, Taub dit à Rachel qu'il veut avoir des enfants. Ce n'était pas le cas avant, mais il a changé d'avis. Mais elle refuse. Peut-être a-t-elle consenti à davantage de compromis que lui. Lorsque Chase donne un coup de poing à House, Taub prend une photo, la montre à sa femme, et dit que c'est lui qui a fait ça: elle répond amoureusement. Taub déclare qu'il a dit ses quatre vérités à House. Comme si c'était le cas! Encore un mensonge que House apprécierait.

> «Il a une personnalité assez impulsive et son éthique n'est pas toujours parfaite, mais c'est une personne qui veut faire le bien, qui essaie d'être le meilleur médecin possible et qui veut passer du temps avec sa femme. C'est un coureur de jupons qui reste avec son épouse, l'homme de famille qui a un vice. C'est une dynamique intéressante. Il y a pas mal de personnalités publiques qui présentent des points communs avec lui.»
>
> —David Foster

Taub et Rachel sont en crise dans *Black Hole*: «Chris, je t'aime, mais si tu continues à me parler comme si j'étais le témoin dans un procès, je te tors le cou! dit-elle.»

Alors que Rachel se plaint du fait qu'ils ne font plus assez de choses ensemble, les collègues de Taub sont sûrs qu'elle pense qu'il est encore en train de la tromper. Il jure que ce n'est pas le cas, mais est-ce qu'un coureur de jupons peut changer sa réputation? Comment peut-il le prouver? Taub essaie, il invite Rachel au travail. Et alors qu'ils se bécotent dans le garage, House les interrompt. Taub la redemande alors en mariage, idée approuvée par House: «Tant mieux pour vous!» Mais House voit ensuite Taub parler à une infirmière, Maya, qu'il a vraiment l'air de connaître. Taub lui touche le bras. Le dicton de House sur l'impossibilité de changer est encore une fois confirmé.

Lorsque Taub découvre que leur patiente, Julia, vit un mariage libre *(Permis de tromper)*, Taub est intrigué. Tous les arguments de Julia rejoignent ceux de Taub pour laisser libre cours à son vice. « On a décidé que les choses marchaient mieux si on se disait la vérité », dit Julia qui ne regarde visiblement pas *Dr House*. House fait en sorte que Taub doive passer la nuit à faire passer des tests à Julia. Elle dit qu'elle ne consentira à aucun sacrifice, qu'elle a besoin de ces 10 % que Tom, son mari qu'elle aime, ne peut pas lui donner. Alors, elle va les chercher ailleurs. Le petit diable sur l'épaule de Taub prend note. On voit une fois encore Taub flirter avec Maya, même s'il prétend qu'il ne se passe rien.

Taub décide de proposer à Rachel d'adopter le style de vie de Tom et Julia, et on peut voir à l'avance la catastrophe qui va s'ensuivre. Rachel pense immédiatement qu'il la trompe. Mais plus tard, en décrétant que ce qu'elle ne supporte pas, c'est le mensonge, elle propose à Taub le même arrangement (ce que House appel le « ticket gagnant ») assorti de quelques conditions. « Tu veux plus que moi, dit-elle. Tu as besoin de ce sentiment excitant. » Mais avant que Taub ne puisse mettre tout cela en application, Rachel l'arrête. Elle ne peut pas gérer ça. « Je suis un imbécile, lui dit-il. Je n'ai pas besoin d'autre chose. J'ai juste besoin de toi. » Taub vit réellement dans le conflit. Quand il dit quelque chose comme cela à Rachel, c'est qu'il le pense. Mais lorsqu'il rencontre Maya plus tard dans le parking, il ne peut pas s'empêcher de l'embrasser, puis de partir avec elle en voiture.

Dans *Le Copain d'avant*, House empêche Taub d'organiser des rendez-vous secrets avec Maya, même s'il est censé avoir reçu le ticket gagnant. Taub arrête là son aventure et remercie House d'avoir sauvé son mariage, mais ce n'était pas l'intention de House. De toute façon, il est certain que Taub ne sera pas capable de renoncer à ses habitudes ; on ne sait pas vraiment s'il en a le désir, d'ailleurs.

Peter Jacobson, à propos de ... Taub

QUESTION : Le défaut de Taub a-t-il une telle importance, dans le monde de House ?
– Je ne crois pas. C'est juste un défaut situé au-dessous de la ceinture. Faire partie de ce courant si commun est assez amusant à jouer... Pour moi, c'est plus intéressant lorsque les per-

sonnages, surtout quand c'est le mien, se font prendre. C'est là que se trouve la tension.

QUESTION : On ne voit votre mariage que dans des situations très tendues.

– Chaque fois qu'on voit mon appartement et ma femme, je suis toujours un peu tendu. La série est celle de House et la nôtre, et je ne crois pas que la série pourrait survivre sans les vicissitudes de ses personnages. Mais je crois qu'ils font bien de ne pas trop s'étendre sur la question. Si ce qui se passe hors de l'hôpital prend de l'importance, je crois que cela doit être lié à House ; autrement, je ne vois pas vraiment en quoi c'est intéressant. Au mariage de Chase et Cameron, il y a quelques plans de ma femme et moi assis dans l'assistance. C'est la seule fois où ils nous ont montrés sans nous intégrer à l'histoire. C'est tout ce dont on a besoin concernant ce mariage.

QUESTION : On voit que ne vous pouvez pas vous tenir loin du puzzle.

– Peu importe ce qui se passe. C'est un médecin très curieux et très intelligent. Peu importe s'il s'en prend plein la figure, au final, Taub veut toujours comprendre ce qui se passe et il veut gagner. Pas nécessairement être House, mais être celui qui trouve la solution.

QUESTION : Est-ce qu'il a un bon rapport avec les gens ?

– On ne voit pas vraiment son comportement au chevet des malades. Dans *Trop belle, trop bête ?* il y a plusieurs plans qui montrent qu'il n'est pas l'homme le plus chaleureux du monde, il montre de l'affection, de la douceur et une certaine compassion face à cet enfant parce que c'est un homme qui a déjà vécu, qui connaît bien son métier et qui sait comment s'y prendre. La bonté nécessite de l'empathie. Et mon personnage vit plusieurs conflits, comme la question de l'infidélité ou celle du suicide ; c'est un humain vivant dans le monde, et qui ressent des émotions. Je ne crois pas que quiconque puisse être un robot.

QUESTION : Taub va-t-il devenir quelqu'un d'important ?

– Je ne sais pas, mais rien que le fait qu'on puisse se poser la question a quelque chose de gratifiant.

QUESTION : Taub déclare que c'est lui qui a frappé House... *(Heureux les ignorants.)*

– C'est ancré dans un certain niveau de mensonge. C'est intelligent, et tant que le résultat en vaut la peine, il saisira sa chance. Quand j'ai lu ça, au premier abord, je me suis dit : « Non, quand même ! » Ce n'est qu'en ayant terminé ma lecture, alors que l'on montait la scène et que les acteurs étaient dedans, que je me suis frappé le front en me disant : ah oui, ça le fait !

QUESTION : On dit que Taub est légèrement impertinent.
– La mort de Kutner a peut-être eu un impact de ce côté-là, et il devient un peu plus léger.

QUESTION : Il a perdu son ami.
– Et de manière tellement dramatique que Taub pense désormais que chaque jour est précieux, il a un peu cette attitude, comme Cameron, qui montre que chaque personne est précieuse.

QUESTION : Kutner et Taub ont une relation intéressante. L'arnaque en ligne...
– J'ai adoré ça. Surtout quand House nous possède à la fin, avec le corps de la fille qui reprend vie. Il a fallu rejouer l'expression de terreur, le choc au moins quatre ou cinq fois, mais on s'est bien amusés.

QUESTION : Pour un acteur, c'est vraiment amusant ?
– J'adore ça. Plus c'est fou, mieux c'est. Il y a eu quelques moments – comme quand House me fait prouver que je peux jouer au squash dans la morgue (L'Hypocrite heureux). C'est toujours agréable pour un acteur de sortir du cadre de ce que l'on fait habituellement pour une série.

QUESTION : Et la garde-robe de Taub ?
– Fascinant. Brun, aujourd'hui. Toujours une veste, une chemise et une cravate pour moi.

QUESTION : Qu'est-ce qu'il porte chez lui ?
– La même chose. Il dort avec sa chemise et sa cravate. Il retrousse ses manches pour dormir. C'est un homme qui a réussi dans la vie, il est assez conservateur. Pour lui, c'est important de montrer qu'il gagne de l'argent, même si ce n'est pas le cas. Lui et Foreman sont dans une compétition silencieuse au niveau vestimentaire. Il porte le costume tellement mieux que moi ! Tout ce que je possède est de qualité, mais ce n'est pas très guindé.

Peter Jacobson, à propos de... Peter Jacobson

QUESTION : Est-ce que vous avez de la famille dans le milieu médical ?
– Aucune. Le père de Lisa Edelstein était le pédiatre de Kal Penn dans les années 1970... J'ai travaillé avec Lisa il y a quinze ans. On avait une scène dans Pour le pire et pour le meilleur. On

était deux juifs agressés à table par Jack Nicholson. Une scène mémorable. Mais il n'y aucun médecin dans ma famille.

QUESTION : Maintenant, il y en a un.
– Parfois, une personne très bizarre vient vous voir et vous dit : « Est-ce que vous pouvez me dire ce que j'ai ? »

QUESTION : Comment percevez-vous les histoires médicales ?
– Je fais toutes les recherches que je peux pour avoir une idée de quoi il s'agit. C'est ce qui est le plus dur, de suivre le parcours médical, parce qu'on ne filme pas dans l'ordre. Si vous faites vraiment votre travail d'acteur, vous devez savoir ce qui vient en premier, et c'est encore plus important pour cette série. Quand on parle de médecine, on doit vraiment comprendre la chronologie.

QUESTION : Aimez-vous autant regarder la série que vous en aimez l'aspect professionnel ?
– Pas vraiment. Je sais que c'est une bonne série. C'est généralement la troisième fois que je vois un épisode que je peux vraiment l'apprécier en mettant de côté mon ego d'acteur. La première fois, je me dis toujours : « C'est nul ! » « Oh ! Je commence vraiment à perdre mes cheveux. » « Mon nez est énorme. » Je scrute tous les détails, puis je peux enfin me concentrer sur les scènes, et la troisième fois, je peux vraiment regarder. Certains acteurs ne regardent jamais les épisodes. Je trouve cela utile.

QUESTION : Votre emploi du temps est-il difficile ?
– On fait en sorte que ça marche. Autant que possible, les directeurs artistiques, sachant que j'ai une famille à New York, essaient de m'accorder de longs week-ends. La plupart du temps, ça ne marche pas, et je sais que chaque fois je n'y peux rien.

QUESTION : Il y a un certain rythme dans la série...
– Il y a eu deux jours, lors de la saison dernière, où je faisais trois épisodes différents dans la même journée parce qu'il fallait rattraper quelques scènes. Les épisodes se superposaient et je tournais dans le dernier épisode, mais aussi dans celui que l'on commençait, et il fallait que je rattrape une scène dans un autre.

QUESTION : Donc c'étaient trois garde-robes différentes...
– Et trois sujets médicaux que j'essayais de garder en tête. C'est un job assez glamour et pas trop difficile. Je ne dirais pas ça si j'étais Hugh. Il est à un autre niveau. Il est au centre de la série et il doit être présent, qu'il ait ou non une scène. Je trouve mon job plutôt confortable. Je travaille beaucoup, et c'est très dur, mais en gros, c'est une manière plutôt agréable de passer son temps.

Peter Jacobson à propos du... processus de sélection

QUESTION : Vous ne saviez pas qui allait être sélectionné ?
– J'ai été engagé, puis j'ai entendu que treize acteurs étaient en compétition pour le rôle... et je me suis dit « C'est ridicule ! » Puis, j'ai entendu que cinq d'entre nous auraient un contrat pour jouer régulièrement – Olivia, Kal, Edi Gathegi (alias Big Love), Annie (Dudek), et moi. Plusieurs acteurs sont restés jusqu'à la fin, et on aurait pu les choisir, eux. Quand nous sommes arrivés à cinq, on essayait tous de savoir qui allait rester.

QUESTION : Vous n'avez pas fait votre Taub auprès des autres acteurs ?
– Ça aurait pu marcher, mais bizarrement on s'entendait très bien. On s'est bien amusés. Quand on est dans une situation aussi tendue, quand il y a cinq acteurs névrosés, on prend certaines choses à la légère : « C'est toi qu'ils vont prendre, ils ont besoin d'un Noir », « Non, c'est faux, ils ont besoin d'un juif », ou « Ils ont besoin d'un Indien », ou encore « Tu es tellement mignonne ! »... Des paroles honnêtes. Et cela rendait les choses plus faciles, parce qu'on se comportait comme des idiots.

QUESTION : Les acteurs étaient autant sous pression que les personnages.
– C'est ce qu'il y avait d'étrange. Ma femme a dit : « C'est pour toi ! » au début, puis, quand elle a entendu comment cela se passait, elle m'a dit : « Tu ne veux pas de ce boulot. Tous les jours, tu te demandes si tu vas te faire virer. Alors, pourquoi est-ce que tu t'embarquerais dans cette aventure, passer quatre mois à te dire que tu peux être viré à tout moment ? » Mais c'était tellement excitant, tellement fou que ça finissait par être amusant.

QUESTION : Et quand ils ont finalement prononcé leur verdict, c'était comment ?
– Génial ! Super ! Le seul truc, c'est que j'habite New York. Ma femme et mon fils sont là-bas et je fais des allers et retours, je suis tout le temps en voyage. J'étais déjà loin depuis trois mois, et mon fils a cinq ans. C'est difficile d'être absent dans ces années-là de leur vie. Une partie de moi aurait voulu rester auprès d'eux coûte que coûte. Mais cela ne représente que deux pour cent de moi. Je voulais de ce boulot à quatre-vingt dix-huit pour cent, j'en ai besoin et je suis heureux de l'avoir.

KUTNER

Kal Penn

QUESTION: Vous saviez que Kal Penn allait partir, mais vous ne saviez pas qu'ils allaient lui tirer une balle dans la tête ?

OMAR EPPS: Je ne sais pas s'il le savait lui-même ! On pensait tous qu'ils le trouveraient, et qu'il aurait avalé des cachets ou un truc comme ça ! Mais ça, c'est David Shore. L'idée de partir sur un bang.

Dans *Il n'y a rien à comprendre,* Kutner a disparu. « Son chien est malade. Il est probablement au Salon de la bande dessinée. », suggère Taub. Il vient juste d'y avoir une situation où Taub s'est approprié l'une de ses idées. Foreman et Numéro 13 se rendent à l'appartement de Kutner et trouvent son corps inanimé, le pistolet à ses côtés, une balle dans la tête. Numéro 13 et Foreman essaient de le ramener à la vie, mais c'est inutile, le corps est froid. Kutner est mort.

> **« C'était le corps** de Kutner, mais il ne figurait pas dans l'épisode. Beaucoup d'entre nous pensaient qu'il aurait dû être là. La première partie de l'épisode était "Où est Kutner ?" et on pensait que cela préparerait le terrain, sans choquer pour autant. Mais cela n'aurait pu être plus choquant. »
>
> —PETER JACOBSON

Greg Yaitanes dirigeait la scène. L'auteur, Leonard Dick, avait écrit qu'on ne devait pas voir le corps, mais Kal Penn était vraiment allongé là. « Kal était présent et c'est ce qui a rendu la scène encore meilleure – il gisait dans une mare de sang, dit Yaitanes. Il y avait du sang partout sur les acteurs. » Tout l'épisode est sombre, noir et angoissant, pour faire ressortir l'humeur des collègues de Kutner choqués par sa mort. Les acteurs eux-mêmes étaient surpris. « Cela avait un côté atroce », dit Peter Jacobson. « Je pense que c'était un choix surprenant, affirme Robert Sean Leonard, mais l'horreur et l'effet de surprise étaient censés faire craquer House. » Peter Jacobson reprend : « Cela prendra toute sa signification plus tard. »

QUESTION: Étiez-vous choqué par la mort de Kutner ?

GREG YAITANES : Eh bien... J'ai su que quelque chose allait se produire, quand j'ai demandé à voir le script et qu'ils ont refusé de me l'envoyer.

House accepterait sans doute le suicide de Kutner s'il pouvait lui trouver une raison. Il demande à l'équipe si quelqu'un l'avait vu venir, mais personne ne sait rien. Cuddy a engagé un psychologue spécialiste du deuil – mais elle sait que personne n'ira le voir – et leur propose de prendre quelques jours, tout en sachant que tout le monde continuera son travail.

CUDDY : Toutes mes condoléances.
HOUSE : Je ne suis pas concerné.
CUDDY : Alors, mes condoléances pour ne pas vous croire concerné.

Numéro 13 et Foreman vont rendre visite aux parents adoptifs de Kutner. House les accompagne. Le nom d'origine de Kutner était Choudhury. House reproche aux parents endeuillés d'avoir changé son identité, d'en avoir fait une personne tourmentée, de l'avoir poussé à *ça* ! House a dépassé les limites. Aussi, Foreman l'arrête-t-il.

« C'était un grand moment, lorsque Foreman le remettait à sa place, dit David Shore. On voit cette expression sur son visage. House se retire. Je crois qu'on ne voit cela nulle part ailleurs dans la série. Il cède ! »

Greg Yaitanes se souvient de la réaction de House vis-à-vis de Mary Jo Deschanel, l'actrice qui joue la mère de Kutner :

« Le dégoût, la répulsion, puis l'embarras et l'humiliation… Je me souviens avoir été très ému par cette performance. »

Taub est en colère contre son ami Kutner. Pour lui, Kutner est un idiot. Il n'éprouve pas de pitié pour lui ; il ne se sent pas coupable de ne pas avoir vu venir son suicide.

« C'est une réaction naturelle. J'adore comment ils ont écrit cet épisode, dit Peter Jacobson, la relation Taub-Kutner ne prend vraiment vie qu'au moment où Kutner meurt. »

« **Taub commence par** dresser un mur devant lui, puis il craque. Jouer au sein de ce cercle d'émotion a été très gratifiant. Il n'y a rien de plus formidable que d'interpréter un personnage qui lutte contre son ressenti afin de garder la tête froide. Tous les jours, tout ce que l'on fait, c'est essayer de s'en sortir et de se comporter comme quelqu'un de normal, même si on n'est pas toujours d'humeur. Ce rôle, c'est une grande joie. »

—PETER JACOBSON

House veut absolument des réponses. Il appelle les amis de Kutner, vérifie son passé (le match de football Penn-Darmouth). En visitant l'appartement de Kutner, il est soudain convaincu qu'il a été assassiné. Puis il n'arrive plus à dormir. Commence alors la descente hallucinatoire qui le conduira à l'hôpital Mayfield. Cuddy dit à House que c'est normal qu'il soit touché, parce que Kutner pensait de la même manière, que lui aussi repoussait de plus en plus les limites. Mais House ne saisit pas.

« S'il avait pensé comme moi, il aurait su que vivre dans le malheur, c'est moins terrible que d'y mourir. »

House est confronté à un fait inexplicable qui le perturbe énormément. « J'ai senti que c'était vraiment sincère », dit Greg Yaitanes.

« Lorsque quelque chose d'aussi surprenant arrive sans qu'on le voie venir, personne n'a de réponse, c'est réaliste, dit Peter Jacobson. Cela peut être aussi choquant. Une personne peut cacher ses blessures morales. Si un autre les devine et lui tend la main, alors c'est génial. »

QUESTION : Cela arrive. Certaines personnes se suicident sans que personne ne l'ait vu venir. C'est un grand mystère pour tout le monde. House lui-même est incapable de résoudre le puzzle.

DAVIS SHORE : C'était bien le but, ici. C'est pour cela qu'on n'a pas fait de flashback de ce qui a pu arriver à Kutner, de son suicide. La dernière image qu'on voit de lui le montre dans une certaine incertitude. On se dit : « Je ne connais vraiment pas cet homme. » House, lui qui peut entrer dans une pièce, passer huit secondes avec quelqu'un et deviner ce qu'il a mangé au petit déjeuner trois jours plus tôt, a travaillé avec cet homme pendant deux ans et ne connaissait vraiment rien de lui. House doit faire face à cela.

8

PLATEAU ET DÉCORS

La construction de *Dr House*

«La plupart des décisions dépendent des impératifs de temps et de budget. Comme me l'a dit un producteur, c'est du show business, pas un jeu entre amis – c'est une question d'argent. Heureusement pour nous, *Dr House* a beaucoup de succès, alors j'ai plus de latitude que pour beaucoup d'autres séries.»

—JEREMY CASSELLS, CHEF DÉCORATEUR

«Je ne vois pas Wilson dans un appartement funky avec des poutres apparentes», dit Katie Jacobs. Avec le chef décorateur Jeremy Cassells, elle loge au bout du couloir dans les bureaux de la série, et ils cherchent des idées pour l'appartement que Wilson va acheter et partager avec House dans la saison 6. Les murs de ce couloir son recouverts de photos d'appartements et d'immeubles, des photocopies et des pages arrachées à des magazines. Au centre, une ébauche du plan de l'espace habitable. La première idée lancée par les auteurs était celle d'un loft à haut plafond similaire à celui de Numéro 13. Katie voulait quelque chose de plus «masculin». «Je me suis dit: contentons nous d'un bâtiment ancien, rénovons-le, puis débarrassons-nous de quelques murs.»

Entre cette première réunion il y a quelques jours et celle-ci, Jeremy a créé un nouveau concept. L'idée de House et

Wilson déménageant à New York ayant été rejetée, Jeremy s'est concentré sur un appartement situé à Princeton. Une des photos présentes sur le mur est celle de la façade d'un building du début du siècle à Sutton Place, à New York. Dans un immeuble un peu plus ancien, le grand appartement aura un hall d'entrée, une salle à manger, un atelier, peut-être une bibliothèque, une chambre principale ainsi que d'autres chambres additionnelles, et une chambre de bonne, qui pourrait être la chambre de House. Jeremy a aussi parlé au responsable de la photographie Gale Tattersall à propos de l'ajout d'un balcon, ce qui donnerait plus d'ampleur à l'espace.

Plans et idées pour l'appartement de House et Wilson sur le mur des décorateurs, dans les locaux du studio.

La question à résoudre est comment House et Wilson vont-ils interagir dans ces pièces?

« J'aime bien cet espace, mais je crois qu'il est trop cloisonné », dit Katie. Pour ce qui est de remplir l'appartement, cela peut attendre. Ni House ni Wilson ne possèdent beaucoup de meubles, à part le piano de House. Ils pourraient mettre leur touche personnelle, même s'ils se contenteraient sans doute d'un canapé et d'un écran géant. (Dans *Trou noir,* Wilson montre le même trait de caractère que lorsqu'ils sont allés acheter un lit avec Amber : il est tout simplement incapable de choisir un meuble.) Katie et Jeremy discutent du fond, la vue que l'on peut apercevoir par la fenêtre : devront-ils en commander un nouveau? Mais la partie la plus importante de la réunion, c'est l'intérieur de l'appartement. Les chambres de House et de Wilson

Hugh Laurie sur le plateau
en train de lire les scènes du jour.

CI-DESSUS **Au premier plan** *(de gauche à droite)* : le directeur de la photographie, le metteur en scène, et le scripte travaillant devant les moniteurs au centre de visionnage.

CI-DESSOUS **Peter Jacobson et Gale Tattersall, le directeur de la photographie.**

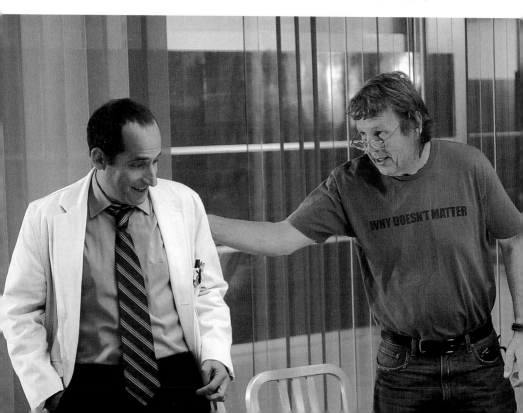

CI-DESSUS **Hugh Laurie accompagné du créateur de la série David Shore** *(à gauche)* **et du scénariste David Hoselton** *(à droite).*

CI-DESSOUS **Katie Jacobs et Jeremy Cassells devant les photos de l'appartement de House et Wilson.**

Jennifer Morrison (Allison Cameron).

Lisa Edelstein
(Lisa Cuddy).

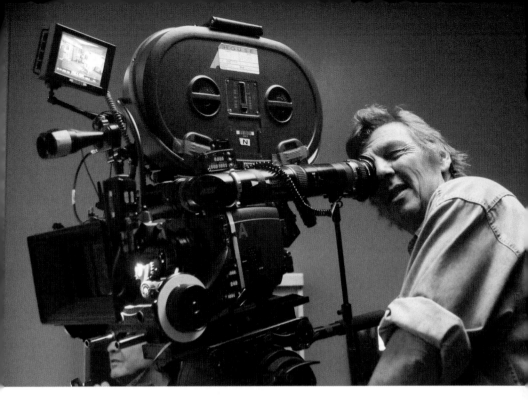

CI-DESSUS **Gale Tattersall – la « perle rare » des directeurs de la photographie.**

CI-DESSOUS **Tournage d'une scène avec Omar Epps.**

If the light is **BRIGHT** red, we're on a bell so please don't come in.

La lumière rouge signifie « N'entrez pas ».

Nature morte avec une boule de bowling et les balles de cricket et de base-ball de House.

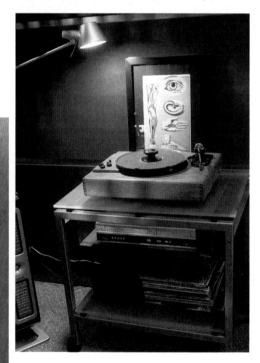

House aime écouter sa musique à l'ancienne : vinyles et platine.

Princeton-Plainsboro : on remarque l'ancienne localisation du département d'oncologie au quatrième étage.

DIRECTORY

basement
MRI
CT SCAN
DIAGNOSTIC IMAGING

main floor
CAFETERIA
CHAPEL
LECTURE HALLS
CLINIC
PHARMACY

second floor
INTENSIVE CARE UNIT
ULTRASOUND
PATHOLOGY LABORATORY
PATIENT ROOMS

third floor
PEDIATRICS
PEDIATRIC ICU
PEDIATRIC OR 1&2

fourth floor
DEPARTMENT OF ONCOLOGY
DEPARTMENT OF DIAGNOSTIC MEDICINE
DEPARTMENT OF LEGAL AFFAIRS

CI-DESSUS L'équipe de diagnosticiens de la saison 6 *(de gauche à droite)* : Chase (Jesse Spencer), Taub (Peter Jacobson), Foreman (Omar Epps), et Numéro 13 (Olivia Wilde).

CI-DESSOUS Omar Epps, le metteur en scène Greg Yaitanes, et Olivia Wilde.

CI-DESSUS **Le bureau de House.**

CI-DESSOUS **En gros plan : la balle de tennis et le courrier de House.**

... qui atterrit en douceur.

Dalia Dokter retouche le maquillage de l'œil de House, blessé par Chase.

Greg Yaitanes répète une scène
avec Hugh Laurie et Robert Sean Leonard.

House et Kutner (Kal Penn), l'énigme insoluble.

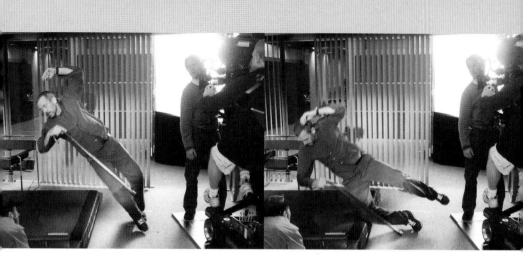

Wilson (Robert Sean Leonard) dans son bureau.

CI-DESSUS **Numéro 13 écoute la voix de la sagesse.**

CI-DESSOUS **La conseillère médicale Bobbin Bergstrom aide Jesse Spencer pour les détails techniques.**

Chase frappe House...

Jesse Spencer et la costumière Cathy Crandall.

CI-DESSUS House se détend sur la plage, mais seulement dans l'imagination de Lee.

CI-DESSOUS House et Cuddy à une fête « années 80 » :
Cuddy est déguisée en Jane Fonda ; House s'est trompé de siècle.

devraient être très rapprochées l'une de l'autre. « C'est super, dit Katie. Je veux juste qu'ils débouchent dans la même pièce. » Et Jeremy promet qu'il aura ça de prêt pour le lendemain.

« Certaines personnes qui travaillent dans ce secteur m'ont dit : "Je n'arrive pas à croire que tu es allé dans le New Jersey pour tourner tout ça." Et je leur ait dit : "Non, ils ont recréé tout ça sur le plateau." »

—JEREMY CASSELLS

Jeremy Cassells est spécialisé dans l'illusion visuelle. Jeremy travaille à grande échelle, ou du moins le fait croire au spectateur. Lorsque House passe plusieurs semaines dans un hôpital psychiatrique du New Jersey, dans l'épisode *Toucher le fond,* on dirait que tout a été tourné sur place. Eh bien non ! Le rôle de décorateur en chef de Jeremy couvre énormément de terrain, et la décoration est un élément majeur de la série. « Il n'y a que des bons à la tête des départements, et ils interagissent tous avec Katie. » Tous ensemble – que ce soit pour le décor, l'art, la construction, la décoration du plateau, les acteurs ou l'équipe technique – ils sont capables de faire quelque chose d'aussi énorme que de construire un hôpital du New Jersey en plein milieu de l'enclos de Century City.

« Pour la fin de la saison, j'avais cette idée de House disparaissant derrière deux portes… Pour suggérer qu'il va être interné, il faut montrer l'image correspondante. »

—KATIE JACOBS

Pour créer le Mayfield Hospital, l'équipe avait plus de temps que pour les autres épisodes. Jeremy devait inventer le look général de l'établissement. « C'était difficile à concevoir, parce que tout le monde a tout de suite pensé à *Vol au-dessus d'un nid de coucou.* ». Jeremy déclare à propos de ce classique de 1975 : « Les hôpitaux ne sont plus comme ça. ». Mais Katie voulait maintenir l'idée de House dans un espace carré et neutre où il pourrait se faire désintoxiquer.

En commençant par Princeton, puis en élargissant ses recherches, Jeremy cherchait un immeuble qui pourrait correspondre.

Les premiers qu'il a trouvés ressemblaient à des maisons de campagne ; puis il a trouvé l'hôpital psychiatrique de Greystone Park à Parsippany, New Jersey. Il a montré à Katie l'entrée, dont l'image était assez forte. « Elle s'est exclamé : "J'adore cet endroit !", dit Jeremy. Mais le problème, c'est que c'était dans le New Jersey... » Aussi l'endroit était-il abandonné et en ruine. Ils n'auraient pas pu tourner les scènes à l'intérieur, ce qui n'avait pas vraiment de sens au niveau économique.

La production a cherché un building du même type près de L.A., en vain. Ils ont trouvé un hôpital dans l'Ohio qui était en meilleur état, mais ce n'était pas facile de tourner là-bas, parce qu'ils ne disposaient pas d'équipe sur place. En fait, c'était plus simple d'aller dans le New Jersey et d'utiliser une équipe à New York pour les plans extérieurs. La scène où House entre dans l'hôpital a pris une journée de tournage, avec l'aide de l'équipe de New York et de quelques membres indispensables de celle de L.A. Jeremy s'est rendu quatre fois dans le New Jersey pour prendre des photos et récupérer des plans intérieurs, afin de l'aider pour son décor. Katie, Jeremy et les auteurs se sont réunis pour discuter de l'emplacement où les personnages pourraient être mis en scène, même si le script n'était pas encore disponible. Il y avait donc une cabine téléphonique, une pharmacie, des chambres et des salles de consultation. Jeremy et l'équipe de construction étaient très attentifs aux détails. Ils ont refait les moulures autour des portes et sur les plinthes ; le verre utilisé sur le plateau a des défauts, ce qui lui donne des allures de verre ancien quand la caméra passe derrière.

....

Le chef de chantier, Steve Howard, était responsable de la matérialisation du Mayfield Hospital, comme il l'est pour tous les décors de *Dr House*. Travaillant sur les quatre plateaux situés dans les studios de la FOX ainsi que sur les 2 800 mètres carrés d'entrepôts situés ailleurs, Steve supervise les travaux d'un village en perpétuelle mutation. (Aucune autre série ne possède plus de deux plateaux). Avec l'aide de 35 à 60 collaborateurs, Steve reconstruit dix à douze *swing sets* en huit jours pour chaque épisode. (Un *swing set* est un décor créé spécifiquement pour l'épisode.). Répartis sur deux plateaux, l'hôpital, les décors permanents et les *swing sets* totalisent 4 700 mètres carrés.

«En tout, je n'ai pris que deux jours de repos. Mayfield a pris deux mois. Et le plus dur, c'est qu'on n'avait pas le script complet. Jeremy ne savait donc pas quelles pièces devait comporter l'hôpital. On savait qu'on allait devoir construire des espaces de caractère, mais on ne pouvait que laisser la place en blanc. Et là, il ne nous restait plus que deux semaines : au travail ! »

—Steve Howard

Le rythme a changé d'un seul coup, lorsque les auteurs ont décidé que House retournerait plus rapidement que prévu à son travail. Au début, Jeremy allait créer un décor spécialement pour le bureau de Nolan, le psychiatre, sur un plateau différent, mais le séjour de House étant écourté, ils ont utilisé le côté droit de la salle principale pour reconstituer son bureau. En conséquence, toutes les scènes situées dans la salle principale ont dû être tournées en premier.

« Gerrit et Marcy m'ont demandé s'il y avait moyen d'utiliser le fond et l'espace qui existait déjà, alors j'ai modifié un peu l'espace en le peignant d'une autre couleur et en essayant de lui donner un look différent. »

« Effectuer des changements aussi rapides, déclare Katie Jacobs, c'est un hommage à l'équipe de construction et à Jeremy. »

«Ils ont donc filmé les scènes dans la cour d'exercice pendant deux jours, et pendant ce temps-là on a changé le décor. Mais la vue sur l'extérieur est la même. Si vous regardez dans le fond, Nolan a la même que celle de la salle principale. On l'a un peu recadrée pour que ce soit différent. Mon but était de montrer que cela se trouvait à un autre étage. »

—Jeremy Cassells

C'est Katie Jacobs qui a dirigé l'épisode de deux heures. Le décor était en place et les acteurs avaient été engagés avant que l'écriture ne soit terminée, donnant ainsi au double épisode un impact créatif plus important qu'un épisode standard.

«**Katie a vraiment** bien travaillé. Une grande partie de la fin de l'histoire est de son cru. J'ai reçu des compliments de nombre de gens, et je ne sais pas si cela part d'un snobisme télévisuel, mais on m'a dit que cela aurait fait un très bon film.»

—David Shore

Toucher le fond et Refaire surface a été projeté comme un film aux acteurs et à l'équipe de tournage, et c'est vrai que beaucoup ont eu cette réaction. Jeremy Cassells, cependant, a pu voir quelques défauts dans le fond et quelques mauvais coups de peinture, qui auraient été invisibles sur un écran de télévision. «Ma femme m'a dit : "Mais de quoi tu parles ? Je ne me suis pas rendu compte que c'était un faux fond." Tout le monde a dit que c'était génial. Mais cela tient peut-être juste à ma personnalité, je suis trop exigeant. Les menuisiers ont travaillé très dur pour le décor de l'hôpital, c'était navrant de le démolir. Pour que l'histoire puisse avancer, l'hôpital fut monté, puis détruit plus tôt que prévu.» «Je trouve que c'était une brillante idée de faire en sorte que House soit libre de partir, mais sans pouvoir récupérer son autorisation d'exercer», conclut Jeremy.

QUESTION : La chambre de House, la salle commune, la pharmacie... Où sont-elles ?

STEVE HOWARD : Elles n'existent plus.

QUESTION : Alors, on peut en déduire que House n'y retournera pas ?

HOWARD : Eh bien... ça va coûter cher si c'est le cas...

QUESTION : S'il y retourne cette saison, vous serez en colère ?

HOWARD : Il y en a qui seraient vraiment fâchés.

....

QUESTION : Vous allez construire un plateau pour eux ?

KATIE JACOBS : Ce sont des superpersonnages. On les réunit afin qu'ils puissent interagir.

La construction de l'appartement de Wilson et de House a été rapide. Jeremy a soumis de nouveaux dessins, et les designers ont bâti en une journée une maquette en 3D. Ainsi Katie Jacobs

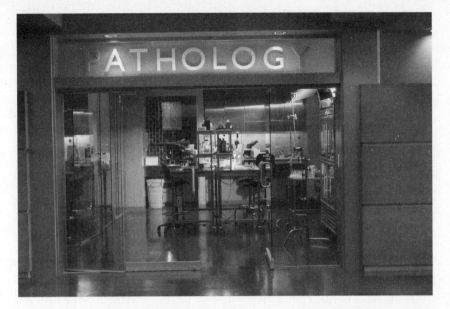
Vrai, mais pas vrai, le labo d'anatomopathologie vu de l'extérieur.

pouvait-elle voir, grâce à un petit périscope, l'allure des plans à partir de certains points de l'appartement. Katie aime que les plans soient assez larges et profonds, et c'est un challenge pour Jeremy. À Mayfield et sur le décor de l'appartement, il n'y a pas de rideaux aux fenêtres, ce qui signifie que le fond doit être vraiment réaliste.

Katie déclare à propos de la chambre de House :

« Il ne peut pas y avoir un lit simple. Peut-être qu'on pourrait mettre un lit double dans une chambre d'enfant, comme ça il aura l'air d'être un peu à l'étroit. » Elle examine des baignoires. Combien est-ce que cela va coûter ? Est-ce plus cher d'en construire une ou d'en acheter une ? Est-ce qu'ils vont vouloir la remplir, ce qui relève de l'effet spécial ? (La baignoire choisie, que House utilise sans la permission de Wilson, a pour nom « Picasso ».) Toute décision en ce qui concerne le décor a ce type de répercussion. Cela affecte les responsables de la menuiserie ; l'électricité et le budget. Gerrit et Marcy ont un budget, et il faut pouvoir ajuster.

« C'est Jeremy qui me donne une idée pour ce qui est des décors. Il développe une image avec le département artistique. Je vois les images et je me fais une idée du budget qu'il va falloir obtenir. Les producteurs regardent la somme demandée et déterminent si c'est faisable ou non. Et ce n'est pas toujours le cas. Il y a aussi beaucoup de textes qu'on ne peut pas non plus caser à cause du temps. »

—STEVE HOWARD

L'histoire doit avancer à un rythme déterminé. Les fenêtres sont construites de telle sorte qu'on puisse les retirer afin d'y placer une caméra. La place nécessaire aux caméras a également pour conséquence que les pièces sont plus grandes que dans la vie réelle. Les chambres doivent être assez grandes pour que la caméra puisse saisir un champ objectif. « On doit faciliter la tâche à l'équipe de tournage, autrement la scie entre en jeu, dit Jeremy. Mon menuisier principal, Shawn (Whelan) aime placer des *fenêtres grip*, comme il les appelle. Ce qui revient en fait à un trou dans le mur. » Il doit y avoir beaucoup de portes, mais pas partout, « autrement, il y aurait des portes dans tous les murs ». « Il y a une certaine pression, parce que l'on doit couvrir six feuillets du script par jour », ajoute-t-il.

Jeremy Cassells a fait des études d'art à Glasgow, dans son pays natal, l'Écosse. Il voyageait dans l'espoir de faire son entrée dans l'industrie du cinéma. Il allait partir en Australie, lorsqu'il a rencontré quelqu'un qui faisait un film à petit budget. Jeremy a demandé s'il pouvait aider. Peu de temps après, il voyageait à travers le pays avec quelques décors dans son van, avant de s'installer à L.A. et de faire son chemin jusqu'à devenir directeur artistique, et travailler sur des films comme *Mortel Combat* ou sur des séries comme *Profiler*.

« Ce que j'aime, c'est qu'on construit pour une brève durée, et ce n'est pas grave si cela n'a pas de sens au niveau architectural, dit-il. Cela change en permanence. Tous les jours j'arrive, et je me dis que tout est en ordre. Mais soudain, voilà que je dois construire un tout nouvel appartement pour House et Wilson ! »

Sur le plateau, on trouve de nombreux autres trucages. À Princeton-Plainsboro, les urgences se trouvent au sous-sol de l'hôpital, mais dans la réalité, elles sont situées juste à côté du bureau de House. Si la caméra filmait le bureau de House depuis le fond du couloir, on pourrait voir les urgences sur la gauche. David Shore aime que les acteurs soient dans le couloir. Dès lors, l'équipe doit faire en sorte de pouvoir sortir du bureau sans passer devant les urgences. Ainsi, à chaque fois, des panneaux sont placés devant les urgences et repeints : encore un élément à prendre en compte au niveau du timing. Une autre partie du plateau, le deuxième étage, a été changée et repeinte pour montrer le département oncologique de Wilson, situé à un cinquième étage fictionnel et que l'on n'avait jamais vu auparavant. Sur les ascenseurs du hall, on peut voir qu'il n'y a que quatre étages. Ils devront être modifiés.

« De temps en temps, on a un nouvel étage... Cela n'a pas vraiment de sens, parce qu'il y a une vue assez haute depuis le quatrième étage. »
—DAVID SHORE

QUESTION : Les fans méticuleux vont se plaindre qu'avant il n'y avait pas de cinquième étage...
SHORE : C'est comme le décor du vaisseau spatial *Enterprise*.

Certaines parties de l'hôpital, comme les urgences ou la pièce d'observation au-dessus de la salle d'opération paraissent peu spacieuses. Le hall d'entrée semble en revanche gigantesque.

« C'est ce que j'aime dans mon métier, c'est pouvoir tromper la caméra, dit Jeremy Cassells. Et par conséquence, les spectateurs, grâce au choix de l'objectif. »

« On travaille à l'envers. Lorsque vous tournez le pilote d'une série ou un film, vous devez suivre le script. Mais ici, on ne peut pas faire ça. On doit créer des opportunités pour le scénario. »
—KATIE JACOBS

L'espace de *Dr House* s'est agrandi petit à petit. Les premiers décors ont été utilisés pour le pilote à Vancouver, puis transportés

Le hall d'entrée de Princeton-Plainsboro, photographié depuis le balcon permanent.

à Los Angeles. Le décor était plutôt petit : si un patient devait subir une opération, on transformait une des chambres pour l'occasion.

« On devrait vraiment construire une salle d'opération, parce que beaucoup de choses vont s'y passer, a pensé Gerrit van der Meer à l'époque. J'ai aussi réalisé que l'on ne disposait pas d'un grand hall d'entrée. On avait beaucoup de chambres et de bureaux. Et on n'avait pas assez d'espace sur le plateau. On a décidé de l'agrandir. »

La plupart des plateaux furent donc agrandis, mais le lobby sur la scène 15 était toujours trop petit, « ainsi, pour disposer de plus d'espace, on a décidé de construire un deuxième étage ». Puis le directeur artistique, Derek Hill, a conçu l'entrée que l'on peut voir aujourd'hui et ajouté la mezzanine.

« Quand j'ai commencé, on a quasiment doublé la surface de l'hôpital entre la première et la deuxième saison. Cela a pris environ sept semaines. C'était assez stressant. On a réussi. Il y avait encore quelques détails à régler, mais on avait terminé pour cette première semaine. Cela montre le rythme de cette série, et ça ne s'est pas arrêté depuis. »

—STEVE HOWARD

« C'était un exploit technique, confirme Gerrit à propos du nouveau hall d'entrée. Le deuxième étage devait être assez solide pour supporter cent personnes, ainsi que du matériel lourd comme un monte-charge à ciseaux pour les mouvements de caméra. Des ingénieurs en bâtiment ont donc été consultés pour la construction. Cela a pris beaucoup de temps. Le lobby relève plus d'un bâtiment réel construit dans un studio que d'un décor. »

« On a dû faire en sorte que cela résiste aux secousses telluriques, dit Steve Howard. La moitié des murs sont conçus pour ne pas bouger lors d'un tremblement de terre, afin de protéger la structure supportée par des poutres. »

Des complications inattendues ont surgi sous le sol du plateau. Les ingénieurs ont été obligés de creuser pour mettre en place une structure métallique qui soutienne les formes en béton. Sous le Plateau 15, se trouvaient les restes d'une patinoire, construite dans le studio lors du tournage des films de l'ancienne championne olympique de patinage artistique, Sonja Hernie, l'une des plus grandes stars des années 1930 à 1940. Ainsi, ils devaient transpercer des couches de bois et d'asphalte, et creuser à travers un entrelacs complexe de tubes métallique jadis utilisés afin de faire circuler le liquide de refroidissement pour la glace.

« **Après avoir commencé** la saison, les auteurs ont travaillé avec l'idée d'un deuxième étage. Jusque-là, c'était : "Pourquoi Gerrit veut-il un second étage ?" Après quelques épisodes, ce n'était plus mon étage, mais celui de tout le monde ! »

—GERRIT VAN DER MEER

Steve Howard a mis en place l'appartement de Lucas en cinq jours. Les décors sont vites construits, en matériaux légers, afin de pouvoir bouger les murs suivant les mouvements de caméra. S'il y a une table dans la cuisine, par exemple, les cloisons qui se trouvent derrière doivent pouvoir être retirées au bénéfice de la caméra. Les portes sont creuses. Les murs sont en contreplaqué de 7 millimètres et le matériel d'encadrement est de 65 x 20 millimètres. Si un décor doit être démonté, il peut être compacté et rangé dans un autre entrepôt. Souvent, un décor peut être réaménagé pour un autre personnage. Par exemple, « l'appartement de Kutner a disparu depuis longtemps, dit Steve Howard. On doit s'en référer à Katie et à David Shore pour approuver tout ça. On a utilisé son hall d'entrée pour l'ajouter à celui de Numéro 13. Cette scène était unique, il n'y avait donc aucune raison de garder le décor. On peut réutiliser les murs, les portes et les fenêtres. Certains murs ont été utilisés sur une vingtaine de décors. »

Steve Howard a travaillé dans le bâtiment, afin d'acquérir de l'expérience pour le cinéma, suivant par là le conseil d'un de ses amis qui avait aidé le producteur Dino De Laurentiis à construire un studio à Wilmington, en Caroline du Nord. Steve est né à Santa Monica, en Californie, et son père était acteur pour la publicité et dans des petites productions. Il a vécu à Morristown, New Jersey, près de là où est réellement situé l'hôpital Mayfield, et sa grand-mère y a travaillé comme bénévole.

La fabrique principale de Steve Howard se trouve dans le studio, où les décors doivent êtres déplacés de plateau en plateau.

« On fait beaucoup de bruit, beaucoup de poussière, un peu de désordre, dit Steve Howard. Ce n'est pas facile quand on est dans le studio. On est tout le temps en train de bouger. Pas facile non plus d'organiser le temps pour les directeurs artistiques qui travaillent avec nous. »

Il passe souvent du plateau 10 à 11, ou 14 à 15, et travaille parfois dans la rue. Il a une seconde fabrique dans un autre bâtiment, et encore une autre qui se trouve à l'extérieur du site.

Plaque commémorative détaillant l'histoire du tournage du Plateau numéro 10 dans l'enclos de la FOX.

Steve possède des machines lui permettant de créer des moulages, de façonner le bois et le métal. Toutes les machines sont sur roues et portent le nom de Steve Howard au marqueur. Steve explique que les responsables de la construction comme lui appartiennent tous au syndicat Local 44 de l'I.A.T.S.E (International Alliance of Theatrical Stage Employees) et sont propriétaires de leur propre matériel. L'équipe de construction déplace les murs qui ont déjà été filmés ; jusqu'à cette étape, les décors sont construits par des menuisiers qui appartiennent à différents syndicats et qui sont dirigés par Steve.

Dans un atelier de peinture de la fabrique, la salle des infirmières du service d'oncologie est presque terminée. Steve a utilisé une ancienne salle et l'a agrandie. Le décor sera démonté en trois parties et transporté sur le plateau pour le tournage. Lorsqu'il aura été filmé, quelques pièces seront peut-être conservées ; mais c'en est probablement fini de lui. Steve ne sait jamais quelle proportion de ce qu'il a construit sera filmée et présente à l'écran.

« Vous construisez un décor entier comprenant une cuisine, une salle de bains et un hall d'entrée, et tout ce que vous voyez dans la série, c'est la tête d'un type avec une bibliothèque en arrière-plan. »

QUESTION : Est-ce que vous vous attachez à vos décors ?

STEVE HOWARD : Pas du tout. Je fais ça depuis vingt ans. J'ai construit le premier *Black Pearl* pour *Pirates des Caraïbes* et l'autre grand vaisseau, *Victory*, une réplique faisant les trois quarts de la taille de l'original. À ceux-là, oui, je me suis attaché.

QUESTION : Et qu'est-ce qu'ils en ont fait ?

HOWARD : Ils les ont découpés, puis jetés. Mais ils sont dans le film pour toujours.

« **On construit ces** décors avant que les auteurs n'aient écrit quoi que ce soit. C'est très différent, c'est un nouvel espace, et on doit mettre en place tous les Post-it et tous les objets sélectionnés. »

—KATIE JACOBS

Une fois l'appartement de Wilson et House projeté, il restait deux semaines avant le tournage de la première scène, lorsque Wilson et House visitent et que Wilson décide d'acheter. Entretemps, Gale Tattersall a regardé les plans et mis l'éclairage en place ; Steve Howard a commencé à construire la grande chambre de Wilson, la petite chambre de House et le reste de l'appartement. Il mesurait un total de 280 mètres carrés. La bibliothèque était presque terminée. Un nouveau fond fut utilisé pour le salon. Quatre-vingts pour cent des murs pouvaient être retirés pour faciliter le tournage. Il restait donc à faire, en plus des deux chambres, un couloir et la salle de bains pour la maison de Cuddy. Alors que House et Wilson commençaient à cohabiter sans que Cuddy soit au courant, le conflit était inévitable. Avec l'idée de « chacun sa chambre », la mise en place était achevée.

9

LA CÔTE EST À L.A.

☒ **Le look de *Dr House***

«Tout est dans le ton et l'harmonisation de l'ensemble.
Je reçois sans cesse des appels du département des
costumes : de quelle couleur sont les nappes, les chaises,
les draps ?»

—NATALIE POPE

Les chemises froissées de House, ses vestes de sport ; les costumes de Foreman ; la gamme de couleur portée par Numéro 13 ; les meubles de l'hôpital et le couvre-lit de Wilson, tout cela fait partie du look de la série. Ce dernier est déterminé par les départements des costumes et de la décoration intérieure. Évidemment, l'opinion de Katie Jacobs est primordiale : c'est elle qui établit le style général et décide des palettes. La responsable des costumes, Cathy Crandall présentera par exemple à Katie Jacobs les différents coloris des tenues des infirmières du service d'oncologie. Elles choisiront parmi une gamme de couleur restreinte : dans un endroit où il y a beaucoup de gens qui souffrent, il faut rester dans la subtilité.

Cathy Crandall a huit personnes qui travaillent sous ses ordres, chacune avec sa spécialité. Parfois, ils ont l'impression de ne pas suffire à la tâche. Le fait qu'une scène ne représente que le huitième d'une page peut se révéler trompeur. Une semaine

Katie Jacobs donne son feu vert aux idées de Cathy Crandall,
qui lui présente des échantillons.

avant le début du tournage de l'épisode où House, Wilson et
Cuddy se rendent à une conférence médicale *(Les Mots pour ne
pas le dire)*, Cathy a lu sur le script qu'ils se rendent à une fête
costumée sur le thème des années 80. Dès lors, Cathy sait qu'elle
va devoir habiller beaucoup de monde comme des membres de
Devo, comme Boy George ou Madonna à ses débuts. Par la suite,
elle sait le nombre de personnages à habiller – une centaine, plus
House et Cuddy. Et Cathy a relevé le défi, bien sûr. « Rien n'est
impossible, déclare-t-elle. On ne dit jamais non. »

Cathy Crandall collabore depuis le début avec Katie Jacobs.
C'est elle qui conçoit les vêtements des personnages.

– On travaille beaucoup avec le maquillage et la coiffure pour
créer un look, indique-t-elle. Dans son bureau, sont affichés des
portraits des acteurs entourés de photos, sources d'inspiration
pour la garde-robe des personnages. Cathy cherche un style dis-
tinct et reconnaissable pour chaque personnage. « Un vêtement,
c'est comme une histoire sans paroles. C'est subtil, cela aide à
définir le style du personnage. »

Cathy fournit toutes les pièces des costumes de la série, depuis
les tenues de Foreman jusqu'aux uniformes d'hôtesse de l'air, en
passant par les chemises de nuit portées par les malades hospi-

talisés. Lorsqu'il lui a fallu créer des déguisements pour la fête des années 80, en plus de ses ressources habituelles – Internet, livres de référence et boutiques en ville – Cathy s'est tournée vers une autre source d'inspiration. « On a vécu cette période ! dit-elle. J'ai consulté mon album du lycée ! » Cathy s'est imaginée dans la peau des personnages se rendant à la conférence médicale où avait lieu la réception. Les médecins choisiraient sans doute quelqu'un de connu : le héros de *S.O.S Fantômes* ou Mister T.

« Le défi était de faire cela à l'arrache, se rappelle Cathy. À la façon d'un docteur, pas comme nous on l'aurait fait, ce qui serait trop parfait. »

Cathy gagnait sa vie dans la décoration d'intérieur, lorsque l'une de ses amies l'a aidée à obtenir un poste d'assistante costumière pour un film à petit budget. La styliste l'a prise sous son aile, et depuis elle n'a jamais arrêté de travailler. Elle a été assistante styliste sur beaucoup de films et après avoir travaillé pour Bryan Singer sur le second film *X-Men*, elle a commencé à travailler pour *Dr House*.

QUESTION : Quelle est la qualité la plus importante dans ce métier ? Un bon œil ?

CATHY CRANDALL : Oui, un bon œil et du goût. Il faut être doué avec les gens. Et avoir le sourire.

Les costumes de Cathy sont stockés dans deux énormes pièces appelées les « cages ». Lorsque Cathy prend connaissance du scénario, elle calcule combien de jours chaque personnage sera sur le plateau.

« Disons que le script s'étale sur cinq jours et qu'ils ont besoin de cinq tenues. Je reste là pendant une journée entière et je rassemble le tout. »

Facilement accessibles, au niveau du sol, on trouve les vêtements quotidiens, ceux qui ont été portés le plus récemment.
House possède environ neuf mètres bien tassés de chemises,
t-shirts et vestes. Au moins deux de chaque pièce au cas où
une serait endommagée. Une des chemises de House, de couleur lavande, est présente en quatre exemplaires, puisque deux
d'entre elles étaient salies dans le script. Cathy réutilise certaines
pièces : comme dans la vraie vie, les vêtements sont portés plus
d'une fois. Chaque pièce est étiquetée par épisode pour que Cathy
sache quand elle a été portée pour la dernière fois et puisse juger
quand elle pourra être présentée à nouveau, afin que la rotation
soit régulière.

« **Lorsque Amber est** morte, on a éparpillé sa garde-robe pour vêtir les
personnages secondaires. Qui aurait pu prévoir son retour ? Tout le monde
essayait frénétiquement de retrouver ses vêtements : "Ça, c'était à Amber, ça
aussi…" »

—CATHY CRANDALL

QUESTION : Vous êtes-vous exclamée : « Ne nous refaites jamais ce coup-là,
s'il vous plaît ! » ?

CRANDALL : Non, j'ai dit que la prochaine fois, on serait plus malins. On a
gardé tous ceux de Kutner réunis. Et les possessions d'Amber sont toutes
rangées au même endroit.

Tout en haut, près du plafond, se trouve ce que Cathy appelle
le « stock de base ». Lorsqu'un personnage secondaire est introduit, c'est là qu'elle va chercher. Si elle ne trouve rien, elle fait
des achats et ajoute les nouvelles pièces à cet endroit une fois
que l'épisode a été diffusé. Dans un coin séparé se trouvent les
pièces qui ont été portées pour un épisode : elles sont conservées
jusqu'à la diffusion de l'épisode en question.

« **Je parlais à** un chirurgien spécialisé dans la chirurgie du pied, et il m'a
demandé : "Est-ce que vous pourriez me dire où ils ont trouvé ces blouses
de labo ? Elles sont vraiment sympa." Je lui ai promis de demander à Cathy la
marque de ces blouses. Cathy m'a répondu : "Tu sais combien de personnes
me posent cette question ?" Eh bien, elles sont en soie et confectionnées à la
main spécialement pour la série. J'ai donc dit à ce chirurgien que la plupart

étaient cousues main, et que le reste était de la marque Medline. "Oui, c'est là qu'on achète les nôtres", m'a-t-il rétorqué. »

—NATALIE POPE, DÉCORATRICE DE PLATEAU

« Et voilà Lowcutville », claironne Cathy en désignant les douze mètres de rayonnage de Cuddy. Wilson possède environ trois mètres, Taub un peu moins. Les sacs et les chaussures sont conservés dans les loges. Et voilà les blouses de labo sur mesure, qui ne sont pas tout à fait blanches, presque grises, afin qu'elles ne soient pas trop brillantes à l'écran. La veste de Numéro 13 arbore un badge indiquant « Dr Thirteen », au lieu de « Dr Hadley ». Les vêtements pour l'épisode en cours sont dans les loges, et c'est là que les trois stylistes – deux pour les personnages principaux et un pour le reste – habillent les acteurs. Une fois qu'un acteur a fini sa journée, ses vêtements sont rassemblés, nettoyés à sec pendant la nuit et rapportés avant le début de la journée suivante. Toutes les pièces qui ont « travaillé », c'est-à-dire qui ont été filmées, sont systématiquement nettoyées. Des notes détaillées permettent de savoir comment le vêtement a été porté, de sorte que, si l'on doit tourner une scène à nouveau, tout soit fin prêt. Il faut être très méticuleux : laissez aller les choses pendant deux jours, et Cathy ne pourra plus les rattraper.

« Si je devais le résumer, c'est comme si vous emménagiez dans un appartement. Il est vide. Vous revenez six mois plus tard, et tout votre univers est là. Et c'est moi qui l'ai créé, votre vie… », avance Natalie Pope à propos de son travail. Tous les éléments du décor qui ne font pas partie de la construction, c'est elle. Meubler l'appartement de Wilson et House a pris du temps. Natalie et Katie ont d'abord discuté de la partie visuelle, allaient-elles choisir un canapé carré ou un peu rond ? Les premiers éléments, la télévision, le canapé et un poster sont introduits par House. Généralement, Natalie commence à partir de rien ; de temps en temps, l'opportunité de changer un espace existant se présente. Dans *Prise d'otages*, le bureau de Cuddy est pris d'assaut par le kidnappeur. Ainsi, la reconstruction du bureau était incluse dans l'histoire. Cela signifiait que l'on pouvait changer la décoration afin de présenter un espace moins sombre.

La décoratrice de plateau a décoré le bureau de Nolan à l'hôpital Mayfield, afin de donner l'impression d'un espace professionnel impersonnel. « House ne cesse de le répéter, il n'y a rien de personnel ici », fait-elle observer. Natalie a placé une œuvre d'art juste derrière la tête du médecin, mais elle n'évoque rien de particulier. Les meubles avaient un air « ancien moderne », que Natalie décrit comme un style de milieu du XXe siècle modernisé. Même s'il s'agit du bureau d'un psychiatre, la chaise du patient a un certain chic : « On distingue un peu de chrome sur le fauteuil, alors qu'il n'y en a nulle part ailleurs dans la pièce, précise Natalie. C'est le travail que je préfère. J'aime beaucoup les textures intéressantes. Cela ajoute un peu de chaleur, de la vie, surtout en HD. On peut aller loin avec des textures comme celles-ci. »

À l'hôpital et dans les appartements, on retrouve des exemples du travail de Natalie et de son équipe. Les livres de Wilson ont été retirés de l'appartement d'Amber, où Wilson a laissé traîner un livre de Cormac McCarthy sur sa table de chevet. Si la tranche d'un livre est montrée sur une étagère, Natalie n'a pas besoin d'obtenir la permission de la maison d'édition. Natalie a plusieurs boîtes de livres populaires publiés chez HarperCollins, qui fait aussi partie de la News Corporation, tout comme la FOX. On en trouve beaucoup dans le bureau de Cuddy. La plupart de livres dans le bureau de House sont des faux, fabriqués par une entreprise du nom de Faux Books, qui récupère des vrais livres et les vide pour les rendre plus légers.

« On était en réunion (pour *Classé X*). Le réalisateur m'a dit qu'il aimerait bien voir comment cela se passait en réalité. J'ai rétorqué : "OK, j'appelle mon contact dans le porno." Car, oui, j'ai un contact. Il y a une entreprise dans la vallée qui me fournit en boîtes de DVD vierges, et ce genre de trucs. Ils produisent du vrai porno. Ils lui ont dit (au réalisateur) quel type de lumières et quel type de matériel ils utilisaient. J'ai fabriqué plus d'un club de strip-tease, plus d'un poste de police, plus d'un hôpital : il faut qu'ils soient tous différents. Je

la liste des bienfaiteurs de l'hôpital Princeton-Plainsboro et le Wall of Fame du pilote de Dr House.

ne refais jamais la même chose. Sauf s'ils se rendent dans le même club de strip-tease. Je ne vais pas changer les chaises, je n'y touche pas. »

—Natalie Pope

Sur le bureau de House, il y a une pile de fausses lettres. La lettre du dessus est adressée à House avec une adresse de retour et un timbre. La lettre suivante est identique, ainsi que toutes les autres. Les téléphones, les enveloppes et les documents officiels portent tous le logo de l'hôpital. Le dossier médical d'un patient porte son nom et sa date d'admission. Le service juridique envoie à Natalie les noms qu'ils peuvent utiliser. Le tableau des bienfaiteurs dans l'entrée porte les noms des membres de l'équipe de production et de tournage qui ont participé au pilote. Pour Natalie, « ce sont des détails qui comptent. Je passe beaucoup de temps sur des petites choses que vous ne verrez peut-être jamais… ». L'idée, c'est de ne pas choquer l'audience. « Vous ne voulez pas qu'on vous repère », dit Natalie. Nombreux sont ceux qui écrivent sur des Post-it qu'ils collent un peu partout, afin de se souvenir de rendez-vous importants, comme le dentiste à 9 heures. Natalie écrit des petits mots qu'elle place là où le personnel de l'hôpital pourrait le faire, tout ça pour que cela ait l'air plus réaliste.

Lorsqu'elle décore un plateau, Natalie met ses goûts personnels de côté. « Je dois penser : de quoi aurait l'air la chambre d'un enfant de neuf ans dont le père serait extrêmement riche ? Le gamin aurait tout », dit-elle, en parlant du fils du millionnaire Roy Randall, dans *L'argent ne fait pas le bonheur*. Les scènes du début ont été filmées à la Greystone Mansion, propriété de la ville de Berverly Hills qu'on a pu voir dans des films comme *Eraserhead* ou *X-Men*. L'immense table située dans la salle à manger, que Natalie a louée, provient d'un showroom ; pour le lit de l'enfant, elle s'est procuré une parure Potery Barn. Une fois filmé, le lit est transporté dans un des trois entrepôts, dans l'enclos, à Culver City ou à l'extérieur.

Sur les murs de son bureau, Natalie a des photos de ses ouvrages. La salle de classe pour enfants assistés, dans *Gros bébé* ; le Sharrie's Bar, où House se saoule dans *Dans la tête de House…* ; le bureau de Nolan. Natalie se souvient avec joie du Bouddha qu'elle a trouvé pour *L'Origine du mal* à l'Universal Property Department, et de la maquette de temple japonais trouvé pour *L'Ami de Wilson*.

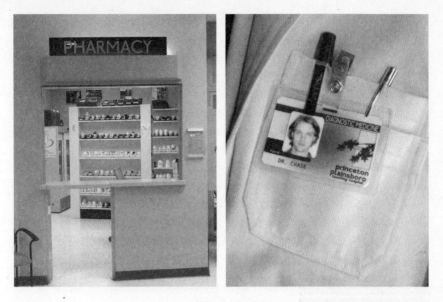

Décor de plateau, petit et grand, la pharmacie et le badge du Dr Chase sur sa veste de labo.

À propos de l'enterrement de vie de garçon de Chase *(House divisé)*, Natalie commente : « Il y a de jolies choses qui n'ont pas été montrées. »

Elle a trouvé une pâtisserie à Hollywood qui prépare des gâteaux pour les enterrements de vie de garçon et de vie de jeune fille.

« J'ai fait faire un gâteau représentant le torse d'une femme portant un corset en dentelle rouge. »

Également pour *L'Origine du mal*, Natalie a déniché tout un attirail pour le colonel John House, le père de House, dont certaines médailles authentiques et une couverture de laine pour chevaux.

Natalie Pope a étudié le documentaire à l'université de Californie de Los Angeles, et travaillé dans le département artistique d'une entreprise de maquettes. Elle a été décoratrice de plateau pour le film *Freddy, le cauchemar* *de vos nuits*, et a occupé plusieurs emplois dans le monde du film d'horreur. Natalie possède également un diplôme de décoratrice de théâtre et a travaillé dans des salles de spectacle, où la scène est à peine décorée. Une des séries à laquelle elle a participé n'est autre que *NIH, Alertes médicales* pour NBC, qui a démarré en même temps que *Dr House*.

– J'ai regardé *Dr House* à l'époque, pour voir quelle était la concurrence. Je pensais qu'en venant ici, je n'aimerais plus autant la série, se rappelle Natalie. Mais quand j'ai été voir la première *(Toucher le fond)* avec tout le monde dans la salle de cinéma, j'ai pleuré. Lorsque André Braugher est avec son père, au cinéma comme à la télé, j'en ai les larmes aux yeux.

Natalie apprécie la série. Lorsque les acteurs entrent en scène, dit-elle, «Je disparais.» Elle préfère voir ce qui a été utilisé.

– Je me dis : «J'aurais aimé qu'ils tournent par ici, parce que j'y avais disposé des trucs sympas. »

«J'ai une équipe incroyable qui se surpasse tous les jours. » Tous les objets construits par son équipe ne seront pas utilisés. Pour une scène du 4-Juillet, elle a fait faire des chapeaux, des chaînes de papier et des pétards ; un type a passé une journée entière à confectionner un drapeau. «Katie a flashé sur le drapeau et a décidé d'utiliser cet élément pour montrer que cela se passait en juillet, poursuit Natalie. Ils ont fait cela de manière remarquable. » Natalie avait déjà mis en place deux plateaux, ce matin-là. «Puis il fallait que je fonce sur un repérage. On se dit : ces lieux vont-ils convenir ? Il faut que je me procure tous les éléments pour vendredi. »

« J'ai le meilleur boulot du monde. J'adore les personnes avec qui je travaille. C'est un groupe fantastique, intelligent, bizarre, déjanté, excentrique. Je suis très heureuse d'être entourée par des gens comme ça. Tout le monde a ses lubies. C'est génial. »

–Lisa Edelstein

CUDDY

Lisa Edelstein

Princeton-Plainsboro, c'est l'hôpital de Lisa Cuddy. C'est l'une des trois femmes médecin-chef d'un grand établissement hospitalier *(Un témoin encombrant)*, c'est même la première et, à l'âge de 32 ans, la seconde par ordre d'âge *(Culpabilité)*. On sait également que Cuddy savait à quoi s'attendre lorsqu'elle a embauché House. « Lorsque je vous ai engagé, je savais que vous étiez dingue » *(Vivre ou laisser mourir)*. Ils ont un passé commun. Dès la saison 1, dans *Changement de direction*, le président de l'hôpital et l'ennemi numéro un de House, Vogler, disent savoir que House et Cuddy ont couché ensemble « il y a très longtemps ». Lorsque House est en train de fouiller dans la chambre de Cuddy, apparemment pour chercher des indices sur la raison pour laquelle l'homme à tout faire de Cuddy est tombé du toit, on apprend que Cuddy faisait ses études à l'université du Michigan à la même époque que House. Il était déjà une légende *(Vivre ou laisser mourir)*.

Ce n'est que plusieurs années plus tard, lorsque Cuddy et House dansent à la soirée des années 80 lors de la conférence médicale dans *Les Mots pour ne pas le dire*, qu'on en apprend davantage. Cuddy, habillée en Jane Fonda, danse avec House déguisé en John Adams (mauvais siècle), ils se souviennent de la dernière fois qu'ils ont dansé ensemble, à l'école de médecine, la semaine où ils se sont rencontrés. Ils ont flirté. « Une chose a entraîné la suivante », dit House. « Puis ça s'est arrêté », dit Cuddy. Après leur nuit ensemble, House n'a jamais rappelé. Maintenant, il affirme à Cuddy qu'il avait l'intention de lui téléphoner et de venir la voir, mais que ce matin-là il s'était fait renvoyer par le doyen de l'université. Cuddy est surprise et quitte la piste de danse, contrariée. Il n'était plus question pour elle d'une relation avec House, mais à présent le compteur est remis en marche. House est sobre et essaie de draguer Cuddy, mais ce qu'il ignore, c'est que dans la chambre d'hôtel de Cuddy, veillant sur son enfant, se trouve Lucas.

> « **Maintenant, on sait** qu'ils se sont rencontrés à l'université, même s'il y a entre eux une différence d'âge. Il était en deuxième cycle, alors que je me trouvais en premier cycle. Il était réputé sur le campus pour son intelligence exceptionnelle. Elle avait alors un faible pour lui – sexy au physique comme au mental, une double malédiction ! Ils ont eu leur histoire d'un soir, et on com-

prend qu'il y a eu aussi autre chose. Je pense qu'elle est choquée d'apprendre que ses intentions allaient au-delà d'une seule et simple nuit, et cela est très perturbant pour elle. Chaque fois qu'elle tente d'aller de l'avant, il se passe quelque chose...»

—Lisa Edelstein

Comment Cuddy a-t-elle supporté House toutes ces années durant? Même lorsque House n'est pas en train de contester son autorité, de la mettre dans des situations légalement compromettantes ou de reboutonner le devant de sa blouse, il n'est vraiment pas sympa avec elle. House et Cuddy sont sur un vol au retour de Singapour *(Y a-t-il un médecin dans l'avion?)*, où House fait une communication de trois minutes à un congrès et a laissé une note d'une centaine de dollars à l'hôtel en porno et room service. Dans l'avion, House change le billet de Cuddy pour qu'elle se retrouve en classe touriste, puis change de place avec elle lorsqu'un des passagers de première vomit... Sympa!

Il dit des choses comme celles-ci *(En plein chaos)*:

HOUSE : Généralement, on ne voit pas des poitrines comme ça sur les directeurs d'hôpitaux.

CUDDY : Oh, aucune femme ne peut être à la tête d'un hôpital? Ou juste les moches?

HOUSE : Non, elles peuvent être mignonnes. C'est juste qu'on ne voit généralement pas leurs obus.

... Sympa!

House donne aux seins de Cuddy les petits noms de Patty et Salma, en référence aux sœurs de Marge Simpson qui sont tout le temps en train de fumer. Pourquoi? «Ils sont chauds.» *(Les Mots pour ne pas le dire)*.

Charmant!

Mais Cuddy sait très bien se défendre. Dans le pilote, la première fois qu'elle apparaît, elle accable House de reproches: il ne s'occupe pas de ses facturations; il n'assure pas ses consultations, il doit six ans à la clinique de l'hôpital. Ce déballage laisse House froid.

HOUSE : Il est 17 heures, je rentre chez moi.

CUDDY : Retrouver quoi?

HOUSE : Sympa.

On voit où se trouve le problème : Cuddy est le supérieur de House (« Vos chèques, c'est moi qui les signe. ») et elle doit veiller à ce qu'il fasse son travail. Mais leur contentieux est vieux de dix ans. Lorsque Cuddy et House sont en train de se disputer à l'extérieur d'une salle de consultation, on entend House dire : « Je peux voir vos tétons. » Un des étudiants en médecine qui est en train de regarder la scène glisse à un autre : « Pas étonnant qu'elle le déteste. ». Mais l'autre est plus au courant : « Ce n'est pas de la haine, réplique-t-elle, ce sont des préliminaires. » *(Le Cœur du problème.)* Il y a sans doute quelque chose. Qui sait, si House n'avait pas tout foutu en l'air, peut-être que ce qui l'attendrait à la maison, c'est Cuddy. Et qui sait, un jour ce sera peut-être le cas...

Pour David Shore, fournir à House un patron crédible représentait un des plus grands défis à relever lors du casting. « C'était un personnage très difficile, confie-t-il. Normalement, on a deux possibilités pour un patron. Celui qui le mène à la baguette, ce qui le force à contourner les règles. Si l'on fait ce choix, alors le patron est un idiot... et on ne voulait pas faire une sitcom. Et on ne voulait pas qu'elle lui réponde toujours oui, parce qu'autrement, on n'aurait pas besoin d'elle. On devait donc marcher sur un fil. Lisa fait du très bon boulot : elle joue un personnage qui sait que House est incontrôlable, mais qui sait également qu'il est un génie. Elle a conscience que si elle lui met des limites, le bride, ou réussit un tant soit peu à le contrôler, il est capable d'exploits extraordinaires. »

Cuddy a engagé House parce que c'est un génie, mais lorsque la série démarre, ses mauvais côtés sont en train de prendre le dessus. Sa consommation de drogue a doublé depuis qu'il a commencé à travailler pour cet hôpital. Cuddy dit à House qu'il est accro ; il refuse de l'admettre. « Ce n'est pas juste votre jambe, lui dit-elle. Vous, vous avez envie d'être raide. » *(À bout de nerfs.)* Mais Cuddy décide que House en vaut la peine, vaut davantage même que les 100 millions de dollars que l'hôpital perd, lorsqu'elle décide d'engager House et non Vogler, le bienfaiteur déterminé à virer le médecin rebelle.

Arrivé à la saison 3, l'argument de House à l'égard de son intoxication est plus dur à maintenir, surtout devant l'adversaire le plus déterminé de House, le détective Tritter. Cuddy essaie sans cesse de convaincre House de se sortir de la situation dans laquelle il s'enfonce, mais tout en échouant, elle le sauve en faisant pour lui un faux témoignage *(Cœur brisé).*

«**C'était un des** éléments amusants de l'histoire avec Tritter, qu'elle ait menti mais refuse de s'en réjouir. Elle hait House de l'y avoir forcée. À la fin, elle reconnaît, au ton de House, que le mensonge était nécessaire pour un plus grand bien. Pourtant elle regrette d'y avoir perdu un peu de son âme.»

—DAVID SHORE

Les tentatives de Cuddy pour fonder une famille se croisent généralement avec son histoire et celle de House. À la fin de la saison 2, House découvre que Cuddy cherche un donneur de sperme *(À la vie, à la mort)*. House est enchanté de faire des injections d'hormone dans les fesses de Cuddy, mais il ne la soutient pas dans sa décision d'avoir un enfant. Un jour qu'il ne se sent pas bien, sa jambe le faisant souffrir, House déclare à Cuddy qu'elle ne fera pas une bonne mère *(Rendez-vous avec Judas)*. Toutefois, il lui affirme tout aussi bien le contraire, lorsque Cuddy a trouvé un enfant à adopter, mais qu'elle doit y renoncer *(Rêves éveillés)*. Quelques secondes après, ils s'embrassent (enfin). Et le jeu s'accélère : House démolit les toilettes de Cuddy *(Manger, bouger)*… Par ailleurs, il n'arrive pas à donner à Cuddy ce dont elle a besoin ou ce qu'elle recherche. Un épisode plus tard, Cuddy trouve son bébé, Rachel *(Le Divin Enfant)*.

Même si au départ elle a du mal avec l'enfant (dans *Gros bébé*, elle confie à Wilson qu'elle ne ressent rien pour lui), elle s'en sort. Après la mort de Kutner, le bébé de Cuddy devient un obstacle : «Allez bercer ce petit bâtard, si ça peut vous rassurer sur vous-même !» *(Écorchés vifs)*. «J'ai besoin de vous» dit-il, et Cuddy reste avec House pendant qu'il se désintoxique. Mais House prouve qu'il est capable du pire. Il clame à qui veut l'entendre, depuis le balcon du premier étage du hall d'entrée de l'hôpital, qu'il a couché avec Cuddy. «Vous êtes pire qu'un connard» lui dit-elle *(Parle avec elle)*.

> «On lui reproche de s'habiller de manière déplacée, de ne pas défendre assez la condition féminine dans le monde du travail, et ainsi de suite. Mais ce ne sont que des bêtises. Ce qu'elle fait quotidiennement est complexe et exigeant, et elle réussit à paraître simultanément amusante, glamour, opprimée et torturée. Comme les gens dans la vraie vie.»
>
> —HUGH LAURIE

QUESTION : Elle a pris pour une insulte ce que vous avez dit depuis le balcon et a déclaré à tout le monde que vous n'aviez pas couché avec elle.

HUGH LAURIE : Oui. De manière assez pénible.

C'est dans une hallucination que House a couché avec Cuddy, et il admet qu'il ne va pas bien.

QUESTION : Lucas et Cuddy frappent House assez fort.

DAVID SHORE : On ne lui rend pas la vie facile.

QUESTION : C'est un coup bas ?

SHORE : Il l'a vu venir.

Il semble que House ait eu sa chance avec Cuddy et ait échoué. Alors que House est à l'hôpital, Cuddy vit sa vie. Elle engage Lucas, l'ami détective privé de House, pour découvrir si quelqu'un vole de l'argent à la comptabilité. « Je suis une mère maintenant, dit-elle. J'ai besoin d'un homme sur qui je puisse compter tous les jours » *(Les Mots pour ne pas le dire)*. Lucas est ce que House n'est pas – ou n'était pas.

« **J'espérais qu'ils feraient** revenir Tritter qui est si grand et si viril ! Je n'ai jamais dit ça à personne, c'était une pensée personnelle. Il est davantage un défi pour House que le personnage de Lucas, qui est plutôt son ami. Tritter est un adversaire pour sa virilité. C'est le genre d'hommes qui donne l'impression aux autres qu'ils sont petits, faibles et inadaptés. »

—**LISA EDELSTEIN**

Lorsque House, Wilson, Lucas et Cuddy prennent le petit déjeuner à l'hôtel où se tient le congrès, Lucas brise le silence en dévoilant ce que Cuddy lui a dit à propos d'elle et de House. House se sent trahi. Pourtant, Cuddy a supporté House comme aucun autre patron ne l'aurait fait. Elle était la partenaire qu'elle n'est jamais devenue et l'amante sur laquelle il fantasmait. La femme avec qui il s'est disputé, qu'il a insultée, et sur qui il s'est appuyé autant que sur sa canne. Voilà ce que représentait Cuddy.

Dans *16 heures de la vie d'une femme*, on peut voir une journée à Princeton-Plainsboro vue par Cuddy. Elle se réveille à 5 heures, elle fait du sport et s'occupe de Rachel, consulte son Blackberry, essaie de faire l'amour avec Lucas avant de partir travailler. Malgré quelques moments de vulnérabilité et ses inquiétudes à propos de la santé de Rachel, elle assure son autorité au sein du centre hospitalier universitaire : elle vire une employée pour avoir volé de la drogue, puis la pousse à se dénoncer, lorsqu'elle découvre qu'il s'agit d'une quantité bien plus importante qu'elle ne l'avait cru ; elle met fin à une bagarre entre Chase et le chirurgien en chef ; elle rejette l'attaque en justice d'un patient dont Chase a rattaché le pouce sans son consentement ; et, ce qu'il y a de plus impressionnant, elle affronte brutalement la compagnie d'assurance de l'hôpital afin de renégocier le contrat en gagnant au jeu de la « poule mouillée ». Pour une fois, House est moins un problème qu'un collègue, et plus ou moins un confident.

> « **Lisa est un** régal absolu. Il y a une série, je ne sais plus laquelle, qui a gagné un prix. Elles sont toutes montées sur scène et ont salué la foule. Moi, je regardais ces femmes, et je me disais, ah ! je vois ce que vous avez fait là. Vous avez pris la femme magnifique, la glamour, la déjantée, la rigolote, l'opprimée, la femme triste. Lisa Edelstein, elle, est tout ça à la fois. Vous vous êtes mises à je ne sais combien pour accomplir ce qu'elle fait chaque semaine, et c'est vous qu'on récompense... C'est injuste. »
>
> —HUGH LAURIE

Lisa Edelstein, à propos de... Cuddy

QUESTION : Comment faites-vous pour marcher dans certaines de ces jupes ?
– C'est difficile d'avancer correctement dans beaucoup d'entre elles, c'est pour cela qu'il faut bouger les hanches ; il faut adopter une démarche chaloupée.

QUESTION : Ainsi, un point pour elles. N'empêche, elles ont l'air inconfortables.
– Dans l'Histoire, beaucoup de vêtements féminins sont inconfortables.

QUESTION : Cuddy a une garde-robe plus importante que n'importe qui d'autre.
– C'est qu'elle dirige un hôpital, ce n'est pas rien ; elle a besoin de tenues.

QUESTION : Sa palette de couleurs est intéressante...
– Elle aime le rose, le rouge, le noir et les encolures, ainsi que les colliers ras du cou et les bracelets.

QUESTION : Cela veut dire quelque chose ?
– Oui, je crois. J'ai participé au développement de sa garde-robe au fil du temps, et c'est très amusant. On a une supercostumière. Ce qui est amusant, quand on est une fille, c'est que l'on fait deux fois plus de shopping. Une fois pour soi-même, une fois pour le personnage. Quand je cherche des vêtements pour moi et que je trouve quelque chose qui irait bien à Cuddy, j'appelle Cathy. «Tu sais quoi ? J'ai vu quelque chose de superbe.» Elle est vraiment sympa. Bien sûr, Cathy fait presque tout le travail, mais parfois, dans un magasin de luxe, je me dis : moi, je ne peux pas porter ça, mais mon personnage, si.

QUESTION : Vous pouvez passer en *mode Cuddy* ?
– Je connais Lisa Cuddy depuis un bon bout de temps. Bizarrement, elle me ressemble pas mal et je peux dire si un vêtement lui ira, juste en le regardant.

QUESTION : On ne connaît pas grand-chose de la vie de Cuddy.
– David Shore et moi avons discuté de cela lors de la première saison. Le personnage de Cuddy n'était pas très développé sur le papier, et j'avais peur qu'elle ne devienne secondaire... Tout ce que je voulais savoir, c'est qui elle était et d'où elle venait. J'ai fait quelques recherches sur la nature de mon travail et me suis aperçue que peu de femmes obtiennent ce poste. J'en ai fait part à David, ainsi que de mes idées à propos de l'histoire entre elle et House. J'étais assez intimidée. Il a été vraiment sympa et a intégré mes commentaires à sa sauce. Il ne m'a pas virée de son bureau ou de la série avant de me pomper mes idées, ce qui était pas mal. Maintenant, on a un personnage beaucoup plus fourni. C'est extraordinaire de participer à la création de cette manière.

QUESTION : Êtes-vous le seul médecin qui n'ait jamais tué personne ?
– Elle n'a pas tellement pratiqué, depuis ces dix dernières années. Il y en a que je ne pouvais pas sauver, comme la mère du bébé que j'ai adopté.

Lisa Edelstein, à propos de... House

QUESTION: Pourquoi a-t-il fallu tant de temps à House pour révéler ses sentiments?

– Il a fait tout ce travail sur lui-même lorsqu'il était à l'hôpital psychiatrique, et il est revenu avec une façon différente de communiquer. Il a acquis certains talents qu'il ne possédait pas auparavant. Combien de temps cela va-t-il durer? Je ne sais pas. Cela est très surprenant pour elle. Quand il était absent, elle a finalement trouvé la paix. Elle aussi a changé. Elle a compris qu'il fallait qu'elle parvienne à une certaine stabilité dans sa vie, parce qu'elle est désormais une mère. Ce type revient, et il est doublement plus stable, au moins au niveau de son rapport humain, que celui qu'elle a vu partir dans un hôpital psychiatrique.

QUESTION: En temps que professionnelle médicale, Cuddy était dans le conflit par rapport à l'addiction de House...

– Il abuse de ses analgésiques... C'est difficile pour Cuddy de comprendre comment l'on peut perdre le contrôle de sa consommation de drogue, parce qu'elle n'est pas en état de dépendance. Si vous ne l'êtes pas, vous prenez votre médicament lorsque vous en avez besoin, et vous n'éprouvez pas l'envie d'en prendre autrement. Si vous l'êtes, vous en prenez, vous en prenez, puis vous en prenez... Dans la vraie vie, il aurait perdu il y a longtemps son droit d'exercer. Tout docteur prenant des analgésiques a des difficultés pour travailler, même si le médicament a été prescrit. Mais c'est Princeton-Plainsboro vous savez. C'est très spécial.

QUESTION: Cuddy se débarrasse de Tritter en mentant et en compromettant sa propre personne.

– Elle aurait été mise en prison quinze fois. Quel monde! Tout reste impuni.

QUESTION: Vous étiez prête à aller en prison?...

– Elle croit vraiment en lui. Elle sait que c'est un génie, et c'est pour cela qu'elle tolère sa folie. Je crois que ça l'excite un peu. Les grands esprits sont attirants... jusqu'à ce qu'ils vous frappent directement au visage. Dans un sens, c'est une maman ours qui se battrait jusqu'à la mort, et elle est très protectrice envers lui. C'est pour cela qu'elle est si fâchée lorsqu'il lui fait du mal, parce que cela représente une profonde trahison. Elle fait tout pour qu'il soit en sécurité, elle le protège contre lui-même. Il est attaché à elle ; il apprécie ce qu'elle fait pour lui. C'est le syndrome classique de l'abandon. Les gens en proie à un grave abandonnisme feront en sorte de ne montrer aucune affection pour les autres, afin de maintenir leur état. Et cela ressemble au Dr House.

QUESTION : Cuddy agit parfois de manière insensée... Lorsque vous essayez de vous rendre fous l'un l'autre, jusqu'à en briser des toilettes...
– Elle essaie de se mettre au même niveau que lui, mais elle n'y arrive pas vraiment. C'est beaucoup plus dur pour elle que pour lui de se comporter méchamment. En outre, c'est elle la patronne, et elle ne peut pas se permettre d'agir de la sorte. Mais pour eux, c'est vraiment de l'attirance sexuelle.

QUESTION : Six ans à jouer les préliminaires. Quand vous serez finalement ensemble, ça promet d'être...
– ... assez rock and roll.

QUESTION : Dans vingt-cinq ans, est-ce que House et Cuddy seront amis ?
– Ils se connaîtront toujours parfaitement l'un l'autre. Ils vont mener cette danse jusqu'à la fin de leurs vies. Ils traverseront des périodes où ils ne pourront plus s'arrêter de faire l'amour, puis d'autres où ils ne pourront plus se supporter, puis tout recommencera... Je crois que certaines personnes ne peuvent pas vivre sans se chamailler.

Lisa Edelstein, à propos de... se caser

« Maintenant qu'elle s'est posée et qu'elle a un enfant, elle veut être sûre que tout soit bien organisé, qu'elle a de bons employés et de bons amis. C'est là que Lucas entre en jeu : c'était un meilleur choix parce qu'il est plus responsable. Ce sont des raisons assez intellectuelles, lorsqu'il s'agit de choisir un homme, j'ai personnellement essayé, mais cela ne me convient pas... Beaucoup choisissent leurs partenaires selon leur niveau intellectuel et sont prêtes à tolérer de nombreux défauts. Moi, je ne peux pas. Je trouve que c'est comme de la prostitution. Lucas ne peut pas être le bon choix. Cuddy le choisi parce que c'est simple et confortable. »

—Lisa Edelstein

QUESTION : Pensez vous que House ait joué sa dernière carte ?

HUGH LAURIE : Je ne sais pas. La télé étant ce qu'elle est, les auteurs ne veulent se fermer aucune porte.

QUESTION : Lucas est le seul homme, à part Wilson, dont House ait été proche.
– Oui. Il ne peut pas le détester. Il l'aime bien.

QUESTION : Elle aime bien le génie qui résout des énigmes. Lucas, le détective privé, en résout également.
– Elle aime les penseurs ayant de la créativité. Il y a une différence. Ce que House a de plus que Lucas, c'est son côté délicieusement obscur. Lucas est une version plus sûre de ce que vous voudriez vraiment. Je ne sais pas si cela peut tenir très longtemps.

QUESTION : Au dernier Thanksgiving, elle a envoyé House à la mauvaise adresse...
– C'était sournois... Je pense qu'elle se montre cruelle dans cet épisode, sachant qu'elle l'est déjà assez en étant avec Lucas. Il fait vraiment des efforts sur lui-même et je ne comprends pas... Cuddy et House ont passé six ans, lui à lui tirer sa natte et elle à le frapper au tibia, et c'est ce qu'ils font. C'est plus un jeu sexuel pour eux. Je ne crois pas qu'il l'aimerait si elle ne se défendait pas. Cela maintient son intérêt pour elle.

> « House a eu toutes ses chances avec Cuddy. Elle lui a donné toutes les opportunités qu'elle pouvait, et chaque fois il a tout fait foirer. Alors, c'est injuste de penser qu'elle va attendre. Mais d'un autre côté, elle aurait pu choisir mieux. »
>
> —David Shore

QUESTION : À la fin de la saison 5, il croit que vous êtes enfin ensemble.

LISA EDELSTEIN : Il voulait emménager avec elle, et je trouve ça plutôt mignon. J'aime bien le fait que c'est ce qu'il pense et ce qu'il imagine vouloir. Dans une hallucination, il a cru coucher avec elle. Il pensait qu'il voulait emménager, c'est là où il voulait en venir. J'ai trouvé ça magnifique. Mais il était tellement loin de tout cela dans sa *vraie* vie...

QUESTION : Est-ce qu'elle va se caser ?

– Je ne sais pas. Je vais répondre à cette question de mon propre point de vue, et je ne comprends pas vraiment pourquoi les gens veulent se marier. Je crois que tout le monde devrait en avoir le droit, mais je ne vois pas pourquoi ils le voudraient. Je comprends le fait de souhaiter avoir un partenaire dans la vie, mais pour le reste... Alors, je ne sais pas comment répondre à cela à propos de Cuddy.

Lisa Edelstein, à propos de... *Dr House*

QUESTION : Vous avez l'air de vous amuser.

– Vous plaisantez ? J'adore mon boulot.

QUESTION : Est-ce que le travail vous suit jusqu'à la maison ?

– J'ai regardé une fois un enregistrement. Je ne peux pas regarder en direct. Je n'aime pas regarder les pubs... Je regarde, parce que cela m'apprend des choses, et que cela fait partie de mon boulot. Je me dis : « Je ne porterai plus jamais ce pantalon, mais à quoi je pensais ? » ou « Pourquoi est-ce que j'ai l'air de porter une perruque, alors que ce sont mes cheveux ? » C'est difficile d'être objectif, mais on peut voir ce qui est bon et ce qui est mauvais, on peut se corriger. Vous vous regardez mentir mieux que personne.

QUESTION : Est-il possible pour vous de regarder la série en tant que telle ?

– Seulement les scènes dans lesquelles je n'apparais pas.

QUESTION : Est-ce que les scènes comiques sont amusantes à tourner ?

– J'aime vraiment la scène (dans *Comme un chef*), où Wilson entre, dit que ses toilettes sont cassées et que Cuddy répond qu'elle va chercher ses outils. J'aime avoir l'occasion d'être drôle. C'est subtil. Vous laissez la blague sortir et elle s'envole.

« **Hugh, Lisa et** Robert ont des relations entre eux qui se retrouvent à l'écran. Ainsi, alors que la réplique de Cuddy se borne à : "Non, c'est absurde, c'est tellement absurde, OK, allez-y", ils sont capables de jouer la scène avec beaucoup d'humour. On essaie de rendre la série amusante, ce qui est parfois difficile lorsque l'on parle de mort et de maladies. Les scènes où Cuddy est présente sont souvent l'occasion de pimenter d'un peu d'humour la série. Les acteurs sont très forts pour ça. »

—Tommy Moran

QUESTION : Tout le monde ici est assez décontracté ; l'ambiance n'est pas tendue...
– ... Et je suis heureuse de pouvoir le confirmer. Ce n'était pas le cas pour toutes mes expériences professionnelles. La plupart, environ quatre-vingt-dix pour cent, étaient positives, mais celle-ci est la plus longue de ma carrière. De manière générale, la plupart des acteurs ne sont pas fous. La majorité des personnes avec qui j'ai collaboré sont très accueillantes et chaleureuses et veulent travailler dans un environnement agréable. Je ne comprends pas ceux qui n'en voient pas l'intérêt. Pourquoi chercherait-on à faire de son lieu de travail un enfer ? Et ce d'autant plus quand on a l'opportunité de créer cet environnement parce qu'on est l'un des personnages principaux !

QUESTION : L'ego ?
– Bizarre ; nécessiteux ; présent pour des mauvaises raisons ; se donne en spectacle...

QUESTION : Allez-dire ça à House !
– Il se comporte ainsi parce qu'il est malheureux ; il n'a aucune tolérance. Quand vous avez mal, vous ne pouvez pas en avoir. La Vicodin aide un peu, cela arrondit les angles.

QUESTION : Lorsque vous lisez le script pour la première fois, êtes-vous frappée par la qualité ?
– J'aime la façon dont ils racontent l'histoire, le fait qu'ils continuent à prendre des risques avec le format et d'aller toujours plus loin.

QUESTION : Cette vision du monde assez sombre...
– Je ne trouve pas que ce soit si sombre ; c'est réaliste. Je suis comme David Shore, je trouve que voir la vie en rose a quelque chose de dangereux... J'aime la tradition, j'aime la culture, mais je n'aime pas cette façon de voir la vie.

QUESTION : Cuddy et House sont tous les deux du côté de la science...

– Ils sont tous les deux réalistes. C'est peut-être féminin... Elle souffre plus de ses espoirs que lui. Je crois qu'il n'en a aucun. Peut-être qu'en sortant de l'hôpital psychiatrique, il se permet d'en avoir un peu, mais elle a souffert trop longtemps et elle essaie de passer à autre chose. C'est une dynamique intéressante.

LE LOOK DE CUDDY

«Le commentaire qui revient le plus souvent à propos de la série, c'est pourquoi les chemisiers de Cuddy sont-ils si décolletés ? Aucun médecin ou administrateur d'hôpital ne porterait des blouses aussi cintrées. Je ne vois pas où est le problème. Elle connaît ses atouts, elle est forte et indépendante et elle sait les utiliser. Je pense que c'est tout à fait naturel.»

—CATHY CRANDALL, COSTUMIÈRE

«J'adore la façon dont elle s'habille. C'est féminin, mais structuré. Elle peut être un peu sexy, si elle le veut. Cuddy passe presque toute sa vie à l'hôpital. Maintenant, elle a un enfant et prend du temps pour autre chose. Avant, elle ne faisait que travailler. Cela signifie que tous les aspects de sa personnalité doivent être présents lorsqu'elle est là. Elle doit être féminine, sexy et forte : elle a le contrôle et elle peut se détendre. Elle doit pouvoir vivre pleinement au sein de l'hôpital.»

—LISA EDELSTEIN

Lisa Edelstein, à propos de... Lisa Edelstein

– J'ai eu une de ces carrières lentes et progressives, dont le rythme augmentait chaque année... Je travaille depuis 1988, l'année où j'ai monté ma propre pièce à New York, une comédie musicale sur le sida, que j'ai écrite et composée. Cela m'a fait démarrer... Je suis venue à L.A., j'ai progressivement obtenu des boulots sympas sur des séries comme *Seinfeld*, *Wings* ou *Dingue de toi*...

J'ai été engagée sur cette série une semaine après avoir été refusée pour *Desperate Housewives*. Je suis heureuse que Felicity Huffman ait obtenu le rôle, parce qu'elle fait un travail fantastique. Quant à mon rôle, il est parfait pour moi. Je suis reconnaissante à la série, parce que je suis là depuis si long-temps que je comprends vraiment de quoi il s'agit... Je ne pense pas que l'on m'ait fait une faveur. J'ai vraiment travaillé dur pour en arriver là.

QUESTION : Vous jouez un personnage important dans le pilote de *À la Maison Blanche*.
– La prostituée. Un rêve sous plusieurs aspects : c'était un projet élégant, et j'avais déjà collaboré avec Aaron Sorkin et Tommy Schlamme sur *Sports Night*... Aaron m'a parlé du pilote d'*À la Maison Blanche*. Je voulais vraiment y participer. J'ai passé l'audi-tion pour être C.J., mais ils tenaient à ce que je sois la call girl. J'ai plus l'air d'une prostituée que d'une attachée de presse...
Dans la première scène, on se trouve dans une chambre d'hôtel. Je porte une chemise d'homme et un ensemble sexy. J'avais vraiment un faible pour Rob Lowe quand j'étais jeune – c'était la star de cinéma dont j'étais amoureuse au lycée. C'était un grand moment de ma vie. Si je pouvais faire un voyage dans le temps et me dire à moi-même quand j'avais quinze ans que non seulement un jour je serais actrice, mais que j'aurais l'occasion d'embrasser Rob Lowe dans le cadre d'un projet fantastique, ne portant rien d'autre que des sous-vêtements et une chemise d'homme... Cette série me procure également de grandes sen-sations.

QUESTION : Vous savez que vous jouez dans une série très popu-laire ?
– Il paraît. C'est génial d'entendre ça sur son travail. En même temps, c'est tellement énorme que cela dépasse l'entendement. Je me borne à faire mon boulot. On me reconnaît davantage ; on ne m'interrompt plus quand je parle ; je découvre des photos de moi qui ont été prises à mon insu. Je dois renforcer ma sécurité. J'ai été obligée de déménager.
Il y a des éléments qui sont perturbants et effrayants, mais il y en a d'autres qui sont formidables. Bien sûr, c'est agréable d'être reconnu pour son travail ; que l'on pense que ce que vous faites est bien. Mais en même temps, un fanatique peut devenir une menace, parce qu'il y a beaucoup de gens qui sont obsédés : cer-tains sont inoffensifs, mais il y en a dont il faut se méfier.
Avec Internet, on est tellement exposé ! Même sur le tapis rouge des Emmys, on vous pose les questions les plus stupides. Cette année, on nous a demandé pour la première fois ce que l'on

portait en dessous de nos robes. Vous ne voulez pas garder une part de mystère ? Vous voulez parler de mon tampon ? C'est ce que j'ai ressenti. Je ne comprends pas comment on peut s'intéresser à de tels détails.

La télévision HD par exemple. On n'a pas besoin d'autant de détails. Cela souligne davantage les défauts du visage, tout le monde a l'air plus vieux. Les passants dans la rue me disent que j'ai l'air plus jeune et plus mince qu'à la télé, ce n'est guère agréable à entendre. Dans un sens, c'est sympa, mais seul un millier de personnes m'aperçoit dans la rue en une semaine, alors que 80 millions me voient sur leur petit écran et pensent que j'ai l'air vieille et grosse !

QUESTION : Les gens pensent pouvoir se permettre de vous dire cela parce qu'ils croient vous connaître ?
– C'est un peu étrange. Vous êtes un produit, vous vendez et fabriquez un produit.

QUESTION : Pas lorsque vous marchez dans la rue...
– J'ai l'impression que c'est ce qui arrive, désormais. Je crois que ce phénomène est lié à la télé-réalité. Mon boulot, c'est ce que je fais sur ce plateau. J'adore ce métier, mais les à-côtés sont un peu éprouvants. C'est comme ça que je gagne ma vie, il faut que je le supporte. Je gagne très bien ma vie, alors, motus !

QUESTION : Est-ce que vous regardez la télévision ?
– J'aime beaucoup la télé. Il y a tellement de bonnes séries : *Mad Men, Big Love, Nurse Jackie, 30 Rock, True Blood*... Ceux qui ne travaillent pas attribuent la difficulté à y trouver une place au fait que les chaînes produisent beaucoup de télé-réalité. Pourtant, il y a plus de chaînes. Pourtant, le câble produit moins d'épisodes, et par conséquent une meilleure qualité. On tourne vingt-deux épisodes par an, ce n'est pas rien.

QUESTION : Tous ces trucs médicaux, ça ne vous fait jamais flipper ?
– Non, j'adore ça. Toutes ces informations que j'obtiens, je les retiens très bien. Mon niveau de compréhension médical est assez élevé... Mon père est médecin. J'aurais été un bon médecin, dans une autre vie. J'étais une étudiante lamentable. L'école ne présentait aucun intérêt pour moi. Je n'aurais jamais pu faire

médecine. Je n'ai même pas terminé mes études secondaires.
Je n'ai aucun diplôme.

QUESTION : Mais vous pouvez en jouer un à la télévision.
– Eh oui. Et je peux répondre à de nombreuses questions. Et
avoir l'air crédible.

QUESTION : Est-ce qu'on vous arrête souvent dans la rue pour
vous consulter ?
– Non, mais on me pose souvent cette question.

QUESTION : Cela vous arrive-t-il de voir quelqu'un dans la rue et de
vous dire que cette personne souffre de telle ou telle maladie ?
– Oui. Je fais souvent des diagnostics. Je ne peux pas m'en empêcher. Les gens pensent que c'est parce que je joue un docteur à
la télévision, mais en fait, c'est naturel chez moi. Je dirais que ce
n'est pas parce que je suis un faux médecin, mais juste parce que
j'ai beaucoup de connaissances en médecine.

10

DU FAUX POUR DU RÉEL

☒ Accessoires et effets spéciaux

« Ce ne sont pas de vraies balles de tennis
géantes. Les vraies sont juste un peu plus
petites. On en avait six en début de saison,
mais on n'a pas pu en faire fabriquer de
nouvelles. On en a parlé à China, mais
ce n'étaient jamais les mêmes. Elles ne
rebondissent pas aussi bien. »

—TYLER PATTON, CHEF ACCESSOIRISTE

La plupart des épisodes de _Dr House_ sont en fait deux histoires en
une : l'accroche en ouverture d'épisode et l'intrigue elle-même,
qui apporte la solution de ce qui a été posé dans l'accroche. Le
début d'un épisode peut apparaître très différent de ce que l'on
voit généralement dans _Dr House_ : un lieu inhabituel, des acteurs
inconnus, une ambiance surprenante. On a pu voir ainsi des
séquences impressionnantes, des bâtiments qui s'écroulent _(Tout
seul)_, des catastrophes en Antarctique _(Celle qui venait du froid)_,
des voyages intersidéraux _(Black Hole)_, et beaucoup d'accidents
de voitures, de motos, etc. Ces films miniatures que constituent
les accroches des épisodes exigent parfois des tournages à des
échelles visuelles différentes, aussi élaborées que pour des longs
métrages, agrémentées d'effets spéciaux. La scène la plus drama-

tique et la plus complexe de la série s'est pourtant produite à la fin d'un épisode, l'accident de bus de *Dans la tête de House*.

La diffusion devait avoir lieu juste après le Super-Bowl de 2008, et par conséquent avoir un impact à la mesure de ce créneau de diffusion prestigieux. L'accroche montrait House désorienté et blessé après l'accident, essayant de retrouver ses marques… dans un club de strip-tease ! Dans la plupart des accroches n'apparaissent pas les personnages principaux de la série. Montrer House avec une fille qui danse lascivement sous son nez était astucieux : cela permettait de présenter le personnage principal à une large audience d'après-match qui ne connaissait pas la série. Mais la grève des scénaristes est venue bouleverser ce plan. *Dans la tête de House*, en doublé avec *Dans le cœur de Wilson*, sont devenus l'apothéose de la saison 4. Wilson perd sa petite amie Amber, et House manque de se tuer, d'abord en tentant de se rappeler qui était dans le bus avec lui au moment de l'accident, puis en tentant de retrouver les symptômes de cette personne et d'expliquer pourquoi ils avaient tous été si malades.

Les retards dus à la grève ont en fait laissé à la production plus de temps pour préparer cette scène très complexe de l'accident. Cette dernière exigeait l'utilisation combinée de fonds verts pour effets d'incrustation, de cascades parfaitement réglées, et d'effets spéciaux en postproduction. Deux bus ont été utilisés : l'un d'eux, couché sur le côté dans les studios de la FOX, et l'autre entièrement désossé pour la reconstitution sur un plateau d'un second bus. La carrosserie a été fixée sur un axe rotatif, pour qu'elle puisse tourner comme un poulet dans une rôtisserie. Bien que le bus ne fasse que basculer sur le côté lors de l'accident fictif, la carrosserie destinée au tournage des effets se retourne complètement. Des cascadeurs tombent de leurs sièges et roulent à l'intérieur de la cabine, selon une chorégraphie mise au point par le coordinateur des cascades, Jim Vickers. Pour d'autres plans, les acteurs sont allongés dans le fond du bus, pendant que des faux débris de verre sont projetés sur eux : un autre effet utilisé pendant la séquence du renversement du bus.

Le réalisateur Graig Yaitanes tourne des plans dans un Cyclorama de fond vert entourant le bus ; les plans du fond qui bascule seront par la suite incrustés lors de la postproduction. Des effets d'éclairage accentuent l'impression de basculement du bus et son départ en tonneau : ce sont les lumières qui se déplacent, au lieu de la cabine. Le directeur des effets spéciaux, Elan Soltes, ajoute ensuite l'impact. Anne Dudek (Amber) est affublée d'une tige de métal lui traversant la jambe et maquillée de fausses blessures au visage. Lors d'un des multiples plans, la canne de House, celle qui est décorée d'un motif de flamme, tournoie en l'air. Après l'accident, House a des hallucinations et se revoit discuter avec les passagers du bus. Ces plans sont ponctués par des bandes de lumière parallèles qui pulsent à l'arrière du bus, un effet inspiré par les souvenirs d'enfance du directeur de la photo, Gale Tattersall, qui habitait non loin d'un aéroport.

Gerrit van der Meer et Marcy Kaplan, les producteurs, décident si les dépenses pour ce genre de scène peuvent être engagées. « Ce sont des séquences brèves, mais très onéreuses », précise Gerrit, à propos de l'accident de *Dans la tête de House.* Marcy et Gerrit auraient préféré conserver un décor comme celui-là, mais un bus renversé ne pouvait servir qu'une fois.

L'épisode *Dernier espoir* commence aussi par une scène d'action complexe. Une femme rescapée tremble de froid à bord d'un hélicoptère des gardes-côtes, tandis qu'un plongeur tente de récupérer son compagnon dans des eaux déchaînées, balayées par le vent et la pluie. Le couple s'est enfui de Cuba et veut rencontrer le Dr House. Gerrit et Marcy avaient eu chacun, par le passé, à produire des scènes tournées dans une grande cuve, comme celle nécessaire au tournage de ce sauvetage ; Marcy, dans le film *Y a-t-il un commandant pour sauver la Navy?* en 1996, et Gerrit en Angleterre. Ils ont trouvé une cuve à Pacoima, qui correspond aux deux exigences de Marcy : « Économique et disponible. » L'autre partie de la séquence est filmée dans un hangar de l'aéroport de Santa Monica. Il n'était

> « Nous avons tous les stylos, crayons, etc., dont vous pouvez rêver ! Et une perruque blonde, au cas où. »
>
> —MIKE CASEY

pas possible de faire survoler la cuve par un véritable hélicoptère, et encore moins de disposer d'un avion des gardes-côtes. Le tournage a donc été réalisé en miniature. « Quand on a monté les deux scènes ensemble, c'était totalement réaliste », explique Gerrit.

Pour *L'Homme de ses rêves,* le réalisateur Deran Serafian a filmé un Humvee de l'armée en train de faire un tonneau, comme le bus de *Dans la tête de House.* House rêve qu'il perd sa jambe lors de l'opération Tempête du désert. La scène n'a pas demandé plus de vingt minutes de tournage. Marcy Kaplan était inquiète de ne pas pouvoir faire plus d'une prise, après tant de travail de préparation.

Gerrit s'en souvient : « Ils sont montés dans le véhicule avec une caméra vidéo et ont fait le tonneau. Puis, Deran a dit : "OK, on a le plan." J'étais sidéré. "On ne peut pas la refaire ?" a ajouté Marcy. Nous avons tout organisé. Mais ce n'est pas à moi de dire : on la refait. »

....

De nombreux subterfuges sont utilisés pour convaincre les spectateurs qu'ils regardent des gens dont la vie est en jeu dans un hôpital de Princeton, New Jersey, alors que toute l'action se passe en fait dans d'énormes studios, au beau milieu d'un enclos de production cinématographique en Californie. Comme pour l'accident de bus, une partie des trucages est effectuée numériquement (effets visuels) ; d'autres éléments sont montés sur le plateau (effets spéciaux). La plupart du temps, quand on voit un des personnages avec quelque chose à la main, l'objet est réel. Si c'est une balle de tennis géante, elle doit être conçue spécialement. Tout ce qui est manipulé par un acteur est un accessoire, sous la responsabilité des accessoiristes en chef Tyler Patton et Mike Casey. Tout ce qui se trouve en arrière-plan dépend du département de décoration. *Dr House* est une série médicale, et les blessures et maladies des patients doivent paraître réelles. Dans de nombreuses scènes, par exemple un acte médical complexe, tous les éléments visuels – accessoires, effets visuels, effets spéciaux, maquillage, costumes et décoration – servent à transporter l'audience dans le Centre hospitalier universitaire de Princeton-Plainsboro.

Pour Jesse Spencer, une petite retouche entre deux prises.

Les chefs accessoiristes Tyler Patton et Mike Casey ont transformé leur bureau en un décor polynésien. Tyler se tient au bar, qui lui sert aussi de bureau. Les murs sont recouverts de bambou et de palmiers. La petite pièce est encombrée de nombreuses plantes en pot. Des ukulélés et une paire de bouteilles de tequila en forme de pistolets complètent le décor. Tyler et Mike passent tellement de temps sur leur lieu de travail qu'ils souhaitaient un environnement leur donnant l'impression d'être en vacances. Ils ont acheté certains des bibelots; d'autres ont été récupérés dans les réserves d'accessoires d'anciennes séries, comme *Las Vegas*, qui ne sont plus diffusées. Nous sommes chez des gens de télévision, donc rien n'est réel. Les deux têtes de mort qu'on aperçoit dans un coin sont fausses. La grenade offensive, en revanche, est une vraie.

Le bureau de Dalia Dokter, la responsable des effets spéciaux de maquillage de la série, est aussi son studio. Il est situé dans une caravane très fortement éclairée. Sur le mur, on peut voir des photos du travail de Dalia – de la peau abîmée, des énormes excroissances sur les visages, des cicatrices, des squelettes, des éruptions cutanées, des blessures sanguinolentes. Dalia commande les prothèses et maquille les comédiens de manière à leur donner l'air de malades incurables. Dans le coin, un faux scalp complet avec ses cheveux ébouriffés et une blessure ouverte, de la taille d'une grosse pièce de monnaie, qui a servi dans *Démission*. Dalia est ravie de le décrire en détail: «Elle est dans l'IRM, et sa tête explose. J'ai dû faire fabriquer cette prothèse pour que la blessure se trouve au milieu de ses cheveux. Il y avait beaucoup de sang qui dégoulinait du trou.»

Que ce soit dans des caravanes, sur les plateaux ou dans leurs propres garages, Tyler et Mike ont accumulé un tas d'objets divers. Tout ce qui a servi pour la série est conservé, au même titre que les accessoires qui n'ont pas été choisis et toutes sortes de choses qui peuvent servir un jour. Mike précise: «Quand on achète quelque chose, on en prend plusieurs exemplaires.» Cette règle s'applique à tout ce qu'ils achètent. Ce qu'ils ne peuvent pas acheter ou trouver dans leur stock, ils le louent à une des entreprises de location spécialisée de L.A., comme Hand Prop Room, ou ils les commandent à des artisans.

«Ce qui fait la différence entre un bon accessoiriste et un excellent accessoiriste, c'est son aptitude à l'anticipation. Il faut pousser le bouchon un peu plus loin et se demander: Qu'est-ce que je penserais sur cette scène? Et donc, quand un comédien arrive sur le plateau et se demande: "Que pourrais-je bien faire? Devrais-je avoir un briquet?", je lui réponds "Oui, c'est une bonne idée, un briquet; lequel, voulez-vous?" "Ah, génial! Un Zippo. Non, peut-être un Bic. Vous en avez un vert?" Là, je dis: "Pas de problème, en voilà un."»
—TYLER PATTON

En fonction du découpage du scénario, le matériel nécessaire pour un épisode est rassemblé dans la caravane de l'accessoiriste, où l'assistant Carl Jones le classe et le répartit dans des caisses pour Eddie Grisco. Ce dernier apporte les accessoires sur le plateau et les distribue aux acteurs pour chaque scène. Une fois les objets utilisés, ils sont de nouveau rangés. Le stock de plateau de Tyler et Mike est un véritable bazar organisé. Le matériel de la saison la plus récente est classé par épisode à portée de main. Les canettes de soda sans marque sont stockées à côté des éprouvettes de test et des fax utilisés dans un même épisode. Voici le journal de vacances en Thaïlande de Numéro 13. Dans la scène, cette dernière écrit sur une page bien précise, et cette page doit donc être reproduite en plusieurs exemplaires pour tenir compte du nombre de prises supplémentaires.

«Nous avons d'autres pages, au cas où elle déciderait de feuilleter l'album. On ne peut pas placer un accessoire sur le plateau et imposer des limitations à son usage. Si on ne peut pas tourner la page, ce n'est pas du bon travail d'accessoiriste. Il faut toujours anticiper sur ce que les acteurs peuvent avoir envie de faire.»

—TYLER PATTON

Ce sont les propres photos d'Olivia Wilde prises en Thaïlande qui ont servi, l'une retouchée pour supprimer le logo d'une compagnie aérienne sur un avion. Pour une autre image, le photographe a été contacté et son autorisation demandée pour utiliser la photo. Cette scène avec le journal intime ne dure que quelques secondes.

Les cannes de House sont suspendues à une tringle. Il y en a environ cinquante, avec des variantes de style de poignée. Tyler a peint à la main le motif de flamme pour Hugh Laurie et les prototypes sont là.

«Voici les guitares de House, dit Mike. Sa radio-cassette. Sa raquette. Sa batte de cricket. Son whisky, le Black Fox Single Malt Scotch. Les bouteilles coûtent une fortune.»

L'inventaire est de plus en plus étrange. «Des bonbons et du papier d'emballage, énumère Tyler. Des bongs… un morceau de peau humaine.»

On trouve aussi des condiments, des fausses céréales, avec des boîtes qui ressemblent à s'y méprendre à une vraie marque mais qui n'en sont pas. Un peu plus loin, un «immobilisateur jetable», un dispositif qui permet de maintenir la tête des patients. Une boîte avec des morceaux de rouge à lèvres de Cuddy, que House prend pour ses pilules dans *Écorchés vifs*. Le scénariste voulait du rouge à lèvres doré, le réalisateur un pâle. Tyler et Mike ont réuni une quarantaine de nuances différentes afin de leur permettre de choisir. Puis, quand le bon rouge à lèvres a été choisi, ils en ont acheté six, au cas où. Comme le dit Mike, ils ne veulent pas se trouver dans la situation où quelqu'un dirait : « Bon, on ne peut pas tourner cette scène parce qu'il n'y a pas de rouge à lèvres à trois balles. »

L'extérieur de la caravane des accessoiristes est décoré d'un dragon, symbole personnel de Tyler Patton. Tyler aime bien marquer son territoire et ses affaires, mais s'il écrit Patton sur une tasse, elle ne peut pas servir comme accessoire de tournage. Le symbole du dragon est donc bien pratique. On trouve beaucoup d'autres objets dans cette caravane, bien rangés dans des tiroirs. « Des perforatrices, des agrafeuses, des règles. Quel genre de règle voulez-vous ? demande Tyler. J'ai toute une collection de vieilles règles d'écolier en bois, parce qu'elles sont difficiles à trouver. » Mike ajoute « Tout ce qu'il faut pour la fumette ici. Tous les petits accessoires du drogué. Des cigarettes d'herbe. Des pipes à crack, si vous fumez du crack. De la fausse cocaïne. De la fausse herbe. Des faux joints et tout ce que vous voulez. » Et Tyler de renchérir : « Des valises. On en a une cinquantaine ici. J'en avais rassemblé plus de deux cents pour Wilson. »

QUESTION : Et chez vous ? Est-ce aussi bien organisé ?

MIKE : Non, c'est ici seulement, parce que nous avons le temps.

TYLER : Mon garage est pratiquement rangé à l'identique. J'ai autant d'affaires dans mon garage.

La nourriture est particulièrement difficile à gérer pour les accessoiristes. Dans une séquence comprenant des aliments, les comédiens évitent le plus possible de manger. Chaque scène est prise sous des angles différents, en plan rapproché ou en plan large. Si une actrice mange sur un plan, elle doit le refaire sur toutes les prises. Si elle croque dans un hamburger non entamé, il faut un nouveau hamburger pour chaque nouvelle prise. Le département accessoire doit donc prévoir autant d'éléments de nourriture que de plans, plus une réserve. Quand un acteur n'avale pas les morceaux qu'il mâche, il faut prévoir un récipient à côté, pour qu'il recrache la bouchée.

Dans *Comme un chef*, House, pour peu de temps sans emploi, se lance dans la cuisine gastronomique avec l'enthousiasme d'un scientifique. Il prépare un plat complexe, avec des œufs et un ragoût que Numéro 13 va goûter. La meilleure chose qu'elle ait jamais mangée. « Cet épisode fut pour moi un vrai cauchemar », raconte Tyler Patton, qui a fait appel à une styliste spécialisée dans la cuisine. « Il sépare le jaune et jette le blanc de l'œuf. Les petits jaunes d'œufs étaient fabriqués en silicone. » Ces œufs spéciaux étaient fournis par Autonomous Effects, qui fabrique déjà pour la série les faux cadavres. « Nous avons été obligés de les changer pour des petits morceaux de tofu épicé qu'Olivia mangea. Elle a dû en ingurgiter une bonne quinzaine, précise Tyler. Je n'ai encore jamais empoisonné une actrice ! »

QUESTION : Les comédiens mangent tout ce que vous leur servez ?

TYLER PATTON : Pas quand ils travaillent tout le temps dans la série. Quand ils débutent, ils ont encore faim. Les figurants, eux, mangent.

MIKE CASEY : Robert Sean Leonard avait envie de manger quelque chose alors que ce n'était pas dans le script. L'assistant accessoiriste lui a demandé « Tu es sûr ? » On lui a donné du *trail-mix*, un mélange de raisins secs et d'autres fruits déshydratés. Il en a avalé jusqu'à saturation. Après le tournage de la scène, il s'est pointé et nous a lancé : « Si jamais je réclame à nouveau quelque chose à manger, rappelez-moi votre *trail-mix*. J'en ai ingurgité assez pour le restant de ma vie. »

TYLER PATTON : Hugh m'a demandé des biscuits. Nous avions des recommandations sur leur aspect, sur le style de la boîte et les seuls qu'on ait trouvés dans ce genre étaient des biscuits sans sucre pour diabétiques. Il a commencé par dire : « Eh ! Ce n'est pas mauvais ! » Mais à la fin des prises il a tout de même admis : « Je crois que je vais exploser. » On n'est pas supposé en manger plus de trois, et il en avait avalé soixante ! Il est parti vers sa caravane en geignant : « Oh, mon pauvre estomac ! » Les acteurs doivent faire attention.

Les armes et l'argent sont sources de problèmes. En principe, reproduire des billets pour le cinéma est considéré comme de la contrefaçon. On applique donc des règlements spéciaux. Les billets doivent être soit plus grands, soit plus petits que la taille réelle. Tyler Patton est un spécialiste de l'armurerie et doit donc suivre scrupuleusement la même réglementation pour les armes qui tirent à blanc que pour des armes réelles. En fait, ce sont de vraies armes. Elles sont juste modifiées pour tirer à blanc, mais on peut les retransformer en armes tirant à balles réelles. Dans

Dr House, les armes sont apparues très rarement. Lorsque Wilson est parti à la chasse, son ancien patient, guéri du cancer, tire dans un sac de chimiothérapie attaché à un arbre. Le fusil a tiré à blanc; le département effets spéciaux avait modifié le sac en y insérant une charge explosive, afin de simuler l'impact de la chevrotine.

Tyler Patton est un Hollywoodien de troisième génération. Son grand-père était le réalisateur d'une série des années 1950, *Super-Circus*. Sa mère *(A Swingin' Summer)* et son père *(Scampy the Boy Clown)* étaient tous deux comédiens, et son père a été en plus producteur et assistant réalisateur. À seize ans, dès qu'il a eu son permis de conduire, Tyler était chauffeur sur des productions publicitaires. Mike Casey a lui aussi commencé dans les clips publicitaires. Mike a été assistant de plateau pendant trois ans, tandis que Tyler était déjà chef accessoiriste. Tyler Patton a aussi joué des rôles, et le fait encore. Dans *Dr House*, il est neurochirurgien et il opère dans une salle qu'il a conçue et construite avec son équipe.

« Quand on est jeune, on observe les équipes de tournage. On voit que l'accessoiriste détient tout – il a les armes, il a l'alcool, tout le monde vient lui demander quelque chose. C'est lui qui fait tourner la machine. Il a le pouvoir. Bien sûr, maintenant, je pense qu'il aurait mieux valu être opérateur caméra, ou maquilleur. »
—TYLER PATTON

« Tous les jours, c'est différent, commente Tyler à propos de son travail. Il y a toujours un problème à résoudre. Et nous savons beaucoup de choses sur des tas de sujets qui ne nous intéressent pas du tout. » Il mentionne les courses de dragsters (que l'on voit dans la scène d'accroche de *En mission spéciale*. Il doit savoir comment s'équipe le pilote, quel sorte de casque d'écoute il utilise. En fait, il en sait beaucoup plus que les fanatiques de ce genre d'activité. « Nous allons discuter avec les types, nous allons voir la piste et on demande "C'est quoi, ce machin? Qui est cette personne? Quel est son rôle?" Une fois que cette question est réglée, il en surgit une autre à résoudre. »

Dans leur bureau, Tyler et Mike ont affiché leurs « cinq règles d'or », en plus de l'emploi du temps de tournage. Cette liste est là pour les aider à ne pas « craquer » pendant leurs longues semaines de travail. Leurs listes affichent les mêmes maximes, comme « éviter les réactions émotionnelles », ou « ne pas insister sur les défauts des autres ». Sur celle de Tyler, on peut lire « ne pas toucher au talkie-walkie à moins de nécessité absolue », et « accepter de résoudre tous les problèmes ». Pour Mike, on peut lire « sois positif ». « Il m'a assigné ses propres règles. Et moi je lui ai imposé les miennes, explique Mike. Dans cette profession, la moitié du travail, consiste à s'entendre avec tout le monde… Et nous parvenons à nous supporter parce que nous sommes toujours amis en dehors de cet environnement de travail. On nous demande comment nous faisons. On passe plus de temps ensemble qu'avec nos femmes. » « Le côté positif, c'est que cette série exige beaucoup d'énergie, ajoute Tyler. Nous avons toujours trop à faire. On ne peut craquer que pendant quelques minutes, car les choses à résoudre s'enchaînent et on doit repartir sur les chapeaux de roue… Sur cette série, on bénéficie d'une grande liberté, mais on doit aussi justifier cette confiance. »

QUESTION : Où avez-vous trouvé la balle de cricket de House ?

MIKE CASEY : Je crois que je l'ai fait venir d'Inde. J'en voulais une vraie. Si elle n'était pas authentique, Hugh ne m'aurait pas épargné. Il a une balle Magic 8, des balles de tennis, une balle de bowling de gazon. Les décorateurs les ont sorties et je leur ai dit qu'il m'en fallait plusieurs, parce que malheureusement, si ridicule que cela puisse paraître, les gens embarquent des éléments de décor sur les tournages. Ces balles de bowling sur gazon sont plutôt belles, j'ai dû les trouver sur Internet. Et j'en ai acheté quatre. Je crois qu'on en a déjà perdu une cette saison. C'est peut-être Hugh qui se les approprie ?

La chef maquilleuse Dalia Dokter a remporté, avec ses collègues maquilleurs Ed French et Jamie Kelman, l'Emmy Award des effets de prothèses en 2007 pour George, le personnage de 300 kilos sauvé dans sa maison par les pompiers dans *Que sera sera*. « Ce fut un travail exceptionnel », raconte Dalia en montrant les photos des transformations de l'acteur. Dalia s'est entretenue avec le réalisateur et le scénariste pour mettre au point le concept, puis elle a supervisé la fabrication du « costume », par un laboratoire spécialisé. Ils ont eu besoin d'une caravane aménagée pour travailler sur le comédien. Pour l'ajustement des prothèses, ils s'y sont mis à trois pendant trois heures et demie. Pour venir à bout de ce travail, Dalia est arrivée à 3h42 du matin. Elle n'était jamais arrivée si tôt au studio. « C'était une curieuse expérience de traverser l'enclos si tôt le matin, dit Dalia. C'était complètement désert. » L'un des problèmes de la peau artificielle est qu'elle doit bouger comme de la peau réelle, et tout le succès de ces prothèses de maquillage réside dans la façon dont s'anime l'acteur.

« Il a réussi, ajoute Dalia, à propos de Pruitt Taylor Vince, l'homme aux trois cents kilos. On aurait cru que toute cette chair était vraiment la sienne… Il était hilarant. Il a adoré ce rôle. »

Les prothèses conçues par Dalia Dokter servent le plus souvent dans des scènes médicales. Quand House et Foreman commencent l'autopsie du policier dans *Le Cœur du problème,* on voit un plan de la scie couper la poitrine du mort. Dalia avait fait fabriquer une pièce en silicone qui comprenait la blessure. Elle a rajouté des couleurs et du sang puis, en postproduction, l'effet d'un cadavre en passe d'être coupé en deux fut inséré. Dans *Comme un chef,* Vince, le promoteur de jeux vidéo, se met à enfler grâce à une prothèse fixée sur sa poitrine. Le thorax du comédien était poilu et avait déjà été filmé ; il a donc fallu insérer un par un des poils dans la prothèse.

Dans *Flou artistique,* c'est la tête de l'artiste qui explose. Dalia a envoyé l'acteur au laboratoire de prothèses où on a procédé à un moulage de son crâne et de sa nuque, afin de simuler une version test destinée au réalisateur et au scénariste. Ensuite, la prothèse a été fabriquée et appliquée à l'acteur pour le tournage. Dalia conserve toutes les prothèses utilisées. De temps en temps, elle en détache un morceau pour créer quelque chose d'autre. En revanche, elle n'a conservé aucune des multiples éruptions cutanées qu'elle a dû simuler.

Habituellement, Dalia dispose d'une semaine pour expérimenter et fabriquer ses effets spéciaux. Le scénariste participe aux recherches de Dalia. Pour la jeune femme dont la peau se décompose *(Écorchés vifs),* « la scénariste Pam Davis m'a envoyé un lien sur Internet. J'ai regardé, et cela m'a fait pleurer. C'était l'histoire véridique d'une femme qui prenait des antibiotiques et qui, six heures plus tard, a commencé à se couvrir de pustules. Sa peau se… Les médecins pensaient qu'elle allait mourir. Elle avait perdu ses cheveux. La seule chose qu'on distinguait encore sur son visage était ses globes oculaires. C'était effrayant. Mais finalement, elle a survécu. Elle était très belle. » Cette peau fut extrêmement difficile à imiter, avec différentes couches de faux épiderme très fin. Le jeune homme déformé par une grosse excroissance sur sa tête, dans *Trop belle, trop bête ?*, a lui aussi exigé beaucoup de documentation en ligne. Une prothèse recouverte d'une perruque a été fabriquée et appliquée sur son crâne.

S'il vous faut un tatouage, Dalia Dokter peut vous aider. Elle utilise les faux tatouages Tinsley. « Le secret d'un bon tatouage est d'éviter qu'il paraisse trop noir, dit Dalia. Lorsqu'ils paraissent trop noirs à l'écran, ils n'ont pas l'air vrais. Mais si on les déteint un peu, on y croit. »

Les photographies de tout le travail de Dalia sur la saison 6 sont affichées dans un coin de sa caravane. Voici le maniaco-dépressif qui, se croyant investi de superpouvoirs, saute des étages d'un parking dans *Toucher le fond*. Et voilà Alvie, le voisin de chambre de House, après que celui-là l'a frappé. (« J'ai adoré Alvie », précise Dalia.) Et là, on peut voir Vince, dans *Comme un chef*, puis les squelettes dont l'ADN ne correspond pas, dans *Le Cœur du problème*. Pour Dalia, il est indispensable de conserver des photos de son travail, parce que de nombreux plans sont tournés dans le désordre. Un malade peut très bien avoir été filmé à l'article de la mort juste avant que l'on ne tourne la scène de son admission, alors qu'il a encore l'air en relative bonne santé. Les photos de Dalia permettent d'assurer une meilleure continuité.

« J'arrive sur la pointe des pieds sur le plateau, et lorsque je regarde par la fenêtre de la chambre du malade, je peux voir un arbre et ses branches agitées par le vent. Tout doit paraître vraisemblable. Je passe de l'autre côté et là, j'aperçois un des membres de l'équipe des effets spéciaux, assis sur un canapé et tenant un fil à la main. Il tire dessus pour faire bouger les branches. Il est là pour rendre la scène vivante. Ce n'est pas génial ? Les gens ne se rendent pas compte de tout ce que comporte un tournage. »

—DALIA DOKTER

Dalia a commencé sa formation de maquilleuse à l'âge de quarante ans. Elle a enseigné à l'école de maquillage avant de frapper aux portes des studios d'Hollywood pour chercher du travail. Elle a travaillé sur des courts métrages, puis des petits téléfilms, et enfin des séries, en particulier *Angel*, pendant cinq saisons. Bien que sa spécialité soit plutôt la beauté, elle a évolué vers les effets spéciaux sur *Dr House*. Kathleen Crawford et Mariana Ellias sont en charge de la beauté (le maquillage normal), et la coiffure est traitée par un département séparé. « Mais nous nous serrons les coudes, nous formons une vraie équipe », tient à préciser Dalia. Elle peut d'ailleurs aider au maquillage beauté si nécessaire. Elle participe aussi à l'accessoirisation si l'épisode exige des renforts dans ce secteur. Si par exemple un comédien est assis dans le fauteuil de maquillage et doit recevoir un pansement (ce qui techniquement est considéré comme un accessoire), c'est elle qui appliquera le pansement *(Rosser House)*.

Dans *Heureux les ignorants*, Chase doit donner un coup de poing à House, lui laissant des marques bien visibles que Dalia est chargée de confectionner. L'impact du coup de poing de Chase fait l'objet d'une longue discussion. La conseillère médicale Bobbin Bergstrom est souvent consultée : comment l'œil doit-il apparaître juste après le coup, et comment aura-t-il évolué deux jours plus tard ? « Veulent-ils un gros coquard, comme Rocky, avec une coupure bien visible ? demande Dalia. Ce qui ne serait pas très réaliste pour juste un coup. » Dans d'autres circonstances, on s'accorde des libertés : un bon coup de poing ne laisse aucune trace le lendemain.

Le coquard de House consécutif au coup de poing de Chase commence à guérir.

QUESTION : Est-ce que Numéro 13 peut frapper House ?

OLIVIA WILDE : Je pense que Numéro 13 trouverait un autre moyen. Si elle frappait House, il serait trop content. Si elle perdait son sang-froid et qu'elle l'agressait physiquement, il sortirait vainqueur de l'affrontement. Sa manière de l'attaquer serait plutôt de le rabaisser, ou de paraître indifférente.

Dalia a effectué un maquillage d'essai sur la doublure de Hugh Laurie, Patrick Price. Elle lui a collé un faux nez brisé, une coupure au-dessus de l'œil et un bleu qu'elle va plus tard appliquer à House. La coupure est une prothèse constituée d'un minuscule morceau de latex. Dalia le montre : « Voici la prothèse que j'ai utilisée sur Patrick. Je vais ensuite la poser sur House. Je me sers de colle et je masque les bords. J'espère qu'elle tiendra toute la journée. »

QUESTION : Il l'a frappé à l'œil et a coupé l'arcade sourcilière. C'est un sacré coup !

DALIA DOKTER : Oui. Et il lui a cassé le nez. Dans deux jours, tout sera cicatrisé.

Le maquillage de Patrick Price en House amoché a demandé deux heures. Des photos de l'effet sont envoyées au réalisateur Greg Yaitanes, aux scénaristes, à Katie Jacobs et à Hugh Laurie, pour leur demander s'il faut retoucher le maquillage. Patrick est la doublure de Hugh Laurie sur toutes les saisons et, à part quand il s'est fait tirer dessus, c'est le plus gros coup que House a dû encaisser.

«Jesse Spencer sait se servir de ses poings, dit Patrick. Après tout, il est australien. C'est une vraie brute!»

PASSAGE À L'ÉCRAN

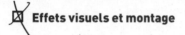

Effets visuels et montage

« C'est comme la construction d'une voiture. On essaie
avec ce bloc-moteur. Ah ! Ça ne marche pas, on essaie
avec l'autre. Et qu'en est-il du profilage sur un des côtés
de la voiture ? Il s'agit de construire, de démonter et de
reconstruire, puis de défaire à nouveau, jusqu'à obtention
de ce que l'on veut. »

—CHRIS BROOKSHIRE, MONTEUR

Les dernières pièces du puzzle House sont assemblées dans les
salles de montage et les studios de son, ainsi que sur les moniteurs informatiques du département des effets visuels (VFX)
d'Elan Soltes.

« Nous passons beaucoup par les ordinateurs aujourd'hui, dit
Elan. La tendance est de s'éloigner un peu des scènes médicales
et chirurgicales et de consacrer les efforts sur les accroches pour
les rendre encore plus surprenantes et extrêmes. »

Rien n'était plus délirant que la séquence de jeu vidéo au
début de *Comme un chef,* saison 6. Dans ce jeu futuriste, les personnages se transforment en Numéro 13 et Foreman, alors que
le malade est en pleine hallucination. Cette accroche ne ressemblait en rien à ce qu'on avait déjà vu dans la série. Certains

spectateurs ont peut-être même vérifié qu'ils étaient bien sur la bonne chaîne.

«Je craignais ce genre de choses, explique Marcy Kaplan. Est-ce que les gens vont changer de chaîne? Pas après avoir regardé pendant quelques secondes. »

Elan Soltes est membre de la guilde des chefs opérateurs photo, réminiscence du temps avant l'infographie, où tout se passait sur des fonds verts et bleus avec des maquettes. Dès son enfance, Elan s'est intéressé à la cinématographie. Il a tourné des vidéos à la fac, puis expérimenté avec un Sony Portapak, un ensemble d'enregistrement vidéo noir et blanc sur bande magnétique. Il a tourné des documentaires pour les chaînes publiques, puis est entré dans le monde de la télévision en tant que concepteur de génériques. Quand son employeur a eu besoin d'un responsable des effets visuels sur le film *Mission impossible*, on lui a proposé le poste.

«Je leur ai dit que je n'avais jamais entendu parler de ce genre de travail et ils m'ont répondu que c'était la même chose que la conception de génériques et que je pouvais très bien me débrouiller. »

La séquence de jeu vidéo a été conçue durant la relâche entre deux saisons.

Elan Soltes: «C'était une idée très ambitieuse, qui a reçu les informations au moment où la fabrication de la saison précédente se terminait. Je leur ai dit qu'il fallait commencer immédiatement. Ce fut un long processus très complexe et nous avons prévenu les scénaristes: "Mais vous n'êtes pas sérieux? Normalement, il faudrait trois ou quatre ans pour y parvenir." »

Elan connaît bien les jeux vidéo, il est père de deux garçons! L'idée consistait à imaginer l'étape suivante de la technologie, comme si Vince, le créateur du jeu dans le scénario, mettait au point le prochain grand saut en avant dans ce secteur. Les personnages portaient des lunettes hermétiques de réalité virtuelle, se tenaient debout sur des plates-formes et tiraient avec des armes aux mouvements suivis par des détecteurs. Tyler Patton et son équipe d'accessoiristes ont fabriqué les armes et les lunettes. Tyler avait construit un prototype de l'arme et l'a fait répliquer en six exemplaires dans ses ateliers. Les lunettes étaient constituées d'un casque audio et de masques de hockey; le microphone était un morceau de lampe de bureau qu'il avait récupéré. Tout le reste était un peu plus sophistiqué.

« **Le jeu que** nous voulions devait évoquer les jeux vidéo actuels et les films d'animation, et je crois que nous avons réussi notre coup. »
—GREG YAITANES

Elan Soltes s'est appuyé sur son expérience de responsable des effets visuels dans la série de science-fiction de James Cameron, *Dark Angel*. Les scénaristes avaient imaginé un laboratoire médical d'après l'Apocalypse, inspiré par le CHU de Princeton-Plainsboro, mais peuplé de mutants. Elan, et les artistes avec qui il travaillait, ont réalisé des dessins des personnages du jeu: Sniper Chimp, Lizard Man et Vince, le malade de la semaine. La séquence, mise en scène par Greg Yaitanes, a été entièrement prévue par un storyboard. Une quinzaine de techniciens d'effets visuels de la société Encore Hollywood ont créé l'environnement du jeu.

« **Nous sommes en concurrence avec le cinéma. Les spectateurs ne nous voient pas dans les salles obscures, ils nous regardent sur le petit écran de leur télé aux quatre coins des États-Unis. Il faut donc que ça soit super.** »
—DAVID SHORE

Le jeu fut baptisé *SavageScape*. Les personnages entrent dans l'hôpital-laboratoire et sont attaqués par des ptérodactyles et des *brat*, des mutants hybrides entre corbeau et chauve-souris. Ils se défendent avec leurs pistolets laser.

« C'était monstrueux, raconte Elan. Mais on a réussi. Nous sommes maintenant prêts à élaborer la version dessin animé du samedi matin. »

Elan se souvient d'autres séquences d'accroche. Un garçon qui hallucine et aperçoit des extra-terrestres *(La vérité est ailleurs)*. Le public nombreux d'un concert du virtuose Dave Matthews, constitué seulement de quatre-vingts figurants *(Demi-prodige)*. L'explosion des jambes de House *(L'Homme de ses rêves)* : « C'était un vrai gag », raconte Elan. L'implosion d'un bâtiment dans *Tout seul*. Les apprentis astronautes de la NASA effectuant une séance de vol avec un affichage tête-haute, à une altitude de 150 mètres au-dessus du sol, puis l'hommage psychédélique à *2001*, quand le personnage commence à entendre avec ses yeux *(Le Boulot de ses rêves)*.

« **Nous essayons d'être** dégoûtants. Un des scénaristes voulait des aiguilles plantées dans les yeux et nous en avons simulé pas mal. Tout le monde a trouvé ça bien. »

—ELAN SOLTES

Souvent, les effets visuels sont utilisés pour accélérer le processus de production. Pendant la séquence de jeu vidéo, le réalisateur Greg Yaitanes voulait tourner un plan large, sauf que, lorsque l'on reculait, apparaissait dans la caméra un projecteur que le directeur de la photo, Gale Tattersall, avait fait monter dans le plafond. Elan leur a dit de tourner et qu'il s'occuperait de le faire disparaître en postproduction : « Je peux demander à un gars de l'éliminer à l'ordinateur en quelques minutes, au lieu d'avoir toute une équipe immobilisée une demi-heure pendant que quelqu'un se creuse la cervelle pour trouver comment fixer le projecteur afin qu'il ne se voie pas dans le cadre. » Grâce aux effets visuels, on peut adoucir le contour d'une prothèse, faire pousser très vite des pustules sur la peau d'un malade, ou peindre le blanc des yeux en jaune pour simuler une jaunisse, ce qui est bien plus rapide que d'appliquer des lentilles de contact au comédien. Si un tube a dû être installé pour que saigne l'oreille d'un malade, Elan l'efface ensuite grâce à son ordinateur.

Elan est aussi chargé de faire croire à l'audience qu'elle voit Princeton dans le New Jersey. Steve Howard s'adresse à un spécialiste de la verdure, qui va transformer des palmiers en arbres que l'on voit sur la côte Est. La partie de chasse de Wilson et Tucker (*L'Ami de Wilson*) a été tournée à Los Angeles.

« Nous tournons dans Griffith Park, mais nous devrons lui donner l'aspect d'une forêt à l'automne dans le New Jersey, dit Elan. Nous avons des logiciels qui nous permettent de modifier un peu les couleurs. »

« Je me demande encore pourquoi on n'a pas fait déménager House à l'hôpital de l'UCLA ? Transformer le paysage d'ici en celui de Princeton, New Jersey, est un énorme travail. Et je me demande combien de spectateurs y attachent de l'importance. »

—ELAN SOLTES

Pendant les réunions surnommées par Elan « réunions fourre-tout » qui rassemblent tous les chefs de départements, on décide de ce qui sera de l'ordre des effets spéciaux (créés sur le plateau) ou de celui des effets visuels (créés en postproduction) ; on choisit ce qui se fera par le maquillage, etc. Pour la séquence Antarctique de *Celle qui venait du froid,* où House émet un diagnostic concernant Cate, le personnage joué par Mira Sorvino, tout en flirtant avec elle, ce fut le branle-bas de combat. Elle tombe malade durant un séjour dans une station de recherche au pôle Sud (les lieux furent reconstitués en studio). *Celle qui venait du froid* passait juste après le match du Super-Bowl. « Je les ai prévenus, il fallait que les effets visuels soient fabuleux, dit Katie Jacobs. Elan et Dorian [Harris], le monteur, ont travaillé avec moi sur cette séquence d'accroche, sachant qu'elle allait suivre directement le Super-Bowl... On a mis le paquet. »

Le décor de l'Antarctique a été monté dans l'enclos des studios en sept jours. Le début de la séquence commence par un survol de la glace du pôle, pour aller sauver un homme en train d'être déchiqueté par les pales d'une éolienne. (Mais c'est un leurre. Ce ne sera pas le malade de l'épisode.) La scène a été presque entièrement reconstituée en infographie, sauf une partie de l'éolienne, une petite surface de neige et le scooter des neiges que la production s'est fait envoyer de l'Oregon de toute urgence.

L'idée de base était d'avoir un horizon infini noyé dans le blanc, le tout éclairé en contre-jour par une lumière polaire avec la neige qui tombait. Mais la neige recréée sur ordinateur n'est pas aussi convaincante que de la neige artificielle qui tombe. Comme toujours avec les effets spéciaux, il fallait trouver l'équilibre entre ce qu'on peut essayer sur le plateau et ce que l'on peut reconstituer sur ordinateur en post-production. À Hollywood, on trouve un spécialiste pour chaque chose, donc bien entendu, il existe une société appelée Snow Business qui peut gérer ce genre de situation. Entre Snow Business et les ordinateurs d'Elan, on est parvenu à un mélange efficace pour aboutir à un super-effet.

« **On aime le** gore. Elan est très fort pour nous inviter à pénétrer dans le corps humain. La série *Les Experts* a tout bouleversé. Le public veut voir la moindre parcelle d'ongle qui est projetée contre un mur, récupérée à la pince à épiler comme dans *Les Experts*. Les gens s'attendent aujourd'hui à ce genre de précision. »

—David Foster

....

Juste à côté du bureau d'Elan, se trouvent les trois monteurs de *House*, Amy Fleming, Chris Brookshire, et Dorian Harris. Assis devant des rangées d'écrans d'ordinateurs, les monteurs s'emparent des plans qui viennent d'être tournés et les transforment en ce que la FOX va diffuser le lundi soir. Une ou deux fois par jour, les fichiers de tout ce qui a été tourné la veille (les rushes), sont importés dans leur système de montage AVID. Les monteurs commencent immédiatement : il est important de savoir tout de suite s'il y a eu des problèmes techniques dans ce qui vient d'être filmé sur les plateaux. Une fois le tournage entièrement terminé, les monteurs ont quatre à cinq jours pour proposer au réalisateur un premier jet de montage.

« **Le travail des** acteurs est de premier ordre. Le casting est toujours excellent, mais les comédiens doivent assurer un niveau de travail élevé. Quand on se retrouve sur le plateau avec Hugh Laurie, on ne peut pas se permettre d'être mauvais. Sur quatre prises avec Hugh Laurie, pas une qui ne soit superbe. Il est bon en permanence. Cela nous laisse un large éventail d'options.»

—CHRIS BROOKSHIRE

«Sur le plateau, chaque scène est filmée plusieurs fois sous plusieurs angles, à des distances différentes. Le monteur décide quelle est la meilleure prise, celle qui va le mieux s'intégrer dans la suite des plans. La façon dont les plans sont tournés constitue un véritable langage. Ensuite, il existe la langue du montage, qui suit certaines règles précises.»

—DORIAN HARRIS

«Notre travail consiste à faciliter la compréhension de l'histoire par les spectateurs. Nous nous efforçons de raconter cette histoire de la façon la plus créative, la plus efficace et la plus prenante, en partant de la matière première sur la pellicule. Imaginons un dialogue dans lequel Wilson assure à House qu'il prend une mauvaise décision. La scène sera beaucoup plus forte si, au lieu de montrer Wilson critiquant House, on voit les réactions de House absorbant ce que lui assène Wilson. C'est bien plus efficace. C'est un choix d'acteur, un choix de réalisateur, de monteur, et de producteur. Des processus très différents.»

—CHRIS BROOKSHIRE

La première mouture du montage excède en général de huit à neuf minutes la durée de l'épisode diffusé. Le monteur a pris une première série de décisions en tenant compte de la personnalité du réalisateur et des scénaristes, mais aussi de leur connaissance du langage visuel de toute la série et de son évolution au cours des années. «Nous savons comment sera l'épisode et notre rôle est de le rendre le plus efficace possible», dit Chris.

Les neuf minutes de dépassement sont éliminées au fur et à mesure du montage final. Le réalisateur dispose de quatre jours pour travailler dessus, avant de le transmettre aux producteurs. Il est pratiquement certain que dans toute l'histoire du cinéma ou de la télévision, aucun montage proposé par le réalisateur n'a jamais été plus court que la version décidée par le producteur. Cependant, il peut être avantageux pour le réalisateur d'arriver avec une version déjà élaguée plutôt que de laisser le producteur décider.

«Il vaut mieux présenter une version où le producteur n'a plus beaucoup de choix à faire, dit Dorian Harris. En fin de parcours, ce sont David Shore et Katie Jacobs qui décident de ce qui reste ou doit être coupé. »

Les producteurs en savent généralement plus sur l'évolution future de la série et peuvent choisir un plan qui anticipe un événement que le monteur ne peut pas encore connaître.

« Je veux qu'il réagisse avec plus de colère ici, parce que plus tard, nous allons développer cet antagonisme, ajoute Chris. Il me faut cet élément de mécontentement larvé... »

Bon nombre des personnes hautement qualifiées travaillant sur *Dr House* sont arrivées à Los Angeles en recherche d'emploi, avec l'expérience de la télévision, du cinéma indépendant ou de la publicité dans d'autres parties des États-Unis. Amy Fleming sort d'une école de cinéma et a choisi le montage parce qu'elle aime « construire quelque chose et réunir les intentions écrites avec ce qui sort de la production ». Elle est venue à Los Angeles de Chicago, où il n'y a du travail que dans la publicité.

Dorian Harris a appris son métier de monteuse sur le tas. Elle ne s'intéressait pas à la partie production. Elle fut assistante à New York, puis monteuse pour Robert Altman. Le mari de Dorian est aussi du métier, puisqu'il est assistant réalisateur et responsable de production sur des longs métrages. Chris Brookshire a commencé comme assistant de production. Il dormait chez des copains. Il a aussi travaillé comme assistant monteur sur des longs métrages, mais a pensé qu'il apprendrait plus, et plus vite sur des productions télévisées. Il a commencé sur la série *New York Police Judiciaire*.

Lors du montage, il est essentiel de s'assurer que l'histoire conserve son sens et reste logique du début à la fin. Le récit ne doit pas perdre son rythme. La règle est de ne couper aucun dialogue lors de la première mouture du film. Les scénaristes de *Dr House* prennent un soin maniaque à tisser les fils le long de chaque épisode et une ligne de dialogue supprimée dans l'acte I peut signifier qu'il faudra modifier quelque chose à l'acte III. Dans certains cas, il peut être nécessaire de rajouter des bribes de dialogue. Il s'agit de l'ADR, «le remplacement automatique de dialogue», où l'on ajoute des phrases pour remplacer un passage que le microphone n'a pas capté correctement, ou une ligne qui a dû être réécrite. L'ADR se passe hors caméra. De temps en temps, il faut retourner une scène complète pour maintenir la crédibilité de l'histoire.

Les monteurs sont aussi chargés du montage du son de production, c'est-à-dire le son qui a été enregistré sur le plateau. Ils ajoutent des effets sonores provisoires, qui seront plus tard remplacés par des enregistrements spécifiques. Le montage destiné à la chaîne doit tenir compte des impératifs de diffusion et de la réglementation. De plus, la régie publicitaire peut aussi avoir son mot à dire sur le montage. La musique doit être approuvée et payée. NBC répartit le coût entre la production et la distribution, ainsi que les partenaires étrangers. Une fois que le film et l'audio sont approuvés, c'est-à-dire que le travail des monteurs est terminé, la bande est transmise au département diffusion pour être optimisée. La vidéo est mise au standard HD le plus élevé et le son est conformé. Puis, très rapidement, l'épisode est livré à la chaîne et diffusé.

«L'un des avantages de la télévision, c'est qu'on ne peut pas rester longtemps sur le même sujet. On ne peut pas ralentir le processus. À un moment, il faut que le résultat sorte de chez nous. Nous expédions ces séries, mais nous ne traînons pas dessus. J'ai travaillé sur des petites productions de films pendant plus d'un an, qui auraient pu bénéficier d'un temps de postproduction beaucoup plus court. Dans le cinéma, on se laisse un peu aller.»
—DORIAN HARRIS

« On peut souvent s'appesantir sur un sujet, alors qu'on aurait dû se fier à son instinct dès le départ », dit Chris. « Si on se pose trop de questions, tout devient confus, confirme Dorian Harris. Mais sur quelques rares épisodes, je trouve que nous n'avons pas eu assez de temps. »

« House et Wilson sont les seuls
personnages de la série qui ont choisi
d'être ensemble. Je ne travaille pas pour
lui, il ne travaille pas pour moi. C'est la
seule véritable relation présente dans la
série. La seule qui ait été voulue. Toutes
les histoires ont besoin de ça dans un
sens. C'est ce que j'aime. »

—Robert Sean Leonard

WILSON

Robert Sean Leonard

Que sait-on à propos du Dr Wilson ? Il est chef du service d'oncologie au centre hospitalier universitaire Princeton-Plainsboro. Ses pulls montrent qu'il est lié d'une manière ou d'une autre à l'université McGill à Montréal. Le Dr Wilson a été marié trois fois (dont deux fois avec la même femme !) et sa partenaire, dans l'appartement de laquelle il vivait, est décédée il y a peu. Il est juif. Il possède une voiture banale et s'habille comme un banquier. Il est très attentionné et a besoin d'affection. Et House est son meilleur ami.

Lorsqu'il semble que Wilson ait quitté l'hôpital et House, après la mort d'Amber, Kutner propose à House un résumé de ce que Wilson représentait pour lui : « Il payait pour vos déjeuners, aimait les monster trucks, et il était votre conscience. » *(Cancer, es-tu là ?)* Dans le pilote, il est déjà clair que Wilson pense que House tient à lui. Mais même dans cette situation, House a une façon étrange de le montrer. Dans *L'Ami de Wilson*, au cours de la saison 6, quand ils vivent tous les deux dans l'ancien appartement d'Amber, House réveille Wilson à six heures et demie en jouant extrêmement fort à la guitare *Faith*, de George Michael. Il retire tous les repas surgelés de Wilson du congélateur pour les remplacer par ses *shots* de margarita. Et encore, ce n'est rien. Qu'est-ce que Wilson tire de tout cela ?

Si Taub trompe sa femme en série, Wilson se marie en série. House est accro aux pilules, Wilson est accro aux femmes. Avec ces dernières, cependant, Wilson se soumet peut-être à un excès d'obligations. Au début de la première saison, Wilson est marié, mais il y a des problèmes dans son couple : il passe Noël-Hanoucca à manger chinois avec House. Il dit à House qu'il aime sa femme. House émet un petit rire. « Je sais que tu aimes ta femme, dit-il. Tu as aimé toutes tes femmes, tu les aimes encore, en fait tu aimes encore toutes les femmes que tu as connues, que tu les aies épousées ou non. » *(Question de fidélité)*. Dans la saison 2, House surprend Wilson à tourner autour de Debbie, de la comptabilité *(Leçon d'espoir)*. Et Wilson se confie à Cameron. Il avoue ne pas être fidèle.

« Ma femme n'était pas mourante. Elle n'était même pas malade. Tout allait bien, j'ai rencontré quelqu'un qui... m'a fait ressentir des choses...

bien. Et je ne voulais pas laisser passer ça… On ne peut pas contrôler ses sentiments. » *(La Course au mensonge.)*

La question est : quelle femme ? Il y en a eu trois. Wilson a des talents cachés. Il essaie désespérément de dissimuler ses talents d'acteur. Dans *Relations virtuelles*, House tombe sur la performance du jeune Wilson dans un porno amateur. (« Il a découvert qu'il était en partie cerf… et complètement homme… »). Wilson insiste sur le fait qu'il y avait une doublure pour la scène sexuelle proprement dite. Lorsque House se rend à son rendez-vous avec Cameron *(Des maux d'amour)*, Wilson lui donne des conseils très précis. Il parle de RED – rêves, espoirs et désirs. Apparemment, ça a marché pour lui. Et dans *Mauvaises décisions*, House retrouve la seconde ex-madame Wilson pour en apprendre davantage sur la technique de drague de Wilson. Wilson voulait qu'ils soient amis – elle lui a sauté dessus. « Il vous engloutit, dit-elle. Il est toujours là, jusqu'au jour où il disparaît. »

« Peut-être en aurait-il été autrement, si vous aviez attendu avant de coucher avec lui, suggère House. »

« Avec lui, le sexe, c'est fantastique. Personne ne se donne autant de mal pour faire plaisir à une femme. »

À la fin de la saison 2, Wilson a quitté sa troisième femme parce qu'elle le trompait *(Maladies d'amour)*. House et Wilson vivent ensemble pour la première fois. Ils s'engagent dans une routine : House mange la nourriture de Wilson et l'empêche de trouver un nouvel appartement. Il met la main de Wilson dans un bol d'eau alors qu'il est endormi, afin qu'il urine sur le canapé. La réaction de Wilson est proportionnellement minime : il scie une partie de la canne de House *(Protection rapprochée)*. Wilson sait adopter les techniques de House. Dans *Tout seul*, il confisque la guitare de House pour l'encourager

> « Wilson est vu du point de vue de Wilson. Dans un sens, cela a toujours été le cas. C'est le Watson de House, et j'ai toujours eu l'impression que l'histoire de House est vue à travers les yeux de Wilson. Même si Wilson est souvent absent, c'est son point de vue sur House, c'est la manifestation de son affection pour lui. C'est le seul qui aime vraiment House et qui ne veut rien de lui, et n'a pas besoin de lui donner quoi que ce soit. Il y a une sorte d'égalité entre eux. »
>
> —Hugh Laurie

à engager une nouvelle équipe. Wilson continue à chercher. Dans *L'Amour de sa vie*, House mentionne son aventure avec une patiente et son intérêt pour une infirmière en pédiatrie. « Mes mariages étaient tellement pourris que je passais tout mon temps avec toi, dit Wilson. Ce dont tu as vraiment peur, c'est que j'aie une bonne vie de couple. » C'est aussi peu probable que le monstre du Loch Ness, House n'a pas à s'en faire.

Jusqu'à Amber…

> « **Mon amie Pam** Davis a écrit une scène splendide, dans laquelle j'essaie de faire un examen mammaire à une femme et où House m'a drogué, amphétamines, speed ou je ne sais quoi, et je suis complètement stone… *(Démission)*. C'était vraiment amusant. C'était un peu du Buck Henry. J'ai pu faire des trucs à la Cary Grant, parce que j'avais du mal à mettre mes gants. »
>
> —Robert Sean Leonard

House est tout le temps en train de tester Wilson. Dans *Devine qui vient dîner*, il n'arrête pas de lui emprunter de l'argent, pour voir à combien de dollars Wilson évalue leur amitié. Wilson monte jusqu'à 5 000 $ pour que House achète une voiture, et House utilise l'argent pour s'acheter sa moto. Avec le détective Tritter, House va trop loin. D'abord, Wilson dit à Tritter qu'il prescrit toutes les drogues de House *(Que sera, sera)*. Lorsque House vole le carnet d'ordonnances de Wilson pour se les écrire lui-même, Wilson accuse House de pousser leur amitié à bout, prouvant à House que sa vision des relations humaines est correcte *(24 heures pour vivre et mourir)*. Même lorsque Tritter retire sa licence à Wilson, House n'éprouve rien et ne veut pas faire un deal avec Tritter en admettant qu'il a un problème de drogue. « Tu avais le choix de m'aider ou pas dans cette situation », dit Wilson *(Jeux d'enfant)*. Exaspéré, Wilson fait un marché avec Tritter : House admet qu'il a falsifié des ordonnances afin d'aller en désintox, plutôt qu'en prison *(Rendez-vous avec Judas)*. « Je vais avoir besoin de trente pièces d'argent », dit Wilson à Tritter.

> « House a-t-il forcé mon tiroir pour me voler mon carnet d'ordonnances ? Bien évidemment ! Sinon il ne serait pas House. Je le connais. »
>
> —Robert Sean Leonard

Jusque-là, Wilson était le défenseur principal de House, avec l'idée qu'il est une force positive dans l'Univers, malgré son problème de drogue. Wilson sauve House de Vogler, lors du conseil général qui a pour but de virer House. « D'accord, il a franchi la limite. Il est totalement paumé, il devrait probablement relire le code de déontologie, mais les résultats sont indéniables, il a sauvé des centaines de vies. » *(Sacrifices.)* Seul, Wilson choisit House et non les 100 millions de dollars de Vogler. Même Cuddy vote contre House au premier abord et il semble que le poste de Wilson soit en danger. House ne veut pas se sauver lui-même, pas plus que Wilson. Vogler a offert une chance à House en lui proposant de prononcer un discours faisant la promotion d'un des médicaments qu'il a développés. Et House a accepté, puis refusé au dernier moment.

> **WILSON** : Je n'ai pas d'enfants. Mon mariage est nul. Il n'y a que deux choses qui ont marché pour moi. Ce boulot et cette stupide amitié, et aucun des deux n'a assez d'importance pour toi pour te faire prononcer un stupide discours.
> **HOUSE** : Si, c'est important. Si je devais recommencer...
> **WILSON** : Tu ferais la même chose.

L'anti-amitié récidiviste de House ne décroît pas. Dans *Demi-prodige*, House fait semblant d'être en phase terminale d'un cancer du cerveau pour obtenir de la drogue. Et lorsqu'il est démasqué, il laisse croire à ses collègues qu'il n'a plus que quelques mois à vivre. Ils sont évidemment contrariés par ce mensonge.

« Tu n'as pas de cancer, dit Wilson. Mais il y a des personnes pour qui tu comptes. Alors, qu'est-ce que tu fais ? *(Rires.)* Tu fais semblant d'avoir un cancer, puis tu repousses ceux qui tiennent à toi. »

En voyant la chemise couleur lavande de son ami, House devine que Wilson fréquente quelqu'un *(Celle qui venait du froid)*. Dans *Virage à 180°*, il découvre qu'il s'agit d'Amber, la candidate agressive qu'il n'a pas engagée parce qu'elle ne supportait pas d'avoir tort.

« C'est une abominable garce, tu pleures devant *Victoire sur la nuit*, dit House. Pourquoi l'effrayant a-t-il besoin de pathétique ? » demande House, avant de répondre à sa propre question : « Ce n'est pas juste sexuel – tu aimes sa personnalité. Tu aimes son côté calculateur. Qu'elle se foute des conséquences. Tu aimes le fait qu'elle puisse humilier quelqu'un, si... Mon Dieu ! Mais tu couches avec moi ! »

QUESTION : Lorsque House apprend que Wilson et Amber sont ensemble, il dit : « Mon Dieu ! Mais tu couches avec moi. »

ROBERT SEAN LEONARD : Pour moi, c'était : « Oui, et alors ? » Les qualités que l'on apprécie chez un ami sont les mêmes que celles que l'on recherche chez un partenaire. C'est logique.

Mais on dirait que Wilson a changé Amber. Elle refuse de le quitter en échange d'un boulot, comme House le lui propose. L'amour et le respect de Wilson vont au-delà de la camaraderie. Dans *Trop gentil pour être vrai*, House et Amber tombent d'accord pour partager la garde de Wilson. Amber n'a que peu de temps pour changer Wilson. Lorsque Kutner et Thirteen fouillent l'appartement d'Amber dans *Dans le cœur de Wilson,* ils découvrent une vidéo torride tournée par Amber et Wilson. Une première pour Wilson, pas pour Amber. Alors que dans un magasin, Wilson est totalement indécis lorsqu'Amber lui demande de choisir un lit *(Pour l'amour du soap)*. Wilson dit qu'il a toujours rêvé d'un matelas à eau, l'achète et le regrette.

> « **Il achète un** matelas à eau et dès qu'il rentre chez lui, il dit : "Je ne veux pas d'un matelas à eau." Il essaie, mais il n'arrive pas à faire les choses bien. Je crois qu'il est tellement paumé qu'il ne sait pas ce qu'il veut. Lorsque Amber dit : "C'est ce que tu veux ? Si c'est ce que tu veux, achète-le !", il est tellement confus qu'il ne sait plus où il en est. »
>
> —Robert Sean Leonard

Malgré leurs différences, Wilson est vraiment engagé dans cette relation, et Amber l'est autant que lui. Puis, dans *Dans la tête de House,* on comprend qu'Amber était dans l'accident de bus avec House. Dans *Dans le cœur de Wilson,* Amber meurt lorsque Wilson éteint la machine qui la maintient en vie. Elle est venue chercher House complètement saoul dans un bar, House ayant cherché à joindre Wilson. House risque sa vie en prenant des médicaments contre l'Alzheimer, afin de se souvenir des symptômes qu'il a remarqués chez Amber avant l'accident. Il réalise qu'elle a pris de l'amantadine contre la grippe, mais que son cœur et ses reins ne fonctionnaient pas. Il n'y a rien à faire.

Au début de la saison 5, Wilson quitte Princeton-Plainsboro.

HOUSE : Je suis désolé. Je sais que je ne l'ai pas tuée. Je sais que je ne voulais pas lui faire du mal. Je sais que c'était un accident. Mais je me sens comme un idiot, et elle est morte à cause de moi.

WILSON : Je ne t'en veux pas. Je voulais. J'ai essayé. J'ai revu le dossier d'Amber une centaine de fois et j'ai essayé de trouver un moyen... mais ce n'était pas ta faute.

HOUSE : Donc, tu vas bien. Enfin non, mais je peux peut-être t'aider.

WILSON : On ne va pas bien. Je ne suis pas parti à cause d'Amber. Je ne voulais pas te quitter parce que... parce que comme toujours, j'essayais de t'aider. C'est ça, le problème. Tu rends tout le monde malheureux, puisque tu ne peux rien ressentir d'autre. Tu manipules les gens, car tu ne peux pas supporter les rapports humains, et je t'ai permis d'en avoir. Pendant des années les jeux, les beuveries, les coups de téléphone au milieu de la nuit. C'est moi qui aurais dû être dans le bus... Tu aurais dû être seul, dans ce bus. Si j'ai appris une chose d'Amber, c'est de prendre soin de moi *(il prend une boîte sous son bras)*. On n'est pas amis, House. Je crois qu'on ne l'a jamais été. *(Il quitte le bureau.)*

Comme les personnages avant et après lui, Wilson ne peut pas effectuer une séparation complète d'avec House. Il essaie. House engage le détective privé Lucas Douglas (Michael Weston) : il lui demande d'espionner Wilson pour voir s'il fait son deuil. Wilson a un nouveau poste ; il dit qu'il est en train de passer à autre chose *(Cancer, es-tu là ?)*. Il disparaît pendant quatre mois. Mais le père de House meurt, et sa mère rappelle Wilson afin d'essayer de faire venir House à l'enterrement de son père, à qui il ne parlait plus *(L'Origine du mal)*. Lorsque Wilson est arrêté par la police en chemin, il apprend qu'un avis de recherche est lancé contre lui en Louisiane. Bien sûr, House en est la cause. À une conférence médicale à la Nouvelle-Orléans, qui a eu lieu juste après qu'il avait fini ses études, Wilson a jeté une bouteille sur un miroir dans un bar, provoquant une bagarre. House a payé sa caution, parce qu'il s'ennuyait et que Wilson n'était pas ennuyeux.

Au funérarium, House essaie de faire admettre à Wilson qu'il est parti parce qu'il avait peur de le perdre. Il crie après Wilson, jusqu'à ce que celui-là lance une bouteille de bourbon à travers un vitrail. Wilson est toujours loin d'être ennuyeux. House sait que Wilson a craqué à la Nouvelle-Orléans parce qu'il était en plein divorce d'avec Sam. Il a du mal à gérer les séparations. Wilson admet que House a raison : « Ce voyage étrange et agaçant, c'est la chose la plus amusante que j'aie faite depuis la mort d'Amber. »

> **« Wilson est tellement** perdu ! Il doit subir tant de choses de la part de celui qui est censé être son meilleur ami... C'est presque pire qu'une femme, qui serait amoureuse d'un homme qui la traite comme ça. Ils ont un rapport bien plus intime. Et pourquoi accepte-t-il tout cela ? Parce qu'il aime cet homme. »
>
> —LISA EDELSTEIN

Ainsi, House et Wilson se réconcilient. House a peur que Wilson ait changé pendant son absence. Il engage Lucas et ils suivent Wilson, découvrant qu'il a une nouvelle petite amie, Debbie, une ancienne prostituée *(La Vie privée de Numéro 13)*. Wilson veut l'aider à payer ses études de droit. Mais Wilson faisait semblant d'être avec elle, et cela prouve que rien n'a changé. Ils aiment jouer à ce jeu. Finalement, House et Wilson vivent ensemble dans l'appartement que Wilson partageait avec Amber.

On comprend que Wilson ait vraiment besoin d'affection, lorsqu'on en apprend davantage sur son frère. Dans *L'Histoire d'une vie*, on sait qu'il a un frère qu'il n'a pas vu depuis neuf ans. Dans *L'Hypocrite heureux*, House apprend que Daniel, le frère de Wilson, a été retrouvé endormi dans le hall d'un immeuble de bureau à Manhattan, et qu'il est dans un hôpital psychiatrique. Wilson dit qu'il n'a rien dit à House parce qu'ils n'ont pas signé le pacte social conventionnel : Wilson ne dit pas tout à House ; House ne lui ment pas. Wilson confie à House que son frère est schizophrène. Danny l'appelait quotidiennement lorsqu'il était à l'école de médecine, jusqu'à ce qu'un jour Wilson n'ait pas le temps de lui répondre. Il s'est alors enfui. House en déduit d'emblée que la culpabilité de Wilson a façonné toute sa vie. « Tu as développé ton talent pour faire plaisir aux gens, comme les athlètes se font des muscles, dit House. Si ce n'est pas une réaction excessive face à un seul événement... » Wilson comprend qu'ils sont différents.

> **WILSON** : Ma vie entière n'est qu'un immense compromis. Je fais comme si tout le monde autour de moi était fait de porcelaine. J'ai passé toute ma vie à analyser les choses. Quel effet cela aura-t-il si je dis ça ? Puis, je t'ai rencontré. Tu es accro à la réalité. Si j'essayais de te réconforter, tu me le renverrais à la figure. Ne changeons pas cela.

Dans *Je suis vivant!*, House déduit que la nouvelle petite amie de Wilson travaille dans la clinique où se trouve Danny. « C'est une âme charitable, tout comme tes ex avec qui ça n'a pas marché. »

> **« (Cela explique) les** précautions qu'il prend. Il vient d'une famille dysfonctionnelle. Et cela l'a beaucoup marqué. Il s'est enfui de chez lui, il n'a plus jamais été le même. Tout cela est un peu flou... Dans ma tête, il avait de mauvais parents qui ont transféré la peine qu'ils éprouvaient pour le grand frère au plus jeune, en lui reprochant les évènements. Ce sont des parents pathétiques. »
>
> —ROBERT SEAN LEONARD

Dans la saison 6, Wilson se concentre sur la convalescence de House. Sans ses pilules, peut-être peut-il faire marcher les choses avec Cuddy. « Tu vois, dit Wilson au fantôme d'Amber *(Le Cœur du problème)*, il va vraiment mieux! » Puis, ils apprennent que Lucas et Cuddy sont ensemble.

Dans *Les Mots pour ne pas le dire*, Joseph Schultz, le patient de Wilson meurt. Wilson se sent coupable de ne pas avoir été là jusqu'à la fin, et se prépare à saboter sa carrière en admettant, à une conférence, qu'il a pratiqué l'euthanasie. House tente de raisonner Wilson, mais Wilson ne veut pas revenir sur sa décision. « Si j'ai appris une chose de toi, c'est que je dois faire ce que je pense être juste, sans penser aux conséquences. » « Ça a super bien marché pour moi », répond House. House drogue Wilson, lui vole son pantalon et lit son discours, en se faisant passer pour le Dr Perlmutter.

> « Je n'avais pas conscience de cela, lorsqu'on était en train de créer la série. Hugh, et d'autres membres de l'équipe me l'ont fait remarquer ; c'est une des choses dont je suis fier, c'est une des rares séries de une heure explorant l'amitié entre deux hommes. Je m'en réjouis, on s'amuse beaucoup. »
>
> —DAVID SHORE

Lorsque House voit Wilson entrer dans la salle de conférences, il dévie du texte qu'il a sous les yeux. « Je suis incapable de tourner le dos à mes responsabilités, dit House-Perlmutter en jouant Wilson. Mes amis abusent bien trop souvent de cette qualité. » Après avoir reproché à House de l'avoir drogué et de lui avoir volé son pantalon, il le remercie d'avoir dit qu'il n'avait rien fait de mal, qu'il avait fait tout son possible pour M. Schultz. « Tu es un merveilleux ami. Cuddy devrait savoir ça », dit Wilson. « Elle devrait savoir que je t'ai drogué pour t'empêcher de confesser un meurtre », répond House.

Dans *L'Ami de Wilson*, on voit que Wilson est un bon médecin, concerné par ses patients. House le taquine à ce propos. «Je sais que tu es là, dit House dans *Désirs illusoires*. Je t'entends te faire du souci.». Wilson se souvient du nom de ses patients. Dans *Les Mots pour ne pas le dire*, Wilson appelle Joseph, son patient, avec beaucoup de tendresse, alors qu'on ne sait même pas si House sait que le prénom de Numéro 13 est Remy *(Gros bébé)*. Wilson comprend qu'un patient a une rechute quand il ne mentionne pas les exploits de ses petits-enfants (dont il connaît les prénoms), montrant qu'il est déprimé: ce qui signifie un retour du cancer. C'est un diagnostic à la House, mais House ne s'investirait jamais assez pour connaître de tels détails à propos d'un patient.

L'ami de Wilson, Tucker, fait son apparition. Tucker était un patient – Wilson lui a sauvé la vie il y a cinq ans, et ils sont devenus amis. Tucker appelle Wilson «Jim», une autre raison pour House de ne pas l'apprécier (tout le monde sait que Jim s'appelle Wilson). Tucker a une jeune petite amie, mais lorsque son état empire, il se tourne vers son ex-femme et sa fille pour trouver du réconfort. Avec autant d'agressivité que House, Wilson tente une procédure très risquée sur Tucker. House prévient Wilson qu'il doit être capable de faire face aux conséquences en cas d'échec. La double dose de chimio guérit Tucker de son cancer, mais détruit son foie.

Avec l'aide de House, Wilson tente de procurer un nouveau foie à son ami. Puis, en dernier recours, Tucker demande à Wilson de lui donner un peu de son foie pour lui sauver la vie. Ayant agi comme House pour traiter Tucker, Wilson réagit cependant comme Wilson devant son échec. Lorsque House voit que Wilson considère la possibilité d'être donneur, il le traite de carpette. Wilson dit qu'il va le faire ; il s'agit de son ami. «Ils meurent tous, répond House. Ils sont tous tes amis.» Malgré l'objection de House, Wilson lui demande de pratiquer l'opération.

> **HOUSE** : Non.
> **WILSON** : Pourquoi ?
> **HOUSE** : Parce que si tu meurs, je serai tout seul.

House est dans la salle d'observation pendant l'opération. Wilson a sauvé Tucker. Dans la salle de réveil, Tucker dit qu'il va retourner avec son ancienne petite amie. «La personne que vous voulez auprès de vous quand vous êtes mourant n'est pas la même que celle que vous voulez lorsque vous êtes en vie», dit-il. Pour Wilson, c'est inacceptable, on ne peut pas choisir comme ça. Lorsque la petite amie de Tucker vient lui rendre visite et l'appelle « Jim », il corrige : « En fait, c'est James. »

Wilson a maintenant prouvé à House qu'il n'était pas un lâche. House lui dit qu'il a le droit d'être en colère. Wilson appelle donc sa seconde femme, qui est agent immobilier, et fait en sorte que Cuddy ne puisse pas acheter l'appartement dans lequel elle comptait emménager avec Lucas. « Elle a fait du mal à mon ami, dit-il, elle mérite une punition. »

KATIE JACOBS : Je pense que ce sont tous deux d'excellents médecins. Et ce qu'il est intéressant de voir, c'est ce qui constitue un bon médecin. Une bonne personne ne fait pas nécessairement un bon docteur.

QUESTION : House et Wilson combinés feraient un excellent médecin.

HUGH LAURIE : Ils le savent, sans doute. Ils feraient un très bon docteur, et sûrement un très bon être humain.

ROBERT SEAN LEONARD : Si Wilson et House pouvaient fusionner en une seule personne, cela donnerait lieu à une intéressante combinaison. Wilson est un très bon hôte, il serait formidable s'il n'avait que cela à faire.

Wilson a appris quelque chose de House. House a drogué Wilson, pour l'empêcher de prononcer un discours suicidaire en admettant avoir aidé un patient à mettre fin à sa vie. C'est ce que Wilson retire de cette amitié, une force correctrice qui le libère de sa culpabilité et de son besoin d'affection, les attributs mêmes qui font de lui un bon médecin. À la mort d'Amber, House comprend le sentiment d'injustice auquel Wilson doit faire face, parce que c'est quelque chose qui s'ancre parfaitement dans la façon de penser de House : « Tu essaies toujours de te préparer au pire. C'est pour ça que tu es devenu oncologue. Aucune surprise, le pire arrive tout le temps. Mais Amber. Elle était jeune et en bonne santé. Sa mort est venue de nulle part. » *(L'Origine du mal.)*

« **Ce poste est** sûrement mauvais pour les émotions de Wilson, mais sa présence est bénéfique aux patients. Je pense que si vous avez une maladie mystérieuse, House est la personne vers qui vous tourner si vous risquez d'en mourir. Si ce n'est pas le cas, vous faites mieux d'aller voir quelqu'un d'autre afin d'éviter tous ces désagréments. Mais si vous avez un cancer, vous feriez mieux d'aller consulter le Dr Wilson. »

—DAVID SHORE

Comme les parents d'un adolescent en souffrance, House veut protéger Wilson, même lorsque Wilson ne veut pas de son aide. Lorsque Sam Carr (Cynthia Watros), la première Mme Wilson, refait surface *(Amour courtois)*, House fait tout son possible pour qu'elle ne redevienne pas la quatrième Mme Wilson. Dans une première tentative, House vient accompagné d'un prostitué travesti à leur dîner, mais cela lui retombe dessus lorsque « Sarah » et Sam s'entendent comme deux amis de longue date. House cuisine un repas élaboré à Sam et Wilson, et attend que Wilson se rende aux toilettes pour mettre carte sur table.

> **HOUSE** : Vous n'êtes qu'une garce qui lui a brisé le cœur. Je l'ai regardé lutter pendant des années, pour surmonter le mal que vous lui avez fait. Il n'y a pas moyen que je vous laisse le reprendre pour lui faire subir la même chose.
>
> **SAM** : Et c'est quoi tout ça, alors ?
>
> **HOUSE** : Phase numéro 2, apprendre à connaître son ennemi.
>
> **SAM** : Vous vous trompez sur moi. Mais je suis contente de ne plus avoir à prétendre vous apprécier. Sauf que James se trouve à mes côtés.
>
> **HOUSE** : Pareil pour moi. Sauf que je resterai plus longtemps que vous.

House engage son autre ennemi, Lucas, pour enquêter sur Sam, mais il ne trouve rien, à part son dossier psychiatrique que House décide ne pas consulter, car ce serait dépasser les limites. Comme il l'a toujours fait, House considère les qualités de Wilson comme des défauts. En parallèle, House et Numéro 13 traitent un patient qui vit dans un camp médiéval.

> **HOUSE** : Le code que les chevaliers disent maintenir, toutes ces conneries d'honneur et de chevalerie, Wilson aime vraiment ça. C'est pour ça que c'est...
>
> **NUMÉRO 13** : ... un homme formidable...
>
> **HOUSE** : ... un nigaud et une cible. Quelqu'un doit veiller sur lui.

House et Wilson. Leur relation est au cœur de la série *Dr House*. Ils représentent le yin et le yang. La plupart des patients de Wilson meurent ; ceux de House survivent. House ne s'entend avec personne ; Wilson s'entend avec tout le monde. Wilson est généralement ennuyeux ; House ne l'est jamais. House écrit clairement ; dans *Devine qui vient dîner,* Wilson écrit au tableau, et son écriture est abominable. Même en plaisantant, ils savent ce qu'il y a entre eux.

> **WILSON** : Tu peux être un véritable idiot parfois, tu sais ?
>
> **HOUSE** : Ouais. Et toi tu es un type bien.
>
> **WILSON** : Au moins, j'essaie.
>
> **HOUSE** : Tant que tu essaies d'être bon, tu peux faire ce que tu veux.
>
> **WILSON** : Et tant que tu n'essaies pas, tu peux dire ce que tu veux.
>
> **HOUSE** : Alors, à nous deux on peut tout faire. On peut dominer le monde. *(Wilson soupire.)* *(Question de fidélité)*

LE LOOK DE WILSON

QUESTION : Et à propos de la garde-robe de Wilson ?

CATHY CRANDALL : Il est tellement conservateur ! C'est du Brooks Brothers tout du long.

QUESTION : Il va porter du beige et du marron...

CRANDALL : Occasionnellement, il met une cravate rouge. Il est conservateur et old school. Il s'habille comme il pense qu'un médecin est censé s'habiller.

QUESTION : S'il a un rendez-vous, change-t-il de cravate ?

CRANDALL : Peut-être. Lorsqu'il était avec Amber, il portait une chemise rose, jaune ou vert menthe, si elle l'avait choisie pour lui. Mais elle n'a pas été là assez longtemps.

Robert Sean Leonard, à propos de... Wilson et House :

– Ce sont des hommes, alors je ne crois pas qu'ils discutent des mêmes choses que les femmes entre elles. C'est important pour le public que House et Wilson restent amis. Pour moi, c'est une relation très importante au cœur de la série. Une des raisons pour lesquelles elle a du succès, c'est qu'elle est toujours en danger, du moins du point de vue de Wilson. Peut-être pas de celui de House.

QUESTION : Qu'est-ce qui attire Wilson chez House ?
– J'aime bien cet homme. Il est très attachant. Beaucoup de journalistes demandent pourquoi Wilson passe du temps avec House, cet affreux personnage... J'ai moi-même conscience que les caractéristiques du personnage principal de la série se retrouvent dans beaucoup d'autres personnages – ce sont des personnalités solitaires, ils sont misanthropes, ils n'arrivent pas à rester avec une femme et ils font du jazz, et lorsqu'ils sont seuls chez eux, ils boivent du whisky. Ils sont intelligents. Plutôt acerbes. Leur sens de l'humour est assez sec. Ils sont têtus. Et je suis désolé, qu'est-ce qui n'est pas attirant dans cette liste ? Il s'agit de la nature humaine. Montrez-moi une série à propos d'un homme

sympathique, qui écrit toutes les semaines à sa mère – pour moi, ce n'est pas très intéressant. Le personnage de House est conçu pour être attachant. Il s'agit de fiction, rappelez-vous. C'est un personnage très, très attirant.

QUESTION : Et il permet à Wilson d'être mauvais ?
– Chacun retire des choses différentes de ses relations amicales. Ce qui se passe dans celle-ci, c'est que Wilson est entraîné dans des situations où il ne se mettrait pas lui-même, ce qui est parfois bon pour lui, parfois néfaste.

Robert Sean Leonard pendant une pause.

QUESTION : Après la mort d'Amber, Wilson se cache pour aller à ses rendez-vous, et House doit les découvrir. Il veut Wilson pour lui seul...

– Le personnage de House est clairement perturbé. Il a un problème. Cela va au-delà de la curiosité, de la jalousie ou de son côté mesquin. Engager un détective privé pour espionner son ami, c'est aller un peu loin. Il a vraiment un gros problème.

QUESTION : Ce qui est arrivé au frère de Wilson explique beaucoup de choses.

– Je crois qu'on est tous les deux abandonnés, dans un sens. On est assez seuls. Je crois que Chase a des amis ; House et Wilson sont tout seuls. Ils jouent aux jeux vidéo, regardent beaucoup le football, ils regardent du porno. Ils ont de mauvaises habitudes alimentaires. Je me suis toujours dit qu'ils avaient tous deux des vies solitaires similaires. Ma grosse blague, c'est qu'un jour Wilson soit handicapé, qu'il soit à l'hôpital et qu'il demande à House de se rendre à son appartement pour récupérer tous ses pornos, afin que son propriétaire ne les trouve pas. Il arrive avec la boîte, et Wilson dit : « Où sont les trucs allemands ? Où sont tous les trucs allemands ? » Et House a oublié toute une pile cachée en dessous du plancher. Oui, ce sont deux hommes très solitaires.

QUESTION : House est-il une force positive dans l'Univers ?
– Il fait le bien pour beaucoup... Ma vision du monde se mêle un peu avec celle de Wilson, je pense que le monde est bien trop gris... On devrait moins juger les gens.

QUESTION : Wilson est loin de juger facilement les gens.
– Il le fait plus que moi, c'est sûr. Si vous êtes un adulte sans enfant à charge, peu importe ce que vous faites. Si vous vous faites du mal, je m'en fiche. Il y a une part de Wilson qui pense comme ça.

QUESTION : House a été confronté à de nombreux personnages : le médecin spécialiste de la tuberculose de Ron Livingston et Vogler, dont la lutte contre la drogue pourrait sauver des milliers de vies, mais ce sont des hypocrites.
– Vous pouvez aussi considérer l'ironie de vouloir sauver des milliers de personnes. La Terre a besoin de plus de gens ? Je ne sais pas ce que pense Wilson.

Robert Sean Leonard, à propos de... Hugh Laurie

QUESTION : Quand est-ce que Hugh Laurie et vous avez sympathisé ?

– Hugh et moi avons sympathisé dès le moment où je l'ai rencontré, je crois. Je me souviens l'avoir vu pour la première fois alors qu'il se dirigeait vers un ascenseur. Bizarrement, il avait déjà une canne. Il ne l'utilisait pas, mais il l'avait avec lui. Je ne sais pas pourquoi. J'étais avec Lisa Edelstein. On était à Vancouver pour le tournage du pilote, on venait juste d'arriver. Lisa, Hugh et moi, nous sommes rencontrés pour la première fois ce soir-là à Vancouver, et on est allés manger des sushis.

Hugh et moi nous sommes rapidement rendu compte qu'on était tous les deux comme Bourriquet dans la forêt des Rêves bleus. Je me souviens, Hugh a dit : « Tu ne peux pas être ce type-là, c'est moi. Il ne peut pas y avoir deux mecs comme ça sur le plateau. » Nous n'avons pas une vision très positive du monde. Hugh est très investi dans la série. Si vous avez besoin de quoi que ce soit, il le fera. Moi, je serai sur l'autoroute, mon écharpe volant au vent. On peut compter sur lui, il est toujours prêt à faire quelque chose. On partage le même humour, et mon expérience dans le théâtre rejoint bizarrement la sienne en tant que comique. Ken Branagh, Emma Thompson, Imelda Staunton, Stephen Fry – que j'ai admiré en grandissant, et avec qui j'ai plus tard travaillé. Je ne pense pas qu'il y avait tant de types de 34 ans à Hollywood que vous auriez pu rencontrer à ce moment-là, qui connaissaient Peter Cook et pouvaient parler d'Imelda Staunton, de Stephen Fry et de Derek Jacobi. C'était un coup de chance.

Hugh est un cas spécial. C'est un véritable artiste. Ce n'est pas un acteur comme les autres. Il se définissait comme un comédien, un comique faisant des sketches, et il essayait de décrocher un rôle au cinéma... Ce rôle lui est tombé dessus. Même lui vous dira que c'était un coup de veine.

QUESTION : En Angleterre, il a cette histoire incroyable...

– Il avait beaucoup de succès dans un domaine, et aujourd'hui il avance dans une autre direction. Je ne pense pas que Hugh aurait pu réaliser cela à Londres. Ils ont une idée très précise de qui est Hugh Laurie. Ils sont assez sévères, parce que cela n'a rien à voir avec ce qu'il a fait auparavant. Et vous n'êtes pas supposé faire ça.

Robert Sean Leonard, à propos de... Wilson

QUESTION : On ne voit pas beaucoup de patients de Wilson.
– On le voit raccompagner les patients à la porte. Il a cela en commun avec Cameron, et bizarrement, on a jamais exploré cet aspect-là de Wilson.

QUESTION : Wilson veut aider les gens.
– Je pense que c'est pour cela qu'il est devenu médecin, il est très intelligent, et la médecine est un moyen de venir en aide aux gens.

QUESTION : House voudrait-il être davantage comme Wilson ?
– Je ne pense pas. Je ne pense pas qu'il se dise : « Oh, je devrais être plus gentil avec tout le monde. Il doit penser que je suis fou, et il n'a pas tort. »

QUESTION : Tout le monde ment. Wilson a une réputation de menteur...
– Il me semble que Wilson ment plus que House.

QUESTION : Voyons en quoi Wilson est plus malsain que House, il n'arrive pas à s'exprimer librement, à agir...
– Il a été élevé comme le petit garçon sage. Ce qu'il a vécu dans cette maison avec ce frère et ces parents... Je crois qu'il a une part de lui qui vit dans le désespoir. Il devrait avancer un peu plus dans sa vie, mais il sera mort avant de l'avoir fait. House l'a fait. Cela le met dans des situations difficiles, il se blesse et blesse ceux qui l'entourent, mais il l'a fait.

> « Dans ma tête, Wilson est une personne plus malsaine que House. En tant qu'acteur. C'est mon opinion. Je pense qu'il est très coincé. »
>
> —Robert Sean Leonard

QUESTION : Mais pourtant il est à la recherche de quelque chose, d'où ses mariages multiples...
– Non, il n'est à la recherche de rien. Je suis dur avec Wilson, mais c'est mon devoir. Ses mariages sont bidons. Ils sont plus ou moins les mêmes.

QUESTION : Est-ce qu'il pense qu'il essaie de s'en sortir ?
– Pour lui, cela consisterait à cesser d'être le petit garçon sage. Pour Wilson, épouser quelqu'un qui a besoin de lui, ce n'est pas faire un pas en avant. C'est un fauteuil moelleux et un paquet de cigarettes. C'est confortable.

QUESTION : Une intrigue amusante consisterait à montrer un méchant Wilson.
– Amber a essayé.

QUESTION : Elle essayait de le libérer, afin qu'il arrive à demander ce dont il avait envie...
– C'est bien ça. Même s'il épousait la bonne personne, comme Amber, qui le forcerait à avancer, il n'y arriverait toujours pas. Il mourrait toujours avant d'avoir parcouru ces quelques mètres. C'est triste, mais je pense qu'il est comme ça. C'est le cas de beaucoup de gens. Peut-être que je suis l'un d'entre eux. Mais House ne l'est pas... C'est vrai, il blesse son entourage, mais il le fait proprement, rapidement et honnêtement.
Wilson est beaucoup plus paumé, je pense, et fait plus de mal. Car il blesse plus profondément que House ne l'a jamais fait.

QUESTION : Robert Sean Leonard pense que l'état de Wilson est pire que celui de House.

DAVID SHORE : Je ne suis pas sûr qu'il le soit beaucoup plus. C'est chouette que Robert pense ça... Écoutez, je pense que si Wilson allait aussi bien qu'il le paraît, il ne serait pas l'ami de House. Wilson a certainement enfoui beaucoup de choses. Il voudrait être davantage comme House, et House envie Wilson d'une certaine manière.

QUESTION : Le chemin de l'enfer est pavé de bonnes intentions...
– Il essaie de faire le bien, que tout le monde soit heureux... Il veut être un homme bon. Vous blesserez bien plus de monde ainsi que si vous êtes sur la route comme Peter Fonda.

QUESTION : Alors, on ne verra jamais le mauvais côté de Wilson...

– Cela ne serait pas intéressant, car le « mauvais » Wilson, c'est celui du matelas à eau. Même lorsqu'il agit ainsi, cela lui retombe dessus. Je ne pense pas que ce soit ce que House veut. Il ne veut pas faire ressortir ce côté-là comme Amber l'a fait. House l'apprécie comme il est. Cela lui fait de la peine de voir son ami lutter. Pensez aux tatous. Ils se roulent en boule. Lorsque vous en voyez un sur le dos, vous vous dites : « ah », et je crois que c'est ce que House ressent à propos de Wilson.

Robert Sean Leonard, à propos de... Robert Sean Leonard

– Quand je pense à la série, je pense à ma loge, au maquillage posé sur mon visage, à Ira (Hurvitz, la scripte) me tendant des notes à propos du script. À toutes ces choses que je veux avoir terminées avant six heures et demie, parce que ma femme a fait le dîner. C'est ça, ma journée typique. La série n'a pas la même signification pour moi que pour la plupart des membres de l'équipe. En Iowa, ils allument la télévision à 20 heures, et puis c'est parti. Un épisode après l'autre.

Je suis le plus flemmard sur le plateau, peut-être même sur tout Los Angeles. Je n'aime pas travailler. Quand j'ai passé ma première audition pour cette série, j'avais aussi une audition pour *Numbers*. J'ai dû choisir entre les deux, et pour *Numbers* il y avait trop de scènes. Trop de dialogues à apprendre. Je me suis dit, ah, c'est tellement fatigant ! J'étais d'accord pour être le Schneider de *Dr House* (Dwayne Schneider, l'homme à tout faire dans *Au fil des jours*). Vous débarquez dans une scène sur huit, et vous dites : « Et les tuyaux sont... » J'aime bien ce rôle. J'aime être celui qui a deux ou trois scènes par épisode.

J'aime ma femme, ma vie, ma fille, mes chiens et mon jardin. Je suis vraiment paresseux quand il s'agit de travailler. Je préfère rester à la maison. Sur le plateau, on m'appelle « monsieur c'était suffisamment bien ». Lorsque l'on vient de finir de tourner une scène, j'ai envie de passer à la suivante. Si quelqu'un dit : « J'ai vu un câble en arrière-plan », ma réaction, c'est : « Vraiment ? Non ! » Je veux toujours avancer plus vite. Je ne veux jamais recommencer.

QUESTION : Est-ce que cela vient de votre expérience dans le théâtre ? Cela ne peut pas être parfait tous les soirs.

– Le théâtre, c'est tellement différent du cinéma ou de la télévision. Le cinéma est le job le plus ennuyeux du monde. Ce qui constitue un véritable paradoxe. Ceux qui ne sont pas dans l'industrie pensent que cela doit être enivrant. Si vous n'aimez pas lire, alors vous êtes dans de beaux draps : il faut compter environ douze heures de non-travail pour une heure de véritable travail chaque jour.

QUESTION : La même chose, encore et encore...
– Je ne l'ai jamais ressenti ainsi. Il y a des acteurs que j'admire beaucoup. Je n'en fais pas partie. Brando et Chris Walken sont amusants à regarder. Je suis très prudent. Je sais très bien qu'il y a une caméra gigantesque pointée sur moi. Je n'arrive pas à l'oublier. Les acteurs comme Chris Walken en sont certainement capables, parce qu'ils semblent si vivants. Ils rient, s'esclaffent, clignent des yeux, se grattent le visage... Ils prennent certainement plus plaisir à jouer que moi.

QUESTION : On pourrait se demander pourquoi vous le faites...
– Si le théâtre payait plus, c'est ce que je ferais. Les acteurs font les trois : on a besoin de films, de télévision et de théâtre. Cela ne veut pas dire que ce travail n'est pas appréciable. C'est fantastique d'être dans cette série. Les membres de l'équipe sont adorables, Hugh est incroyable, et l'écriture est parfaite. Je n'ai jamais aimé jouer devant la caméra. Quand je parle à Ethan Hawke ou aux personnes avec qui j'ai grandi, il se révèle que certains prennent leur pied au cinéma comme je le fais sur une scène de théâtre. Ils parlent de Tarantino ou des *Dents de la mer* comme je parle de Tom Stoppard. Mes histoires parlent de scènes de théâtre et de Joseph Papp. J'ai grandi en regardant Sam Waterson et Blythe Danner...

QUESTION : Alors, il vous fallait travailler pour la télévision ?
– Il y a d'autres choses qui me plaisent ; mais elles ne rapportent rien. J'aime lire les livres de Philip Roth, jouer au basket ou me plonger dans l'œuvre de George Bernard Shaw, mais rien de tout cela ne paie...
Mon but dans la vie ? Quand je lis des livres à propos de personnages comme John A. Roebling, ce type qui a construit le Brooklyn Bridge, je me dis : Mon Dieu ! qui sont ces hommes ? Je suis tellement paresseux. Mon but dans la vie, c'est de faire le plus d'argent possible en travaillant le moins possible.

QUESTION : Est-ce que vous regardez la série ?

– Je connais des acteurs qui n'y arrivent pas, mais je peux regarder mon travail. Cela ne me dérange pas. Mais je n'aime pas vraiment ça. Je ne la regarde pas volontairement, mais je ne me cache pas non plus sous le canapé. Je préfère regarder *New York Police Judiciaire* – ma femme et moi sommes fans de Vince D'Onofrio. Ma femme aime *Nanny 911*. Ce n'est pas que je n'aime pas *Dr House*, au contraire. Mais je sais ce qui va se passer. Je n'ai pas besoin de le voir.

QUESTION : Vous aimez Los Angeles ?

– On se pose là pendant le tournage de *Dr House*. On habite à New York, et on passe onze mois de l'année ici. Ma femme, Gabriella, a grandi à Thousand Oaks, environ à une heure au nord d'ici, et on loge chez ses parents.

QUESTION : Vous avez beaucoup de jours de repos ?

– Chaque année, on a environ un mois en mai, et deux semaines pour Noël. Je retourne à New York. Je me sens deux fois plus humain à New York. C'est peut-être le sentiment d'être chez soi. C'est dommage que ce ne soit que pour six semaines par an.

Robert Sean Leonard, à propos de... la retraite

QUESTION : Wilson va prendre sa retraite ?

– Oui. Wilson est un triste cas. Je ne sais pas. Même si cela arrivait, il irait voir House après le travail. Je ne sais pas s'ils habiteront toujours ensemble. Pour moi, c'est un peu bizarre. Mais ils se verront sans doute dans le parc, autour d'un café, pour critiquer le monde.

QUESTION : Voyez-vous House et Wilson sur leurs vieux jours ? Seront-ils toujours amis ?

– Je n'en serais pas surpris. J'ai pu voir dans ma vie que ce qui change, c'est la famille. Je pense que ni l'un ni l'autre n'en auront jamais. Je pense vraiment qu'ils pourraient être les vieux amis de Simon et Garfunkel, assis sur un banc, dans un parc avec leur journal... enfin, ce que dit la chanson. Les bruits de la ville s'installent sur leurs épaules comme de la poussière. Je pense qu'ils pourraient être ces hommes.

12

TOUT LE MONDE MENT

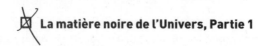 **La matière noire de l'Univers, Partie 1**

QUESTION : Lorsqu'un épisode est soumis à la chaîne pour la diffusion, est-ce qu'il y a un doute jusqu'à la dernière minute ?

GERRIT VAN DER MEER : À chaque épisode.

House le dit en premier, dans le pilote. Wilson le dit également *(Retour en force)*. Tritter aussi, en connaissance de cause *(24 heures pour vivre et mourir)*. Et même Amber *(Dans le cœur de Wilson)*. Tout le monde ment. Mêmes les fœtus. Tout être disant la vérité est soumis à l'incrédibilité. « Alors, tout le monde ment sauf un meurtrier condamné à la peine de mort ? » *(Peine de vie)*. « Tout le monde ment, sauf les politiciens ? » *(Double discours)*. Le fait que tout le monde mente est une certitude absolue dans la série, une constance dans l'univers noir de House. Chaque patient a l'opportunité de mentir lorsqu'il énumère ses antécédents. Ils ont toujours un motif. « Les gens mentent pour des milliers de raisons, dit House. Mais il y a toujours une raison. » *(La Course au mensonge.)* Puisque tout ce dont les gens ont besoin pour mentir, c'est d'ouvrir la bouche, ils ont toutes les raisons et opportunités à portée de main. Cela arrive. Tout le monde ment.

HOUSE: S'il y a bien une constante fondamentale chez l'homme, c'est son art du mensonge. Et ce qui varie après, c'est le pourquoi. Quand on annonce à quelqu'un qu'il va mourir, ce qui est extraordinaire, c'est qu'il se focalise sur ses priorités. Et c'est là qu'on apprend ce qui compte le plus pour lui. Au nom de quoi il est prêt à mentir. Au nom de quoi il est prêt à mourir *(Cours magistral)*.

Et il n'y a pas qu'avec des mots. À un moment donné, dans le pilote, la patiente, Rebecca Adler, demande à Wilson si House est son ami. Wilson dit qu'il le croit – on peut en conclure que House ne le lui a jamais véritablement dit. « Ce qui compte ce n'est pas ce que les gens disent, dit Rebecca, c'est ce qu'ils font. » Eh bien, dans ce cas, Wilson le sait. « Oui, c'est mon ami. » Si on ne peut avoir confiance dans la parole des autres, veut dire Wilson, en paraphrasant House, on peut avoir confiance en leurs actions. Mais selon le détective Tritter, dans la saison 3, alors qu'il essaie d'envoyer House en prison : « Les gens comme vous… dit Tritter à House, cinquante-six épisodes plus tard, même leurs actions mentent. »

QUESTION : Il y a une scène où House fait des excuses à Tritter : « Cela ne me suffit pas, parce que même vos actions sont des mensonges. »

ROBERT SEAN LEONARD : Je pense que les gens mentent et que les méchants gagnent souvent. J'aime ce que dit Tritter. Je dirais la même chose de tous ceux que je connais dans ma vie. Dire pardon, ça ne suffit pas pour moi.

Dans *Cours magistral,* lorsque House dit qu'un patient en train de mourir se concentre sur ce qui est important, on apprend que le fermier ment : il ne s'est pas fait mordre par un serpent, c'est son chien qui l'a mordu. S'il avait dit la vérité, il aurait été traité plus tôt, mais le chien aurait été piqué. Il y a des dizaines de raisons de mentir (comme Foreman le dit dans *La Vérité, rien que la vérité),* mais une seule de dire la vérité.

HOUSE : Il y a une raison pour laquelle tout le monde ment. Parce que ça marche. Cela permet à notre société de fonctionner. C'est ce qui nous sépare des animaux.

WILSON : Ah. Je pensais que c'étaient nos pouces.

Si vous demandez à David Shore s'il pense que tout le monde ment parce que cela est nécessaire au bon fonctionnement de la société, il vous répondra que oui. Et pour lui, cela est vrai au sens large, surtout parce que cela s'applique à House : « Il y a une contradiction inhérente à House, et une vérité dans cette contradiction, ce qui n'a pas de sens et est en soi une contradiction. Il croit en la vérité par-dessus tout. Il ne croit pas vraiment aux émotions ; il croit en la vérité, et il croit que tout peut mener à la vérité, même le mensonge. »

Mais la vérité se cache au fond d'un puits.

Cela ne veut pas dire que quelqu'un qui pense que quelque chose est noir dira que c'est blanc, mais je pense que chacun regarde le monde à travers son propre prisme. Les gens exagèrent ou minimisent les conséquences de leurs actions. Ils voient leurs relations avec leurs partenaires, leurs enfants et leurs amis d'une certaine manière. Ils voient le monde à travers du verre teinté.

Ainsi, ce que House veut dire par *Tout le monde ment,* c'est que personne ne connaît la vérité, mais personne ne le sait. Il est à la poursuite de cette vérité objective, et il essaie de se libérer de tout ce qui pourrait l'empêcher d'atteindre son objectif.

C'est une chose que David Shore a apprise très tôt en tant qu'avocat. « Un client passe la porte de votre bureau, vous raconte son histoire et vous vous dites que vous n'arrivez pas à croire qu'il a fait ça, qu'il mérite d'être puni ! Vous le croyez complètement, puis au moment du procès, vous entendez l'autre émettre son point de vue sur les évènements, et vous réalisez que si cette autre personne était entrée dans votre bureau en premier, c'est elle que vous auriez crue. Vous savez également qu'aucun d'entre eux n'a vraiment menti. Ils croient tous deux fermement à leurs histoires, même si elles sont contradictoires. Ils voient les évènements d'un certain point de vue qui les a conduits à cette conclusion. Ils n'inventent rien ; ils voient les choses au travers d'un certain filtre. »

Pour House, la vérité se trouve dans le fait de résoudre les puzzles que lui posent ses cas médicaux, c'est la réalité qui donne un ordre à l'univers, du moins pour lui. House essaie de retirer l'élément humain le plus possible – il ne va voir un patient que s'il en a vraiment besoin. Un cas parfait se présenterait comme une équation, parce que « les chiffres ne mentent pas » *(House à terre)*. Heureusement pour ses patients, House a presque toujours raison, ce qui signifie que les risques qu'il prend en se comportant comme il le fait en valent la peine. Dans *La Vérité est ailleurs,* Cuddy pense qu'il est temps que House fasse preuve d'humilité. « Pourquoi lui infliger ça ? Parce que c'est bien d'être comme ça ? Pourquoi faudrait-il qu'il soit comme tout le monde ? »

Quelques mensonges et leurs menteurs

- House fait un test de paternité pour savoir si l'enfant d'une patiente de la clinique est celui de son mari. « Les mariages qui marchent le mieux sont ceux qui sont basés sur le mensonge, dit House. Vous êtes bien partie. » *(Panique à la maternité.)*
- Un mari doit décider s'il est possible que sa femme l'ait trompé, avant de consentir à ce qu'on la traite pour la maladie du sommeil. Elle est traitée, elle se rétablit, ce qui prouve qu'elle a menti. *(Question de fidélité.)*
- Le joueur de base-ball qui a dit la vérité (il ne prend pas de stéroïdes) a menti à sa femme en disant qu'il ne fumait pas de cannabis. *(Rencontres sportives.)*
- Un homme a menti à sa famille en disant qu'il faisait des tests en tant que pilote dans les années 1980, alors qu'il était dans un ashram en Inde, où il a contracté la lèpre. *(Le Mauvais Œil.)*
- Le cycliste peut mentir à propos du dopage parce que les transfusions qu'on lui donne pour traiter son thymome faussent les résultats. *(La Course au mensonge.)*
- Une femme qui suit un traitement hormonal de fertilité prend en même temps la pilule pour ne pas avoir d'enfant. Comme elle subit une opération, pour retirer une tumeur, elle n'a pas besoin de mentir à son mari. Elle demande à Foreman de dire à son mari qu'à cause de cette opération elle ne peut plus prendre le traitement. « Le secret médical m'empêche de dire la vérité à votre mari, dit Foreman. Mais mon obligation de mentir s'arrête là. »

- Dans *Bonheur conjugal,* des patients de House – un couple marié – se reprochent l'un à l'autre d'avoir contracté un herpès. L'un d'eux pourrait-il l'avoir attrapé sur un siège de toilette ? Sinon, l'un d'entre eux ment.
- Un peintre ment à sa petite amie sur le nombre des peintures qu'il a vendues. Il suit trois traitement expérimentaux en même temps, pour pouvoir joindre les deux bouts *(Flou artistique).*
- Une fille, qui prétend à la majorité anticipée parce que son père l'a violée, est en réalité partie car son frère est mort alors qu'elle était chargée de le surveiller *(Un vent d'indépendance).*
- Le personnage de Mos Def a menti à sa femme en disant qu'il allait à Saint-Louis. En fait, il travaille dans une usine de piles, ce qui l'a rendu malade *(Je suis vivant).*
- Charlotte a menti à son mari : elle est partie au Brésil sans lui, et des mouches des sables lui ont transmis une *leishmaniasis* viscérale, diagnostiquée trop tard *(Sans explication).*
- Lorsque Valérie, la psychopathe, est guérie de sa maladie de Wilson, dans *Absence de conscience,* elle ne peut plus mentir à son mari en lui disant qu'elle l'aime. Au revoir, argent ; bonjour, sentiments ! « C'est douloureux », dit Valérie. « Ce le sera », répond Numéro 13.
- Mickey, un flic sous couverture, attend que l'arrestation soit faite avant de dévoiler son histoire à l'équipe. Le dealer de drogue, Eddie, risque sa vie pour sauver son partenaire Mickey, mais réalise lorsqu'il est arrêté que Mickey, qui meurt du syndrome de Hughes-Stovin, l'a trahi *(Brouillages).*
- Abby, la lycéenne, a failli mourir à cause d'une mystérieuse allergie au sperme – mais pas celui de son petit copain, celui du père de ce dernier. Le père doit admettre ce qu'il a fait, ou Abby va mourir. House concède que le mensonge est plus facile dans cette situation. « Considérant ce qu'il en est, dit-il c'est une décision difficile. » *(Trou noir.)*
- Le rôliste médiéval, sir William, vit selon un code éthique des chevaliers, ce qui veut dire qu'il ne peut pas demander la main de la fille qu'il aime à cause du Roi. Mais il peut prendre des stéroïdes pour tricher à un combat à l'épée. Un ancien poison, le *hemlock,* a interagi avec le produit moderne, mettant presque fin à ce conte médiéval. *(Amour courtois.)*
- Tom et Julia vivent un mariage libre. Tom ment à Julia en disant qu'il couche avec d'autres femmes, parce qu'il sait qu'elle en fait autant et qu'il veut qu'elle soit heureuse. Il cache aussi à sa femme qu'il a perdu toutes leurs économies. Quand ils ont l'air de s'être réconciliés, House

dit : « Comme c'est adorable. À part le fait que vous ressentiez le besoin de coucher avec d'autres hommes et qu'il mette la famille en faillite, je pense que vos enfants sont en de bonnes mains. » *(Permis de tromper.)*

- Une mère et une fille ne se sont jamais menti. Mis à part le fait que la fille ait été adoptée, et que sa mère était une droguée *(La Vérité, rien que la vérité ?)*.

Au début, House est impressionné par la relation entre Maggie et sa fille de onze ans, Jane *(La Vérité, rien que la vérité ?)*. On dirait qu'elles sont totalement honnêtes l'une envers l'autre. La mère de Maggie est morte d'un cancer du sein et ne lui avait pas dit qu'elle était malade. Ainsi, Maggie a promis qu'elle ne cacherait jamais rien à son propre enfant. Jane sait que sa mère fume du cannabis. Elle connaît même sa position sexuelle préférée. Tant de vérité doit cacher quelque chose, pense House. Et il a raison. Maggie refuse de tester sa fille pour savoir si leurs moelles osseuses sont compatibles, car elle sait qu'elles ne le seront pas. Jane a été adoptée. La promesse que Maggie a faite à sa mère biologique de ne jamais révéler le fait qu'elle était une droguée brise celle de ne jamais mentir à sa fille.

Mais Jane ne ment pas. Lorsque sa mère lui dit qu'elle va s'en sortir, Jane sait que ce n'est pas vrai. « Non, Maman. Tu es condamnée, lui dit Jane. On ne peut plus rien faire pour toi. C'est terminé, tu vas mourir. » Numéro 13 pense que c'était dur ; House pense avoir vu la comète de Halley.

HOUSE : J'ai vu un truc stupéfiant – la vérité toute nue. Elle a dit à sa mère qu'elle était condamnée, qu'il n'y avait plus aucun espoir.

WILSON : Quelle chose d'horrible.

HOUSE : C'était comme observer un phénomène astronomique étrange qu'on sait que l'on ne reverra jamais.

WILSON : Tu fais ça constamment, dire la vérité aux gens, c'est comme ça que tu t'éclates.

HOUSE : Parce que je m'en fiche, alors qu'elle, elle s'en fichait pas. Et c'est pour ça qu'elle le lui a dit.

Soudain, House a une révélation : Maggie a un cancer du sein, malgré sa double mastectomie. Ayant vu un miracle, quelqu'un qui disait la vérité, House en réalise un autre en sauvant la vie de Maggie.

« **Le timing, c'est** une de ces choses mystiques pour moi en tant qu'acteur. C'est le facteur X. Pour cette série, avec un tel personnage principal, le timing est impressionnant, considérant toutes les choses qui ont été faites ces dernières années avant que *Dr House* ne soit diffusé. Pour moi, le public préfère entendre la pure et simple vérité plutôt que cette propagande qui est censée nous rassurer. On est des êtres plutôt avancés maintenant. Laissez-nous voir la réalité en face. Et c'est ce qu'ils font chaque semaine dans la série. »

—OMAR EPPS

Le mensonge n'est pas sans conséquences.

Il n'est pas toujours vrai que la vérité vous rendra libre. Loin de là. Alors, il peut cesser de vivre dans le mensonge et admettre qu'il est homosexuel : le bandit de *Un témoin encombrant* doit intégrer le Programme de protection des témoins. Dans *L'Amour de sa vie*, un couple mixte marié découvre qu'ils ont le même père et qu'il leur a transmis une maladie génétique orpheline. Le père a essayé de les séparer lorsqu'ils étaient jeunes. La vérité a été dévoilée trop tard, et leur relation est détruite.

Certains mensonges ont des conséquences positives. Dans *Le Boulot de ses rêves*, House utilise une fausse augmentation mammaire pour cacher une opération des poumons sur Greta, une pilote de l'Air Force qui rêve d'aller dans l'espace. Si la NASA savait à propos de son opération, elle serait disqualifiée. House ment aux docteurs qui font partie d'une compétition pour rejoindre son équipe, disant qu'il a dénoncé Greta à la NASA, sachant que l'un d'entre eux le ferait pour gagner ses faveurs. House ment à son vieil ami, à propos du résultat du test de paternité de sa fille, dans *De père inconnu*. Dans *Changement de direction*, House ment au comité de transplantation en disant qu'il n'y a aucune raison psychologique pour laquelle sa patiente devrait se voir refuser un cœur. Elle ne devrait pas, mais elle a dit à House qu'elle voulait vivre, et House ment pour lui sauver la vie. Certains mensonges sont juste opportuns, comme lorsque Wilson ment au détective Tritter à propos de son carnet d'ordonnances. S'il avait dit la vérité, House se serait retrouvé en prison pour dix ans.

«**Mon père, lui,** il est comme vous. Oh, je ne parle pas de votre regard intense sur la misère du monde. Non, il a ce sens obsessionnel de la morale et ne supporte pas le moindre petit mensonge. Une qualité précieuse chez les boyscouts et les témoins des meurtres, mais tellement chiante chez un père !»

—House à Cameron (Devine qui vient dîner)

«**En effet, tout** le monde ment. House a tout à fait raison là-dessus. C'est très intéressant. Les patients mentent aux infirmières. Ils arrivent aux urgences, et ils sont saouls. Je demande : "Combien de verres avez-vous bus aujourd'hui ?" "Je n'ai bu qu'une seule bière, une seule." "Vous êtes sûr que vous n'en avez pas bu deux ? Vous n'avez rien pris avec ?" "Non, c'est tout ce que j'ai pris." "Avez-vous des antécédents ?" "Non, rien du tout." Puis un médecin entre en jeu, c'est un homme et j'entends : "Oh, j'ai bu douze bières et j'ai pris quatre antidépresseurs. Je fais ça tous les jours depuis dix ans." Je ne sais pas si c'est une question de confiance ou si c'est parce qu'on leur a posé la question tellement de fois qu'ils finissent par admettre. Cela me fait rire, parce que c'est vrai.»

—Bobbin Bergstrom

L'épisode dans lequel le mensonge a les plus graves conséquences, c'est *Devine qui vient dîner*. La relation de Carnell – qui vient d'être diplômé de l'université de Princeton – et de son père est pavée de mensonges. Le père lui a dit que sa mère avait été tuée par un homme conduisant en état d'ébriété, afin qu'il ne conduise pas saoul. Et ça a marché, Carnell n'a jamais conduit sous l'influence de l'alcool. Carnell a dit à son père qu'il étudiait, alors qu'en réalité, il est parti en Jamaïque avec ses riches camarades. Le père de Carnell voulait qu'il n'oublie pas d'où il venait, et il l'a fait travailler pour lui de longues heures. Et contrairement à ce que le père a dit aux médecins, ce n'était pas dans le bâtiment, mais chez un ferrailleur. Si House avait su, il aurait posé des questions, et aurait découvert que le père avait donné du plomb à niveau radioactif à son fils, afin qu'il se souvienne de ses racines. Le mensonge est fatal : le système immunitaire de Carnell est détruit et il est mourant. Carnell demande à son père s'il va s'en sortir, et son père lui dit que oui. On sait qu'il s'agit d'un nouveau mensonge.

Durant l'épisode, House a passé son temps à éviter de voir ses parents, qui comptent passer le voir. Il ne peut pas y échapper. Sa mère le trouve et il la serre dans ses bras. « Je suis très content… » dit House. « Oh, Greg ! répond sa mère. Ne mens pas. »

13

QUESTIONS SANS RÉPONSES

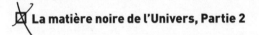

La matière noire de l'Univers, Partie 2

«Vous mettez les choses en place, et c'est à eux de jouer.
Je ne dis jamais qu'ils doivent être heureux ou tristes dans
cette scène. Leurs décisions au niveau de l'expression et
ce qu'ils font avec le texte ne tiennent qu'à eux. J'aime leur
poser des questions et les faire réfléchir. Mais quand ils
montent dans le grand huit, je sais où ils sont, à n'importe
quel moment, et une fois qu'ils en sont descendus, c'est à
eux d'en tirer ce qu'ils veulent.»

—DAVID SHORE

Si vous n'aviez plus qu'une journée à vivre, que feriez vous?
David Shore et les auteurs aiment à introduire des questions philosophiques et des problèmes éthiques au cœur des situations
intenses rencontrées à Princeton-Plainsboro. Dans *24 heures pour
vivre et mourir,* grâce à une injection de L-dopa, House réveille un
homme qui est dans un état végétatif depuis dix ans. Son fils est
gravement malade, et le père n'a que vingt-quatre heures avant
de replonger dans l'inconscience. Le père et le fils ont beaucoup
de choses à se dire ; ils vont certainement passer ces moments-là
ensemble ! Dans l'univers de House, ce n'est pas si simple.

Dans *De pièces en pièces,* une patiente de la clinique que House
refuse de traiter tente de forcer House à lui parler. Elle a été violée.

Elle dispose d'une journée à l'hôpital Princeton-Plainsboro. La monstruosité de ce qui lui est arrivé la hante. Mais elle n'arrivera pas à faire en sorte que House aborde les questions existentielles.

Ces questions éthiques et philosophiques servent à augmenter la mise. Ce sont généralement des questions éthiques qui dépassent le cas du patient. Le spectateur se demande : que faut-il faire dans cette situation ? Mais la série ne donne pas de réponse. C'est à lui de se faire une opinion.

« **Ces grandes questions** sont ce qui fait avancer la série. »
—DAVID SHORE

Prenez l'exemple du patient dans le coma (Gabriel, joué par John Larroquette). House a besoin de Gabriel afin de récolter des informations pour traiter son fils, Kyle. En réveillant Gabriel, House est sur un terrain éthique dangereux et Cuddy tente de l'en empêcher, en vain. En comprenant qu'il a un jour à vivre, plutôt que d'aller voir son fils, Gabriel veut aller manger un sandwich dans son restaurant préféré sur la côte du New Jersey. Gabriel passe sa journée dans la voiture avec House et Wilson, échangeant des informations personnelles avec House, pour finir dans un hôtel à Atlantic City.

« **Dans quel dilemme** philosophique intéressant ce personnage se trouve-t-il, ou quel débat House va-t-il pouvoir avoir avec lui ? C'est à cela que David s'intéresse. Le côté médical est aussi important, mais on sait désormais qu'il faut réfléchir à cette question avant de se rendre dans le bureau de David. Souvent, lorsqu'on lui soumet nos idées, cela tourne au débat philosophique : qu'est-ce qui est intéressant à propos de la vie de ce personnage ? C'est ce qui constitue plus tard le thème de l'épisode. »
—GARRETT LERNER

Gabriel est dans le coma, depuis qu'il s'est blessé en essayant de sauver sa femme des flammes d'un incendie déclenché accidentellement par Kyle, âgé de douze ans à l'époque. Aujourd'hui, Kyle est alcoolique et son cœur ne fonctionne plus normalement. House en déduit qu'il a une condition génétique transmise, ironiquement, par sa mère. Gabriel veut donner son cœur à son fils – Kyle n'a aucune chance d'en obtenir un, parce qu'il est alcoolique. Gabriel insiste, même s'il y a une chance pour qu'il se réveille un jour et soit guéri. Il n'a pas pu sauver sa femme, mais il peut sauver son fils. Pour préserver son cœur, il doit mettre fin à ses jours par pendaison, une mort lente et douloureuse. Et c'est ce qu'il fait, avec l'aide de House.

Gabriel n'aura jamais la chance de retourner à Princeton pour voir son fils. Il n'a même pas pu manger son sandwich. Ne sachant pas ce qu'il pourrait dire à Kyle, il demande à House : « Si vous deviez entendre une chose de la part de votre père, ce serait quoi ? »

HOUSE : Je voudrais qu'il me dise… « Tu avais raison. Tu as fait le bon choix. » Lorsque Kyle demande ce que son père a dit, il répète la phrase. Dans ces circonstances, cela n'a aucun sens. Kyle demande à House ce que cela veut dire, et House lui répond qu'il ne sait pas : « C'était votre père. »

Comme toujours, House a pris le plus court chemin entre le point A et le point B. Il y avait un problème (Kyle avait besoin d'un cœur) et la solution (son père) était là. Dans *Insomnies*, Hannah a besoin d'une greffe du foie, et sa petite amie Max est prête à lui donner une partie du sien. Cameron apprend que Hannah a l'intention de quitter Max et veut prévenir Max avant qu'elle n'entreprenne cette dangereuse opération. « C'est immoral », dit Cameron. « Bon, disons que vous avez raison », dit House. « On le lui dit, elle change d'avis, notre patiente meurt. C'est moral, ça ? » House a éliminé tout problème éthique. Et Cameron n'a pas à s'en faire, Max est au courant pour Hannah. Elle pense qu'elle ne sera pas capable de la quitter, sachant qu'elle porte la moitié de son foie.

> « Même si j'aime parler des relations entre House et Wilson, ou entre House et Cuddy et tout ce qui va avec, et cela fait partie du tout, j'apprécie vraiment tous ces petits joyaux dont la série est parsemée. Tout cela s'incruste dans la structure – le mystère médical est comme une structure en fer forgé, mais ce qu'il y a de plus extraordinaire, ce sont les décorations sur les poignées de porte. »
>
> —HUGH LAURIE

QUESTION : Est-ce qu'il vous arrive de regarder la série et de vous dire que c'est assez noir ?

GREG YAITANES : Je crois que cela correspond au personnage. Je n'ai peut-être pas la même vision du monde, mais c'est celle du personnage et je la respecte.

Dans *L'Enfant miroir*, House diagnostique le syndrome miroir maternel chez une femme enceinte. Pour House, c'est un problème très simple – délivrer le fœtus non viable afin de sauver la mère. Cuddy n'est pas d'accord et veut sauver l'enfant. Pour Cuddy, le fœtus de House, c'est un bébé (si ce n'est pas une question morale...) House donne son accord pour opérer le fœtus-bébé, qui lui attrape les doigts pendant l'opération (saison 3, épisode 17).

House prend des décisions tranchantes – c'est bien ou c'est mal. C'est ce qu'il fait. Il fonce sans s'arrêter au travers des questions éthiques auxquelles la plupart des gens s'arrêteraient. Dans *Cours magistral,* il donne une définition très détaillée de sa vision du monde. House est capable de répondre *oui* ou *non* à une question éthique. Pour le reste du monde, c'est difficile de vivre dans son univers.

HOUSE : Je sais que ça va à l'encontre de ce que l'on vous enseigne, mais le vrai et le faux, ça existe. Et ce n'est pas parce que vous ne connaissez pas la bonne réponse qu'il n'y a a priori aucun moyen de savoir quelle est la bonne, que ça vous dédouane de vous êtes trompé. C'est plus simple que ça. Vous aurez fait le mauvais choix.

La vie n'a pas de sens, et c'est tout ce qu'on a

«Rien ne compte. Nous ne sommes que des cloportes, des gnous à l'agonie sur la berge. Aucun de nos actes n'a le moindre sens.»

—HOUSE (POUR L'AMOUR DU SOAP)

House ferait n'importe quoi pour éviter une discussion importante avec un patient. En fait, il ferait n'importe quoi pour ne pas avoir à parler à ses patients du tout, jusqu'à les payer cinquante dollars pour quitter la clinique *(De pièces en pièces).* Souvent, ceux à qui il a parlé se retrouvent perplexes, insultés, ou avec des pulsions violentes. Pour l'avoir sauvé en faisant un faux témoignage en sa faveur, Cuddy fait faire à House des heures de clinique. Il diagnostique des *chlamydiæ* chez une femme, découvrant qu'elle a été violée. Ève veut seulement parler à House, mais il refuse de la traiter – elle va bien physiquement, il n'y a pas de mystère là-dedans. Elle ne sait pas pourquoi elle veut lui parler. Il lui répond : « Vous devez bien avoir une raison. Il y a une raison pour tout. »

« **Il considère tout** problème de manière fondamentale. Il ne se dit jamais : qu'est-ce que la loi m'oblige à faire ? Mais qu'est-ce que les principes éthiques fondamentaux me poussent à faire ? Et il reconnaît que beaucoup de questions auxquelles les médecins doivent faire face sont très difficiles et extrêmement complexes. »

—DAVID SHORE

Cruellement, House suggère qu'elle tente d'exercer un contrôle… comme dans un viol. « Si on devait se soucier de tous ceux qui souffrent sur la planète, la Terre s'arrêterait de tourner », dit House à Cuddy, réitérant un de ses thèmes favoris, pourquoi est-ce que je me soucierais de cette personne plutôt que d'une autre ? Mais Ève insiste. Après avoir refusé de parler à un psychiatre, elle fait une overdose de somnifères et se réveille avec House à son chevet. Il n'est là que parce que Cuddy le lui a demandé. Ève dit qu'elle veut parler, mais House ne sait pas quoi dire. Ève devient alors pour lui un puzzle. Il lui demande ce qui s'est passé, et elle répond qu'il ne veut pas savoir. « Mais si, je le veux », dit House. « Vous mentez », dit Ève. House lui dit que ce n'était pas sa faute et autres banalités. Elle le sait bien. Elle veut parler. House veut savoir pourquoi elle lui fait confiance – dire qu'elle ne le sait pas n'est pas rationnel.

HOUSE : Tout est rationnel.
ÈVE : J'ai été victime d'un viol, j'aimerais une explication.

Ève demande à House s'il a jamais vécu quelque chose de terrible. Wilson dit à House qu'elle essaie d'établir un contact et que c'est ce qui lui fait peur. House dit à Ève qu'il a été maltraité par sa grand-mère. Elle était dure avec lui et le faisait dormir dans le jardin ou lui faisait prendre des bains de glace lorsqu'il n'était pas sage. Ève met en doute la parole de House, en disant que si c'était le cas, il ne l'appellerait pas *oma* (« grand-mère » en néerlandais). « Qu'est-ce que je peux faire, pour que vous arrêtiez de me rejeter parce que j'ai été violée ? », dit-elle. « Rien » répond-t-il. House dit que son histoire est vraie pour quelqu'un, qu'est-ce que ça peut lui faire si c'est son histoire à lui ? Est-ce qu'elle ne va avancer qu'en fonction de ceux qui sont nez à nez avec elle dans la même pièce ? « La vie n'est rien d'autre que ça, dit-elle. Une longue succession de pièces et tous ceux et celles qui sont avec nous dans ces pièces contribuent à notre histoire. »

« **Nous sommes des** animaux particulièrement égoïstes qui se débattent sur la Terre. Et comme nous avons un cerveau, on fait tout pour, à l'occasion, aspirer à autre chose et échapper à cet enfer. »
—House (*De pièces en pièces*)

Lorsque Cuddy dit à House qu'Ève est enceinte, House essaie de la persuader d'avorter. Ève pense qu'avorter, c'est commettre un meurtre. « C'est exact, dit House. Il s'agit d'une vie à laquelle vous devriez mettre fin. » Ève dit que chaque vie compte pour Dieu. Et que faites vous de Hitler ? Et du père de votre enfant ? Elle ne veut pas l'écouter. Pourquoi ne peut-il pas parler d'émotions ? « Il n'y a pas de réponse, et s'il n'y a pas de réponse, autant ne pas l'aborder. » Mais House demande à Ève si elle veut aller se promener. Ils s'assoient dans le parc, où House dit imaginer l'un des coureurs se briser la jambe. Inévitablement, la conversation se tourne vers Dieu.

HOUSE : Soit Dieu n'existe pas, soit sa cruauté dépasse l'imagination.

ÈVE : Je n'y crois pas une seconde.

HOUSE : Et quel est votre point de vue ? Comment expliquez-vous ce qui vous est arrivé ?

ÈVE : Je dois savoir que ça n'a pas eu lieu pour rien, dit-elle. Ça me réconforte.

HOUSE: Et vous vous sentez bien, vous êtes rassurée par cette chaleur intérieure?

ÈVE: J'ai été violée, comment le justifiez-vous?

Ève se demande si celui qui lui a fait ça a des remords.
Cela n'intéresse pas House.

HOUSE: Ce qui m'intéresse c'est ce que vous ressentez.

ÈVE: C'est vrai?

HOUSE: On est ensemble dans la même pièce, non? Pourquoi vous m'avez choisi, moi?

ÈVE: Vous n'êtes pas comme les autres. Je sens une blessure.

House dit que son histoire était vraie. Mais ce n'était pas sa grand-mère. C'était son père. « Je sens que je peux en parler, maintenant », dit Ève. « Eh bien j'aimerais bien l'entendre », répond House. Ève se confie à House parce qu'elle est en confiance. Plus tard, alors que House joue au baby-foot avec Wilson, Cuddy lui dit qu'Ève a avorté. Elle parle de ce qui s'est passé. Cela veut dire que c'est une chose positive, mais House dit: « Mais à part faire pleurer une fille, qu'est-ce qu'on a vraiment fait? » Alors, pourquoi lui a-t-il parlé?

HOUSE: Parce que je n'ai pas la réponse.

WILSON: Tu vas la revoir j'imagine.

HOUSE: Un de ces jours, dans une pièce.

Dans *Personne ne bouge!*, alors que l'hôpital est fermé à cause d'un bébé disparu, on peut observer plusieurs scènes entre des personnages enfermés dans une même pièce. Numéro 13 et Wilson jouent à *Action ou Vérité* (Wilson a du mal à suivre); Cameron et Chase rallument la flamme de leur mariage; Taub et Foreman se droguent, et on dirait presque qu'ils vont reproduire le combat mythique entre Oliver Reed et Alan Bate dans *Love*. House se retrouve dans la chambre de Nash (David Strathairn), un patient sous morphine qui n'a plus que quelques heures à vivre. Au début,

House est fidèle à lui-même. Nash lui dit qu'il n'a pas traité son cas, et House répond qu'il ne traite qu'un cas sur vingt : « Beaucoup de personnes dont je refuse le dossier meurent. »

Nash est en train de mourir, et il est seul. Il confie à House qu'il a trompé sa femme et perdu sa famille lorsque sa fille était âgée de six ans. Il dit vouloir lui parler une dernière fois, mais lorsqu'il l'appelle, House devine qu'il a attendu qu'elle s'en aille pour écouter son répondeur. C'est ce qui hante Nash. House s'ouvre plus facilement à Nash qu'à Ève.

HOUSE : J'aime être seul. Du moins, je me suis convaincu que c'était mieux comme ça. Puis, j'ai rencontré quelqu'un dans un hôpital psychiatrique, pas moins que ça. Elle m'a changé. Et puis, elle est partie. On est mieux seul. On souffre seul et on meurt seul. Que vous soyez un mari modèle ou le père de l'année, ça n'a pas d'importance – demain, ce sera pareil pour vous.

NASH : Aujourd'hui, ça aurait changé quelque chose.

House décide de forcer la main à Nash pour qu'il la rappelle et lui dise ce qu'il a besoin de lui faire savoir. Nash ne trouve que des mots pour lui dire qu'il l'aime. Puis, House lui fait une autre faveur en augmentant la dose de morphine, afin qu'il meure sans douleur. Alors qu'il n'y a aucun témoin, House va à l'encontre de tout ce en quoi il croit, et lui fait ses excuses pour ne pas avoir traité son cas, avant qu'il ne tombe dans l'inconscience.

HOUSE : Je suis désolé de ne pas avoir traité votre cas.

NASH : Moi aussi. Gracie était la plus belle fillette de six ans...

À la fin de l'épisode, la caméra montre l'inscription latine : *Omnes te moriturum amant*. Et House s'est rallié à cette notion, celle que tout le monde vous aime lorsque vous êtes mourant. Personne n'aimait Nash, mais le fait du hasard a conduit House dans sa chambre, lui permettant ainsi de laisser ces dernières paroles à sa fille.

« **David sait très bien** dissimuler ces thèmes derrière un certain sens de l'humour et une série poignante. Celle-là me brise le cœur, m'émeut, me fait rire

à gorge déployée. Et c'est merveilleux qu'il arrive à faire passer ces messages.»

—Greg Yaitanes

S'il est vrai que House pense que la vie n'a pas de sens, il sait
aussi que c'est tout ce que nous aurons jamais. Il ne cesse d'attaquer la foi et refuse de prononcer des banalités. «Je me suis toujours demandé ce qu'il y avait de l'autre côté», dit Ezra alors qu'il
est mourant, dans *Marché conclu*. Et House répond: «Rien.» Dans
L'erreur est humaine, où une religieuse est empoisonnée par son
stérilet qui lui a été posé il y a longtemps, House a l'occasion de
parler religion avec des personnages qui se trouvent en première
ligne de la foi. Une des nonnes a des visions et des convulsions.

RELIGIEUSE: Sœur Augustine croit en des choses qui n'existent pas.

HOUSE: Je pensais que c'était une condition requise pour faire votre boulot.

SŒUR AUGUSTINE: Pourquoi est-ce si difficile pour vous de croire en Dieu?

HOUSE: Le truc avec lequel j'ai des difficultés, c'est le concept même de la
foi. La foi ne repose ni sur la logique ni sur l'expérience.

QUESTION: House est un scientifique, et ceux qui sont sur leur lit de mort
cherchent du réconfort que House refuse de leur accorder.

DAVID SHORE: C'est une chose à laquelle je pense souvent. On doit parler de
religion dans une série où les personnages font face à la mort. L'idée qu'il
ne pense pas à Dieu ou à l'absence de Dieu est démentielle. Vous ne pouvez
pas être à la fin de votre vie sans vous demander s'il y a quelque chose
au-delà. Et presque à chaque épisode, un des personnages doit faire face
à cette fin.
Je pense que la raison pour laquelle cela marche malgré tout, ce n'est pas
parce que l'Amérique est pleine d'athéistes en puissance – il y en a beaucoup, et ces personnes aiment la série – c'est que l'antagoniste est un personnage bien réel. Lorsque House dit à un mourant qu'il n'y a pas de Dieu,
Wilson le réprimande et House lui retourne toujours un bon argument.
House est confronté à des questions difficiles à résoudre, et il reste ferme
dans son point de vue. Il est important que ceux qui ne sont pas d'accord
avec House ne soient pas que des pions, il faut que la personne lui réponde
– cela peut passer pour un évènement se passant dans la clinique, mais pas
pour un des évènements majeurs.

Dans *House contre Dieu,* House est confronté à Boyd, un adolescent prédicateur dont les symptômes s'expliquent par le fait qu'il a de l'herpès. House définit encore une fois sa position : « Il n'y a rien dans l'univers qu'on ne pourra expliquer un jour. » Dans *97 secondes,* House et Wilson se disputent : doivent-ils laisser croire à un homme mourant que quelque chose l'attend de l'autre côté ? « Ses croyances sont stupides », dit House.

WILSON : C'est fini, pour lui. Dans quelques jours, peut-être quelques heures, il sera mort. En quoi ça te dérange qu'il s'en aille avec un sourire paisible ? C'est quoi, ce plaisir tordu que tu prends à tout faire pour qu'il soit rempli d'angoisse et de terreur ?

HOUSE : Il ne devrait pas prendre une décision qui repose sur du faux. Le malheur, c'est mieux que rien.

WILSON : Tu ne sais pas ce qu'il y a après. Tu n'y es jamais allé.

HOUSE : Oh ! Arrête, j'en ai marre de cette discussion. Je n'ai pas besoin d'aller à Détroit pour savoir que ça pue.

WILSON : Ah, oui. Détroit et la vie après la mort, c'est pareil.

Pourtant, quand le jeune homme, dont le cœur s'est arrêté pendant 97 secondes, dit avoir vu la vie après la mort, House est prêt à arrêter son propre cœur pour voir s'il y a quelque chose. Il le fait à proximité d'Amber, car il sait que l'Abominable Garce ne le laissera pas mourir. House est prêt à croire, si on peut le prouver. C'est la nature de la foi : la science ne peut prouver son contraire. House continuera donc à taquiner le candidat Cole, en lui disant, par exemple, que le fondateur de sa religion, Joseph Smith, n'est qu'un imposteur. Cole administre un coup de poing à House *(Les Revenants).* On ne peut pas dire que House ne soit pas prêt à souffrir pour ses convictions. En attendant, il essaie tout de même de se sortir de l'enfer dans lequel il vit.

La fin justifie les moyens

QUESTION : La fin et les moyens. Vous avez kidnappé des gens. Vous avez commis des infractions...

HUGH LAURIE : Il faut trouver la solution à tout prix.

CAMERON: Mais il est clair que je ne retrouverais jamais ce genre... d'intensité.

FOREMAN: Tu aimes bien qu'on essaie de te tuer ?

CAMERON: Non. J'aime beaucoup cette volonté de trouver la solution à tout prix. C'est sans doute pour ça que j'ai du mal à raccrocher. *(En mission spéciale.)*

« Je pense que c'est le côté enfantin et très masculin de House qui le pousse à se lancer des défis... comme de lancer une boule de papier dans une corbeille à une certaine distance. Ou bien : si on lance une balle de cricket à travers le couloir, est-il possible de toucher l'extincteur ? Ou autre... House fait cela tout le temps. Une fois qu'il s'est lancé un défi, il est prêt à tout pour réussir – que ce soit toucher l'extincteur ou autre chose. Les défis qu'il se lance sont médicaux. Même s'il pourrait probablement passer la journée à le faire avec des boules de papier froissé. »
—**HUGH LAURIE**

Bienvenue dans la maison des coups tordus.

Tout médecin qui pense que des talents de cambrioleur (pour Foreman) sont importants pour le job est forcément non conventionnel. Dans sa quête de la vérité (la réponse au puzzle médical), ou simplement pour prouver qu'il a raison, House ne s'arrête devant rien.

- House tousse à proximité d'un chirurgien afin d'empêcher une opération *(À bout de nerfs)*.
- House torture un politicien (qui doit être un menteur) en lui retirant son masque d'oxygène, afin qu'il avoue quelle drogue il a prise *(Double discours)*.

- Lors du test d'inclinaison fait à Sebastien Charles, le docteur sanctifié de la tuberculose, House règle la table bien trop rapidement. Pour Foreman, c'est abuser de son pouvoir et ce n'est pas professionnel. Mais cela révèle un problème qui, autrement, n'aurait pas été remarqué *(Être ou paraître)*.
- House tente d'empêcher un chirurgien de faire une greffe du foie contre vingt mille dollars. Comme cela ne fonctionne pas, il lui fait du chantage, menaçant de révéler sa liaison avec une infirmière à sa femme. Et le dit quand même à sa femme *(Erreur médicale)*.
- House plonge dans le coma un patient suicidaire et en phase terminale, afin de tenter de lui sauver la vie *(Marché conclu)*.
- House injecte un paralysant à un patient hurlant et délirant, avant de lui administrer un sédatif. Un moyen dangereux d'obtenir la paix *(De pièces en pièces)*.
- Se faisant passer pour un chauffeur de limousine, il kidnappe la star de la série qu'il regarde, Evan Greer, après avoir remarqué des changements dans son comportement à la télévision *(Pour l'amour du soap)*.
- House pose un implant à un enfant sourd, contre le gré de ce dernier. « C'était un acte généreux, dit Wilson. Pratiqué de manière immorale et illégale. Tu fais des progrès. » *(House divisé.)*
- House drogue et attache le voisin de Wilson, vétéran canadien, afin de le soulager de sa douleur fantôme dans son bras amputé *(Le Serment d'Hippocrate)*.

Cela rejoint la méthode « traiter d'abord », « poser des questions après », employée pour beaucoup de diagnostics. Si toutes les possibilités ont été éliminées, le patient doit avoir ce qui reste sur le tableau. S'ils donnent le traitement au patient et que celui-ci guérit, alors le diagnostic est correct. « Si j'ai raison, je lui sauve la vie. Si j'ai tort, de toute façon il est condamné. » *(Casse-tête.)*

Tout le monde fait des erreurs

« Le rasoir d'Occam. L'explication la plus simple est toujours que quelqu'un a merdé quelque part. »

—HOUSE (CHERCHEZ L'ERREUR)

Demandez à Foreman *(Mauvaises décisions)*, ou à Chase *(Erreur médicale)* : les conséquences d'une erreur médicale peuvent être fatales pour le patient. Cela découle de la volonté de House de tout faire pour sauver un patient s'il pense avoir la réponse. Parce que s'il a tort, alors attention. Rarement – comme dans *Le Cœur du problème,* lorsque House et Foreman font une autopsie sur un patient en vie – une erreur n'a une conséquence positive : dans ce cas-là, ramener un cadavre à la vie, comme Lazare. Ces mises que tente le Dr House produisent 40 % des poursuites judiciaires de l'hôpital, dit Cuddy dans *Erreur médicale.* Elle dit aussi que c'est sans compter les cinquante mille dollars dépensés par le département juridique à cause de ses actions insensées *(Vivre ou laisser mourir).* C'est ce qu'il en coûte de travailler avec House.

Gerrit van der Meer raconte une histoire : un de ses amis proches a été diagnostiqué d'un cancer du poumon et a fait ses adieux. Mais le premier diagnostic était faux. En fait, il souffrait d'une pneumonie assez grave. Pour Gerrit, la médecine est plus un art qu'une science. House ne serait sans doute pas d'accord. C'est l'élément humain – les mensonges, les erreurs, l'importance de l'interprétation – qui en fait un art.

> « Mon fils va commencer à étudier la philosophie à l'université. J'en suis fier. Et c'est ainsi que je vois les premiers enseignements : ils parleront d'éthique. C'est ce sujet qu'ils aborderont. Pourquoi nous démener à sauver ceux qui nous précèdent, si en le faisant, cela cause la mort de milliers d'autres ? »
>
> —Hugh Laurie

« J'ai entendu dire que c'est de là que venait l'expression anglaise *dead ringer,* qui signifie "réplique parfaite". Ils attachaient une bague à un des orteils du mort, et une cloche à cette bague. On postait quelqu'un dans le cimetière, et si cette personne entendait la cloche, alors on déterrait la personne..." Laissez-moi sortir ! »

—Marcy Kaplan

HOUSE : Le succès ne dure que jusqu'à ce que quelqu'un se trompe. Les erreurs durent toujours *(Toucher le fond).*

Tuer, c'est mal

Peter Blake et David Shore aimaient l'idée de tuer Hitler. De tuer quelqu'un qui le mérite, mais de ressentir la culpabilité de cet acte. Et c'est ce que Peter a voulu développer dans cette histoire.

Dans *Cherchez l'erreur,* Chase demande à Cameron : « Est-ce que tu as déjà tué quelqu'un ? » Cameron ne répond pas. Deux ans plus tard, Cuddy demande à House s'il aiderait un patient en phase terminale à mettre fin à ses jours. « Si c'était le cas, vous voudriez vraiment le savoir ? » demande House. À la fin de l'épisode, il est sous-entendu que Cameron a aidé le patient à mourir. House la trouve en train de pleurer dans la chapelle, et pose la main sur son épaule. « Je suis fier de vous », dit-il *(Marché conclu).*

Encore deux ans plus tard, Chase fait en sorte que le dictateur Dibala meure. Et dans *Les Mots pour ne pas le dire,* Wilson aide son patient en phase terminale d'un cancer du poumon à mettre fin à ses jours en lui donnant le code de sa pompe à morphine. Poussé par la culpabilité d'avoir laissé le patient mourir seul, il se prépare à commencer sa conférence par : « L'euthanasie. Admettons-le. Nous la pratiquons tous. » Tuer, c'est mal non ?

QUESTION : Tout le monde a tué quelqu'un.

DAVID SHORE : Wilson aide quelqu'un... Il y a une grande différence morale entre ce que fait Chase (avec Dibala) et ce que fait Wilson. Dans le cas de Chase, le patient ne désirait pas mourir. C'est une différence importante !

QUESTION : Dans l'épisode avec Dibala, Chase demande à Foreman de faire un faux témoignage...

SHORE : Ce n'est pas la même situation que celle de Cuddy (pour House face à Tritter), mais Foreman s'est mis dans cette situation. Sa décision de brûler les pièces à conviction montre qu'il est davantage le complice de Chase qu'il ne le voudrait. S'il devait dire la vérité, il aurait quelques explications à donner. Mais pas autant que Chase, cela va de soi.

Lorsque Dibala arrive à l'hôpital Princeton-Plainsboro, c'est Cameron qui pose la question : doit-on le sauver ? « On le sauve, il saute dans un avion et il extermine la moitié de son pays », dit-elle. Après que Chase a empêché un jeune homme de tuer Dibala, Cameron dit que la prochaine fois, il ne devra pas sonner l'alarme. Chase et Cameron discutent de la justification de tuer. Cameron dit : « Est-ce que j'essaie de tuer tous mes patients ? Bien sûr que non. Mais s'il meurt, est-ce que je dois prétendre que ce n'est pas une bonne chose pour le monde ? » Mais Cameron traite tout de même le patient selon la loi et comme elle le doit. Chase cause la mort de Dibala. Plus tôt, alors qu'il défendait le point de vue opposé face à Cameron, Chase avait souligné les conséquences de cet acte :

CHASE : Seuls les psychopathes peuvent tuer sans craquer à un moment ou à un autre.

CAMERON : Non, c'est justifié. Regarde les soldats.

CHASE : Même quand c'est justifié.

LA CULPABILITÉ EST UN SENTIMENT INUTILE

La tendance de House à rejeter tout ce qui ne peut pas être mesuré comme un kilo de pommes montre que ses émotions abstraites sont plus légères (la douleur et le plaisir son plus quantifiables). Il n'a pas beaucoup d'espoirs et d'attentes ; les remords et la culpabilité sont une perte de temps. C'est la culpabilité de Wilson qui l'a presque conduit à admettre l'euthanasie devant une salle pleine de médecins. La culpabilité de Chase n'est assez grande, ni pour le prêtre qui lui dit de se rendre ni même pour Cameron.

Dans *Culpabilité*, House dit à Cuddy qu'elle ne peut être heureuse si tout n'est pas juste dans le monde. Cuddy se sent coupable parce que son jardinier a perdu une main en tombant de son toit. « Vos angoisses, votre culpabilité délirante font de vous un médecin médiocre, dit House. C'est aussi pour ça que vous faites bien votre boulot. » C'est tout ? « Le monde serait-il plus supportable sans sentiment de culpabilité ? C'est meilleur pour le sexe non ? Si vous l'aviez vue (Stacy) le dernier mois de notre histoire, c'est fou. Tous ces remords, tous ces hurlements... »

House essaie de comprendre ce qui est considéré comme de la culpabilité dans *Absence de conscience*. Il découpe plusieurs des photos dans le bureau de Cuddy pour se moquer de Lucas, et Cuddy est très contrariée. Il a détruit une photo prise par son défunt père et c'était sa seule copie. House reçoit un appel de Wibberly, un homme que House a tourmenté à l'école de médecine, et auquel il a fait ses excuses dans le cadre de sa désintoxication. House découvre les conséquences de ses actions sur la vie de Wibberly : il n'a fait qu'échanger une copie d'examen, mais à cause de cela, cet homme n'a jamais pu être qualifié, et aujourd'hui il est en train de perdre sa maison. À ce moment-là,

House est en train de soigner Valérie, une psychopathe qui n'a pas de conscience et ne peut ressentir la culpabilité. House a une conversation importante avec Valérie, et on comprend que parfois il voudrait peut-être pouvoir ressentir davantage.

House se sent coupable, mais il ne sait pas comment gérer son émotion. Il refuse de faire ses excuses à Cuddy et donne cinq mille dollars à Wibberly pour couvrir ses dettes. Wilson lui fait des reproches. Il lui dit que c'est plus facile pour lui de donner de l'argent à quelqu'un dont il se fiche que de faire ses excuses à quelqu'un qui l'aime. On apprend que Wibberly a menti et que son échec n'avait rien à voir avec House ; il voulait juste savoir si House était toujours le même salopard qu'à l'école de médecine. Lorsqu'il s'avance vers Cuddy (peut-être pour lui faire des excuses), Lucas est là, et il revient sur ses pas. Pour se libérer de sa culpabilité, House retourne à la maison de Wibberly, et met le chèque dans la boîte aux lettres.

On peut changer

« Je veux aller mieux. Je n'ai aucune idée de ce que ça veut dire, mais j'en ai assez d'être malheureux. »

—HOUSE (TOUCHER LE FOND)

House a horreur du changement. Dans *Dans les yeux,* House refuse de retourner dans son bureau tant que la moquette tachée de sang n'est pas remise à la place de la nouvelle. Après avoir été admis au Mayfield Hospital, House admet enfin qu'il veut changer. Il est brisé. Mais c'est un des dictons de House, personne ne peut changer. House rencontre une femme juive orthodoxe qui, quelques mois plus tôt, était une productrice de musique accro à l'héroïne. Plutôt que de penser que quelqu'un puisse se convertir à une religion et changer du jour au lendemain, House recherche un diagnostic qui montrerait que son changement de comportement est un symptôme. (Il a tort : elle a réellement changé.)

« Autant dans l'univers de la série que dans la réalité, je pense que les gens peuvent changer, mais pas beaucoup. Vous ne changerez pas du tout si vous n'en avez pas le désir, et si c'est le cas, cela se fait petit à petit. Je pense que c'est une chose qui est souvent exagérée, à la télévision comme dans les films : cette épiphanie et ce changement radical. Je pense qu'on devrait tous essayer de changer, et on devrait tenter de devenir meilleur, mais l'idée d'un changement soudain qui fait de vous une personne différente, je crois que c'est plutôt naïf. On est ce qu'on est, cela ne veut pas dire que nous ne sommes pas libres de nos choix. D'un autre côté, ce sont nos choix qui nous déterminent. C'est un des désaccords entre House et Wilson. »

—DAVID SHORE

Dans *Acceptera ou pas ?*, House découvre qu'une fille est de petite stature à cause d'un manque d'hormones de croissance, et que cela n'a rien à voir avec le nanisme de sa mère. Au début, la fille ne veut pas changer ; elle veut être comme sa mère. House tente de persuader la mère de démarrer le traitement de sa fille :

HOUSE : Vous et moi, on a décidé qu'être normal était sans intérêt. Parce qu'on ne l'est pas. On a un avantage, c'est que ça nous rend plus fort. Vous voulez qu'elle s'endurcisse jusqu'à quel point ?

La taille de la fillette est différente de la nature du malheur de House, ou même de sa douleur à la jambe, parce qu'il existe un remède définitif. House est plus comme l'écrivain qui subit une intervention chirurgicale pour tenter de se débarrasser de sa personnalité bipolaire *(Problèmes de communication)*. Il n'y a pas de traitement rapide.

Le trompettiste John Henry Giles *(Vivre ou laisser mourir)*, se reconnaît dans le personnage de House : « Il y a votre jambe, dit Giles. Le fait que vous n'ayez pas d'alliance. » Giles sait que House voue la même obsession à son boulot que lui à la musique. « Vous avez ça, ce truc qui vous obsède continuellement, qui est à deux doigts de vous rendre fou. C'est ce qui fait de nous des grands, dit Giles. Mais on passe à côté de tout le reste. » Il veut dire à côté de toute relation humaine. Et puis un jour, il est trop tard.

House est-il capable de changer, même lorsqu'il en a le désir ? Dans *Les Mots pour ne pas le dire*, House se rend dans la chambre d'hôtel de Cuddy pour lui proposer de garder sa fille. Poussé par Wilson, il fait un premier pas. Il n'est plus sous anti-douleurs, House et Cuddy ont partagé quelque chose lors de la soirée années 80. Apparemment, il a changé. Puis il voit Lucas avec l'enfant de Cuddy. Au temps pour lui.

L'idée que l'on *peut* changer est au cœur de la seconde histoire entre Wilson et Sam, ou comme House la décrit à son ami : « La harpie sans cœur à laquelle tu étais marié avant qu'on se rencontre. » *(Amour courtois.)*

WILSON : Les gens changent, House.

HOUSE : Oui. Ils vieillissent. Les ovaires commencent à mourir, et les gars bien comme toi sont à nouveau attirants.

House se donne la mission de séparer Wilson et Sam. Comme il l'a fait pour Cameron et Chase, House dit qu'il ne fait que précipiter l'inévitable. Sachant ce qui énerve le plus Wilson, il fait en sorte que Wilson accuse Sam : ne mets pas le lait dans la porte du frigo ; mets les peaux de bananes dans la bonne poubelle ; ne mets pas de plats lourds au fond de la machine à laver. Wilson est tellement coincé qu'il n'a jamais révélé ces petites choses à Sam lorsqu'ils étaient mariés. House voulait que Wilson s'impose, et c'est ce qu'il a fait. Sam et Wilson ont des années de reproches à se faire. Wilson traite Sam de garce égoïste, et House a accompli sa mission.

Sauf que ce n'est pas le cas. Sam revient et dit à Wilson qu'elle a changé. Wilson dit qu'il essaie de le faire également. Ils auraient dû avoir cette dispute il y a dix ans, dit Wilson. On sait que cela aurait été impossible. Il fallait qu'il change d'abord.

On ne peut pas toujours avoir ce qu'on veut...

QUESTION : Est-ce que c'est vrai ? On ne peut pas toujours avoir ce qu'on veut ? Est-ce que vous obtenez ce que vous voulez parfois ?

ROBERT SEAN LEONARD : Vous pouvez. Mais cela vous est retiré à cause d'un accident de bus. Je ne sais pas si on peut garder ce qu'on veut. Pour ma part, je pense que c'est totalement dû au hasard. Il y a des personnes extraordinaires qui se font écraser par des bus, et il y a des affreux personnages qui restent impunis du meurtre qu'ils ont commis et qui ont des vies fantastiques. Je pense toujours à ça sur l'autoroute. Je suis de New York et du New Jersey, et cette vie passée dans la voiture, c'est nouveau pour moi. Vous êtes encore sur la 101 et vous sentez déjà, cinq kilomètres à l'avance, que vous approchez de la 405. Les voitures commencent à se ranger sur la droite, et le trafic ralentit. Puis, il y a ceux qui se glissent tout devant à la dernière minute. Je vois ça, et je me dis, je ne sais pas, ce type va peut-être mourir dans un horrible accident, ou sa mère décédera d'une terrible maladie plus tard dans la journée, mais je me dis, je suis sûr que lui il s'en sortira. En fait, je pense que ces gens-là survivent.

... On a ce qu'on a

« Dans la vie, on a ce qu'on a, ça n'a rien à voir avec ce qu'on mérite. »
—House (PARLE AVEC LUI)

Roy Randall, le millionnaire de *L'Argent ne fait pas le bonheur*, pense qu'il est puni par Dieu pour avoir tant de succès financiers. D'abord, sa femme est morte, puis son fils est aujourd'hui atteint d'une maladie incurable, et il croit que c'est sa faute. Randall insiste pour voir House, parce que c'est le meilleur médecin. Mais il insiste également pour perdre volontairement sa fortune,

> « Pour moi, c'est le fruit du hasard. On a ce qu'on peut avoir. »
> —ROBERT SEAN LEONARD

parce qu'il pense que le karma lui rendra son fils. House fait un diagnostic et sauve son fils. Randall pense que son krach financier en est la cause ; House sait qu'il s'agissait de la médecine.

« J'essaie d'être une bonne personne autant que je le peux, mais je ne crois pas que saint Pierre soit là pour tenir les comptes... Je ne pense pas qu'il y ait un code moral ou que l'on soit jugé... Je ne crois pas en la prédétermination. Je pense que l'on est libre de faire ce qu'on veut. Je ne pense pas que l'on soit puni pour cela. Si vous voulez devenir un meurtrier du jour au lendemain, vous pouvez. Quand au destin, je ne sais pas ; je ne sais pas ce que j'en pense. »
—ROBERT SEAN LEONARD

Dans *Dans le cœur de Wilson*, Wilson est tourmenté parce qu'il ne sait pas ce qu'Amber faisait dans le bus avec House, comme si ses intentions avaient quelque chose à voir avec ce qui s'est passé. Numéro 13 est incapable de participer entièrement au traitement d'Amber, parce qu'elle a peur de mourir jeune. Mais Kutner sait de quoi il parle – il confie à Numéro 13 que ses parents ont été tués lorsqu'il avait six ans. La vie est injuste. Alors qu'Amber est en train de mourir en salle d'opération, Kutner regarde la télévision et mange des céréales. Ce qui se passe dans la tête de Kutner conduira plus tard au plus grand point d'interrogation de la série.

Après la mort d'Amber, House rêve et a des hallucinations : il se trouve dans le bus avec elle. Il dit que c'est lui qui aurait dû mourir. Pourquoi ?

HOUSE : Parce que la vie ne devrait pas être due au hasard. Parce que les drogués misanthropes au cœur solitaire devraient mourir dans les accidents de bus et les belles âmes sensibles et amoureuses qu'on extirpe de leur appartement en pleine nuit devraient s'en tirer saines et sauves.

AMBER : Cet auto-apitoiement est rare.

HOUSE : Ouais. La base de mon domaine d'activité est plutôt le dégoût de soi et l'autodestruction... Wilson va me haïr.

AMBER : Ce serait mérité.

Si House réalise quelque chose, la leçon est difficilement apprise. Pendant une seconde, Amber est comme House dans *De pièces en pièces,* et House est comme Ève, connaissant les questions, ignorant les réponses.

AMBER : Descendez du bus.

HOUSE : Je ne peux pas.

AMBER : Pourquoi ?

HOUSE : Parce que... parce que je ne souffre pas, ici. Et que je ne veux pas souffrir. Je ne veux pas être malheureux. Et je ne veux pas qu'il me haïsse.

AMBER : C'est comme ça... On n'obtient pas toujours ce qu'on veut.

« Je n'ai jamais pensé que House avait un cœur d'or. Cela ne veut pas dire que je ne l'aime pas. On n'aime pas seulement ceux qui ont un cœur d'or – le monde serait trop rasoir. J'ai toujours pensé que House se rangeait du côté des anges, même s'il n'en était pas un. On n'a pas besoin d'être un ange pour être de leur côté. »

—Hugh Laurie

HOUSE

Hugh Laurie

À la fin de *Démission…*, House retrouve dans un café une séduisante nutritionniste, Honey. Il a soigné son petit ami végétalien, et elle voulait rencontrer House pour un entretien. Mais elle comprend vite qu'il s'agit plutôt d'un rendez-vous amoureux. Honey déclare ne rien savoir de House, à part qu'il est médecin. House lui dresse une liste de ses «qualités». Il est sous antidépresseurs; il mange de la viande; il se drogue; il n'est pas toujours fidèle. Elle réagit en posant la question suivante: «Qu'est-ce qui peut vous rendre si malheureux à sauver des vies, à avoir de multiples partenaires et à vous droguer?» Pas mal! (House lui demande si elle faisait partie du groupe de débats au lycée.) House prétend aussi détester le thé, puis en commande une tasse.

Dr House, bien sûr, c'est l'histoire de House. «House est le personnage central, dit David Shore. Vous avez la patronne, le meilleur ami, ses sous-fifres, et il est au centre de la roue.» House est présent dans presque toutes les scènes de la série, et le scénario tourne autour de lui. Comme il le dit à Chase, House sera toujours responsable de tout, même s'il n'en a pas envie *(L'argent ne fait pas le bonheur)*. Les autres personnages servent à souligner et révéler les traits de caractère de House: Cuddy et Cameron représentent son aversion pour les relations amoureuses; Wilson son besoin confus de compagnie; Foreman et Chase son comportement ambivalent quant à aider les gens; Taub et Numéro 13 son besoin de tout contrôler. Quelques-uns d'entre eux – Stacy, Cuddy, et Cameron dans un sens – le touchent. D'autres – Vogler, Tritter et parfois Cuddy – ont prise sur lui. Mais on parle toujours de lui.

> «Il est clair qu'il est égocentrique, mais il n'est pas conventionnel. Il n'a pas besoin qu'on le félicite pour ses bonnes actions.»
>
> —Hugh Laurie

Comme pour les autres personnages, son histoire est dévoilée petit à petit. Lorsqu'il est hospitalisé, après qu'on lui a tiré dessus dans *House à terre,* son bracelet montre une date de naissance (fiable?): 11 juin 1956. Dans *Cours magistral,* on apprend ce qui est arrivé à sa jambe. On sait que

House était à l'Université du Michigan lorsque Cuddy y était, et qu'il s'est fait renvoyer *(Les Mots pour ne pas le dire)*. Dans *Casse-tête*, House exerce une vengeance professionnelle contre le Pr Weber qui, comme lui, est allé à Hopkins, a eu les mêmes professeurs et a obtenu un stage à la Clinique Mayo que House aurait obtenu s'il ne s'était fait prendre à tricher. House prouve que ses recherches médicales sur le traitement de prévention de la migraine sont inefficaces. Nous donnant des indices sur les raisons pour lesquelles il a perdu des postes et des places à l'université, House prouve que Weber a tort en essayant sa drogue, d'abord sur un patient dans le coma, puis sur lui-même. D'une manière ou d'une autre, House a réussi à obtenir sa licence en tant que diagnosticien certifié, avec pour double spécialité la néphrologie et les maladies infectieuses.

Mais combien de fois House s'est-il fait virer ? Dans *Culpabilité,* Cameron dit que House est un excellent médecin. « Mais n'importe quel autre administrateur d'hôpital l'aurait viré depuis des années. » « Quatre d'entre eux l'on fait, dit Cuddy. La question est pourquoi l'ai-je engagé ? » Mais elle connaît la réponse. Comme elle le dit dans le pilote : « Ce salopard est le meilleur médecin que nous ayons. »

Sauver des vies

> « Sauver des vies, c'est juste les dommages collatéraux. »
> —House (Crise de foi)

House est un diagnosticien très talentueux. Parfois, il peut dire ce qui ne va pas en regardant un patient qui a l'air très sain. Sa connaissance des conditions et de leurs symptômes est colossale, et il est très éduqué. (Dans *Question de fidélité,* il lit un article en portugais dans un journal médical, parlant de la transmission sexuelle de la maladie du sommeil ; il trouve la recherche sur les migraines de Weber dans *Neuroscience New Delhi*. Peut-être que la seule monographie qu'il ne relira pas, c'est le manuel sur le lupus dans lequel il cache sa Vicodin, dans *Rendez-vous avec Judas*). House est très obstiné dans sa recherche d'un diagnostic. À un degré extrême. Dans *Prise d'otages*, il rend son pistolet au kidnappeur qui les tient, lui et Numéro 13, pour pouvoir compléter un diagnostic. En prenant tout cela en considération, House est-il véritablement un bon médecin ?

WILSON : Certains médecins ont le complexe bien connu du messie, ils veulent sauver le monde. Toi, c'est le complexe du Rubik's Cube, tu veux à tout prix résoudre le casse-tête *(Vivre ou laisser mourir)*.

House sauve des vies parce qu'il veut résoudre l'énigme ; il est indifférent envers le patient. Dans le pilote, Foreman dit : « Ce n'est pas pour traiter les patients qu'on est devenus médecins ? » et House répond : « Non, c'est pour traiter les maladies qu'on est devenus médecins ! Traiter les patients, c'est ce qui rend la plupart de nos confrères malheureux. » Tout ce qu'un patient peut faire, c'est mentir et obscurcir l'énigme à résoudre. Wilson explique plus précisément la position de House à Foreman, dans *Une mère à charge*.

WILSON : Il aime les énigmes.
FOREMAN : Les patients sont des énigmes ?
WILSON : Pas pour vous ?
FOREMAN : Ce sont des êtres humains.

L'intérêt de Foreman est éveillé lorsque House rencontre une patiente, Lucy, atteinte de schizophrénie (elle a la maladie de Wilson). Chase dit à Foreman que House aime « les fous ». « Ils n'ont rien d'ennuyeux, dit Chase. C'est ce qu'il aime. » Dans *Dans les yeux,* un enfant autiste semble avoir une connexion avec House, même si House n'essaie pas vraiment d'établir le contact. Le garçon lui tend sa console de jeu, un acte d'interaction sociale. Mais d'autres patients, comme Ève, dans *De pièces en pièces,* doivent employer des mesures extrêmes (une overdose) pour que House consente à leur parler.

« **Pour moi, House** pense être un meilleur médecin en considérant les patients comme des machines biologiques plutôt que des objets émotionnels... Il s'intéresse plus à ses propres problèmes. Je pense que ce qu'il veut dire, c'est que si on se soucie de tous les morts dans la société, alors on n'est pas capable de fonctionner. »

—DAVID SHORE

Si House était comme Foreman, Wilson, ou (et surtout) Cameron, il serait incapable de lancer les dés comme il le fait souvent en traitant les patients, en risquant leur vie.

« Je prends des risques, dit House, parfois il y a des patients qui meurent. Quand on prend pas de risque, il y en a encore plus qui meurent. Alors, je crois que mon plus gros problème, c'est de savoir faire ce petit calcul de base. » *(À bout de nerfs.)* House sauve peut-être cinquante personnes par an ; et alors, qu'en est-il de celui qui en sauve des milliers ? Dans *Être ou paraître*, House rencontre Sebastian, le médecin charismatique qui tente de guérir la tuberculose en Afrique. Sebastian est très médiatisé ; pour House, il est prétentieux et aussi égoïste que n'importe qui. Le traitement de Sebastian (il semble qu'il ait la tuberculose) coûterait dix mille dollars, alors il refuse de le prendre – il ne se soignera pas tant que des médicaments similaires ne sont pas disponibles en Afrique, et il donne même une conférence de presse pour le faire savoir. Pour House, sauver des vies, cela n'a rien d'une compétition. Sebastian a une théorie.

> **SEBASTIAN** : Ce qui nous sépare dans notre pratique, ce n'est pas une question d'approche ou de chiffre, c'est que je sais que je vais échouer. Même si je sauve un million de personnes, un autre million y passera. Et ça, vous ne pourriez pas le gérer. Et vous en voulez à tous ceux qui y arrivent.
>
> **HOUSE** : Vous avez raison sur un point, vous êtes une vraie tête à claque.

C'est certain, House s'ennuierait s'il ne faisait que diagnostiquer tuberculose après tuberculose.

> « **House s'est contredit.** Il a dit que les raisons n'avaient pas d'importance. Si vous sauvez des vies, peu importe pourquoi vous le faites. Si vous êtes une bonne personne qui a les meilleures intentions de la terre, mais que vos actions ont pour conséquence la mort de plusieurs personnes, alors vous êtes un con. Et si vous êtes un vrai salopard mais que vous sauvez des vies, alors vous êtes une bonne personne. Je pense que cette idée est présente dans *Être ou paraître* : House sait que Sebastian entre dans cette seconde catégorie et cela le dérange. Et c'est Wilson qui le lui fait remarquer. On voue un culte à cet homme. House est un être humain. Il est incapable de dépasser ses propres préoccupations. »
>
> —DAVID SHORE

Il y en a un qui lui a échappé. Lorsqu'un petit garçon arrive aux urgences, et que Cuddy diagnostique une gastroentérite, House lui rend visite et se rend compte que l'enfant n'est pas capable d'attraper sa canne. Dans son bureau, House sort un dossier du fond de son tiroir, un cas qui date d'il y a douze ans. Généralement, il évite d'ajouter des patients à sa liste, mais il veut étudier ce cas. Il pense que le garçon de six ans et Esther, qui était âgée de soixante-treize ans, ont la même maladie *(Douze ans après)*. Après la mort d'Esther, la famille a refusé que House procède à une autopsie : il est convaincu que cela aurait révélé la maladie d'Erdheim Chester, qui est très rare.

Chase sait que House a déjà ressorti ce dossier auparavant (il parle d'un cas qu'il a eu avant l'arrivée de Cameron au centre hospitalier universitaire de Princeton-Plainsboro). Pour House, le résoudre serait comme voir apparaître la Vierge Marie. On découvre qu'il avait raison – il s'agissait bien de la maladie d'Erdheim-Chester, autant chez l'enfant que chez Esther. La maladie a menti, ou plutôt elle s'est jouée de lui, en n'apparaissant pas là où il la cherchait. On peut noter que House se souvient du nom d'un patient dont il n'a pas pu résoudre l'énigme.

Dans *Démission...*, House est sous antidépresseurs prescrits par Wilson. House a diagnostiqué Addie, âgée de dix-neuf ans.

HOUSE : Reconnaissez que c'est quand même inouï, une carence en protéine, invérifiable, invisible. Un peu de sang dans la bouche, et je trouve le bon truc.

FOREMAN : Si je comprends bien, ça vous rend heureux.

CAMERON : Elle va mourir.

HOUSE : Pas par ma faute. De toute façon, elle allait mourir. Et maintenant, grâce à moi, elle saura pourquoi.

Foreman lui demande s'il connaît le nom de la jeune fille. (« La fille qui va bientôt claquer ? ») Et le nom de son père, de sa mère ? House demande à Foreman si cela change quoi que soit qu'il connaisse leurs noms.

House va voir la patiente pour lui annoncer la nouvelle. « Addie, vous allez mourir » dit-il. Dans un jour ou deux. Il commence à lui expliquer ce qu'elle a, mais elle l'arrête. « Aucune importance. » Mais House ne peut pas se contenter de ça.

HOUSE : C'est ce qui est en train de vous tuer. Vous ne voulez pas savoir ce qui est en train de vous tuer ?

ADDIE : Ça changera quoi si je le sais ?

HOUSE : À quoi bon vivre, si on n'a pas de curiosité, si on n'a pas...

ADDIE : D'après vous, je fous en l'air mes dernières heures sur terre parce que je refuse de vous écouter ?

LE PÈRE : Sortez d'ici.

HOUSE : C'est comme les trous noirs dans l'Univers.

Addie regarde House. Elle pense qu'il est en train de sourire. House voit son visage dans le distributeur de serviettes, et a une révélation. House se rend dans le bureau de Wilson et l'accuse de l'avoir drogué aux antidépresseurs. Il est coupable. Mais House dit qu'il n'était pas en train de sourire, car la drogue l'abrutit mais ne le rend pas heureux. Il n'arrive pas à se faire à l'idée qu'Addie n'a pas voulu savoir de quoi elle était en train de mourir. Wilson dit que c'est parce qu'elle était en plein désarroi. Elle était exactement comme d'habitude, dit House, qui a une autre révélation. Addie est déprimée – elle a tenté de mettre fin à ses jours en avalant du détergent ménager.

C'est ce que les patients obtiennent de House – il ne connaît pas leurs noms, il ne se soucie pas de leur bien-être, mais il leur sauve la vie. House n'offre aucune garantie de succès. Il promet à Addie de ne pas dire à ses parents qu'elle a tenté de se suicider, et puis il le leur dit malgré tout pour se libérer de ce poids. Et lorsque la mère d'Addie demande si elle peut appeler plus tard si elle a des questions, House répond que non.

EXISTE-T-IL DES Dr HOUSE ?

Bobbin Bergstrom : « Je préférerais me faire soigner par un type comme ça qui sait ce qu'il fait, plutôt que par une personne qui me tient la main et se trompe. »

David Foster dit qu'on lui pose souvent cette question :
« Connaissez-vous quelqu'un qui soit comme House ? »
– Je réponds que non. Aucun médecin ne pourrait dire ce genre de chose et agir ainsi. Mais si vous parlez à des infirmières, elles vous diront que ce Dr House est assez réaliste. House ressemble plus à un médecin que ce que les médecins n'en disent.

DAVID SHORE : Je pense que c'est un des attraits de la série. On travaille tous avec quelqu'un qu'on ne supporte pas, et c'est subjectif. Il y a certainement quelqu'un qui ne nous supporte pas de la même manière.

BOBBIN BERGSTROM : Il y avait ce patient très triste qui avait le sida. Il a fait un arrêt cardiaque. Il est mort. Son partenaire se trouvait à côté de lui. Le médecin est entré et a dit quelque chose de totalement inapproprié. Oui, il y a des House de par le monde.

Coucher à droite à gauche

« Ce qu'on me demande le plus, c'est quelle est la fille idéale pour House ? Et pas seulement en dehors du cadre de mon travail, car les agents doivent trouver les bonnes actrices. Quelle est la femme qui pourra guérir ces blessures ? Il y a quelque chose de très romantique là-dedans. Qui sera assez forte pour aller au-delà de cette surface insensible ? »

—KATIE JACOBS

House a une vie sexuelle plus active dans sa tête qu'autre chose. Il fantasme sur Cuddy faisant un strip-tease. Il a une hallucination de Cuddy faisant l'amour avec lui. Et il parlait bien plus librement à Amber lorsqu'elle faisait partie de son hallucination. Il y a eu quatre femmes avec qui il a eu une relation : Cameron, Stacy, Lydia et Cuddy. Puis, il y a les femmes avec lesquelles les sentiments ne sont pas impliqués, ses prostituées (comme il les nomme) comme Paula : « Je cherche un peu de distraction. Vous n'avez pas besoin de parler pour ça, non ? » *(Casse-tête.)* Et l'« actrice » qu'il a engagée pour monter un piège contre Kutner et Taub et leur affaire de diagnostic en ligne. *(Manger, bouger.)*

« Il y a une raison pour laquelle le tact existe dans notre société. Mais si c'est héroïque et si rare de voir un type qui dit quelque chose, non pas pour que vous l'appréciiez, mais juste parce qu'il pense que c'est la chose à dire à ce moment-là. C'est si rare. Peut-être que c'est mieux ainsi. »

—DAVID SHORE

Dans *Rencontre sportive*, Wilson va dîner avec Stacy, « la spécialiste en droit constitutionnel », et House dit qu'il n'a pas le droit de le prendre mal. Le public ne sait rien de Stacy, mais on sait qu'il emmène Cameron à un show de monster trucks. Est-ce que c'est un rendez-vous? House dit que pourquoi pas. Cameron lui fait clairement savoir qu'elle est intéressée par lui, mais House, en bon scientifique, est plus intéressé de savoir pourquoi qu'il ne l'est par elle. Cameron démissionne *(Double Discours)* et dit qu'elle ne reviendra que s'ils sortent ensemble un jour pour de vrai. Mais leur véritable rendez-vous est un autre puzzle à résoudre pour House. Il pense que Cameron essaie de reconstituer sa relation avec son mari qui est mort d'un cancer. «Je suis ce dont vous avez besoin, dit House. Je suis abîmé.»

> **QUESTION**: Mira Sorvino (Cate, la scientifique de *Celle qui venait du froid*) était la petite amie parfaite.
>
> **DAVID SHORE**: Oui, parce qu'elle vivait à dix mille kilomètres de distance.

Dans l'épisode qui suit, Stacy fait son apparition à Princeton-Plainsboro et on apprend qu'elle est l'ancienne épouse de House, qu'il n'a pas vue depuis cinq ans. Cameron réalise qu'elle n'a aucune chance et passe à autre chose.

> **QUESTION**: J'étais triste de voir que ça n'avait pas marché avec Stacy.
>
> **DAVID SHORE**: C'est sa faute, c'est lui qui a provoqué la fin de leur relation. Cela va avec son personnage. Le faire entrer dans une relation à ce moment-là, cela aurait été une erreur. On a besoin de lui comme loup solitaire.

Stacy a fait venir son mari, Mark, pour que House le soigne. Dans *Cours magistral,* au cours de sa conférence, on apprend ce qui est arrivé à sa jambe: un anévrisme a provoqué un infarctus et le muscle de sa jambe est mort. Le problème est resté trois jours sans être diagnostiqué, avant que le patient ne suggère lui-même qu'il pouvait s'agir d'un muscle mort. La compagne de House, à ce moment-là, c'est Stacy. House refuse qu'on l'ampute, il vivra avec sa douleur. House est plongé dans un coma artificiel, pour que la douleur passe un peu sans qu'il souffre trop. Alors qu'il est inconscient, Stacy exerce son droit médical de prise de décision et fait retirer le muscle de la jambe de House, un compromis entre l'amputation et la douleur intense.

House en ressort avec une jambe abîmée, une douleur chronique et du ressentiment contre Stacy.

> **CAMERON** : Il était comment, avant sa jambe ?
> **STACY** : Plus ou moins le même (*Le Choix de l'autre*).

« **Je ne mets** pas tout sur le dos de sa jambe. Je le soupçonne, mais je cherche aussi ailleurs... Il était déjà brillant avant et avait plus ou moins la même attitude envers l'humanité. Mais il s'en vantait moins. C'était un sale con, mais il le gardait pour lui : ce qui est arrivé, c'est que lorsqu'il s'est mis à boiter, il s'est rendu compte qu'il pouvait se permettre plus de choses. Que les gens lui pardonnaient un peu. »

—David Shore

House tente de diagnostiquer Mark, même s'il n'est pas sûr de vouloir sauver le mari de Stacy. House et Stacy n'ont pas clos leur histoire. Pendant toute la fin de la première saison, elle lui dit : « Tu étais le bon. Tu le seras toujours. Mais je ne peux pas vivre avec toi. »

> **STACY** : Ce qui est fantastique avec toi, c'est que tu crois toujours avoir raison. Et ce qui est surprenant, c'est que c'est presque toujours le cas. Tu es brillant, surprenant, sexy...
> Mais avec toi, je me sentais seule. Et avec Mark, il y a de la place pour moi...

House dit à peine « d'accord », puis ils s'embrassent. Avant Cuddy, House n'a jamais dit à une personne qu'il changerait pour elle. Il est comme ça, c'est à prendre ou à laisser. À la fin de la première saison, Cuddy offre un job à Stacy, ce qui veut dire qu'elle sera désormais entre les mêmes murs que lui, à Princeton-Plainsboro, prête à retomber amoureuse de House. « Je t'aime et je te hais, lui dit-elle. Et j'aime Mark. » (*La Course au mensonge.*) House est très manipulateur – il entre par effraction dans la salle de thérapie et lit les notes des séances de Stacy et Mark ; il couche avec Stacy alors qu'ils sont coincés lors d'un voyage d'affaires (*Problème de communication*). Mais lorsque Stacy dit qu'elle est prête à quitter Mark, il lui dit de ne pas le faire. Mark est prêt à faire ce qu'il faut ; ce n'est pas le cas de House. Il dit qu'il ne peut la rendre heureuse et qu'il ne peut pas lui donner ce dont elle a vraiment besoin *(Désirs illusoires)*.

Wilson est furieux contre House d'avoir laissé passer cette opportunité. House doit vouloir changer pour être heureux, ce qu'il n'est pas prêt de tenter :

WILSON : Tu ne t'aimes pas. Mais tu t'admires. C'est tout ce que tu as, alors tu t'en contentes. Tu as peur que si tu changes, tu ne seras plus aussi spécial. Être malheureux ne fait pas de toi quelqu'un de meilleur, House. Ça te rend juste malheureux.

« **À un moment,** Wilson dit "Tu ne t'aimes pas. Mais tu t'admires." Et c'est vrai. Il ne s'aime pas et il a peur, s'il vit comme tout le monde, d'être toujours malheureux. Mais en plus, il se détesterait. Il a une admiration pour les choix de vie qu'il a faits. Il ne se respecterait pas en se regardant dans sa glace au réveil. »

—DAVID SHORE

Dans la saison 5, House touche finalement le fond en hallucinant son rapport sexuel avec Cuddy, alors qu'il a arrêté la Vicodin. À l'hôpital psychiatrique de Mayfield, House aperçoit une femme appelée Lydia, qui vient dans la salle commune pour jouer du piano à la sœur de son mari, Annie. Annie jouait autrefois du violoncelle dans un orchestre, mais aujourd'hui, elle est enfermée dans son silence. House et Lydia se rapprochent, mais House la repousse parce que, dit-il, quelqu'un se fait toujours mal. Mais ils se retrouvent. Lydia a apporté le violoncelle de son amie au cas où elle se réveillerait ; House a enfin trouvé une force positive chez Lydia : ils s'embrassent, dansent et couchent ensemble.

Lydia est à la recherche d'un miracle, et c'est ce qu'elle obtient. House comprend qu'il veut aller mieux. Il fait ses excuses au patient qui se fait appeler Super Fly Man, qui a été blessé parce que House l'a sorti de l'hôpital et l'a conforté dans son idée qu'il pouvait voler. Dans la salle commune, ce même patient libère Annie de son silence en lui offrant une boîte à musique, et elle joue à nouveau du violoncelle. House se rend chez Lydia – Annie doit aller dans un établissement qui se trouve dans un autre État et Lydia part avec elle. Elle n'a rien dit à House parce qu'elle pensait que leur histoire s'était terminée sur une note parfaite. Elle est mariée – House n'était qu'une passade. Mais House ne veut pas que cela se termine.

House dit à son psychiatre, le Dr Nolan «Elle est partie. Je suis perdu.» Nolan voit que House s'est attaché à quelqu'un au point d'être blessé, ce qui veut dire qu'il peut quitter l'hôpital. Lorsqu'il retourne à l'hôpital Princeton-Plainsboro et auprès de Cuddy, House a l'air d'être prêt pour une relation amoureuse. Mais peut-être ne la mérite-t-il pas encore.

Prendre des drogues

«Pendant quatre ans et demi, House a accepté le fait qu'il était accro à la Vicodin. Il pensait que c'était ce qu'il y avait de meilleur dans cette mauvaise situation. Pour lui, il ne prenait pas ces pilules pour se droguer, il les prenait pour ne pas souffrir et pouvoir tenir toute la journée. Oui, il était dépendant, et oui, cela avait un effet sur son corps, mais il s'en fichait – ça marchait. C'est une question compliquée qui nous conduit ici. Je pense qu'à la base, il avait raison, jusqu'à ce qu'il ait des hallucinations et ne puisse plus distinguer le vrai du faux.»

—DAVID SHORE

«Non, je n'ai pas un problème de gestion de la douleur, j'ai un problème de douleur.» Cette déclaration, comme il le dit dans *Cherchez l'erreur,* décrit la position de House sur sa prise de drogue. Sa jambe lui fait mal, il prend de la drogue, il est capable de vivre sa vie. Tout le monde n'est pas d'accord. «House est un junkie», dit Foreman dans *24 heures pour vivre et mourir,* mais il arrive quand même à fonctionner, non? Dans *À bout de nerfs,* Cuddy propose à House de le libérer de ses heures de clinique s'il arrête de prendre ses pilules pendant un mois. House souffre énormément du sevrage et va jusqu'à se casser la main pour se sortir la désintoxication de la tête. Il tient une semaine. Wilson lui demande s'il a appris quelque chose. «Ouais, je suis un drogué.»

HOUSE : J'ai dit que j'étais drogué, pas que j'avais un problème. Je paie mes factures, je me fais à manger, je fonctionne.

WILSON : Et ça te suffit? Tu n'as aucune vie sociale.

HOUSE : C'est voulu, ça ne m'intéresse pas.

La douleur à la jambe de House augmente avec le temps. Dans *Confusion des genres,* il demande à Cuddy une injection de morphine pour le soulager. Lorsque Moriarty lui tire dessus dans *House à terre,* sa jambe va mieux après la chirurgie. Tout comme Stacy, Cuddy a profité du fait que House était inconscient pour essayer de réparer sa jambe, ou du moins pour diminuer la douleur. House a été plongé dans un «coma dissociatif» et son cerveau a été réinitialisé, une expérience faite sur les patients souffrant de douleurs chroniques. Il y a 50 % de chances pour que sa douleur ne revienne pas. Il nie avoir des hallucinations comme effet secondaire. Mais House vit sans avoir mal pendant quelques mois. Cela ne dure pas, et dans *Retour en force,* on le voit écrire une ordonnance pour de la Vicodin sur le carnet de Wilson.

Lorsque House plante un thermomètre dans le derrière d'un patient de la clinique qui l'embête, puis quitte l'hôpital pour la journée, on pourrait croire que c'est le genre de choses que House pourrait faire sans conséquence. Mais le détective Tritter n'était pas le meilleur patient sur qui faire ça. Tritter dit à Cuddy que House est une brute et que les brutes ne reculent que face à plus fort et à plus méchant qu'elles. House refuse de s'excuser, et Tritter arrête House en pleine circulation, trouve ses pilules et l'arrête pour possession de drogue (*L'Amour de sa vie*). Avec Tritter, l'idée c'était que «House se ferait enfin prendre», dit Katie Jacobs. House est-il un drogué qui peut fonctionner, ou abuse-t-il de Vicodin ? «On parle d'un chef du service de diagnostic qui sauve des vies et qui se bourre de pilules, dit Jacobs. Je pense que Tritter nous a donné l'occasion d'explorer ces deux faces de lui-même. Beaucoup de gens voient Tritter comme le grand méchant, mais je ne vois pas que cela en lui. Tritter a raison sous bien des aspects. »

> « C'est là que l'on touche au meilleur de la série, je pense. Il n'y a pas de noir et blanc. Lorsque l'on dit que House est un salopard, je ne vois pas vraiment à quoi ils font référence. Les auteurs apportent beaucoup de nuances, et il n'y a pas de blanc ou de noir. »
>
> —KATIE JACOBS

> «Tritter échoue dans sa quête de preuves contre House, jusqu'à ce que Wilson entre en scène. House tente l'impossible pour se procurer sa drogue. Il finit par voler la prescription d'un homme mort. Tritter montre qu'il n'a rien de personnel contre House – c'est sa façon de faire ce qui est juste. »
>
> —DAVID SHORE

TRITTER: Non, ses médicaments distordent la réalité. Il est drogué.

CUDDY: Est-ce qu'on l'a vu cambrioler un magasin d'alcool ou...

TRITTER: Il délivre des traitements, alors à lui de trouver un autre moyen de gérer son problème avant d'être amené à commettre un meurtre. Si ce n'est pas déjà fait. *(Rendez-vous avec Judas.)*

Tritter est déçu lorsque Cuddy fait un faux témoignage en faveur de House. Cuddy fait ici un pacte avec le diable, et elle le sait. « Le seul point positif, c'est que pour une fois je vous tiens », dit-elle. Tritter est magnanime dans sa défaite. « J'espère que je me suis trompé sur vous » dit-il à House. Ce n'est pas le cas. On voit que House ne fait pas de désintox et que quelqu'un le fournit en pilules. Il est de retour à la case départ *(Cœur brisé)*.

Dans la saison 5, la théorie du drogué fonctionnel ne tient plus. Dans *La Face cachée*, House s'auto-médique dangereusement et prend de la méthadone, il n'a plus mal, il est heureux, il démissionne. Mais House préfère sa routine : résoudre des énigmes à Princeton-Plainsboro, souffrir et être malheureux. « C'est le seul moi que vous verrez », dit-il à Cuddy. Juste avant la mort de Kutner, dans *Je suis vivant !*, House avoue qu'il est allé voir un psychiatre, peut-être une lueur d'espoir. Puis Kutner meurt, et le besoin de House de résoudre ce mystère le fait plonger. House ne veut pas croire qu'il se soit tué : il est convaincu qu'il a été assassiné. Dans ses hallucinations, il voit Amber. À un moment donné, il met le feu à un cadavre dans la morgue, avalant des verres de Sambuca en prévision de l'enterrement de vie de garçon de Chase *(House divisé)*. Puis il pense avoir couché avec Cuddy : il est en chemin pour l'hôpital psychiatrique de Mayfield.

> **« Il entre dans** l'institution, et il s'agit alors davantage de savoir comment il doit vivre sa vie que de simplement arrêter de prendre ses pilules. Il doit reconnaître ses défauts et ses limites. Ce qu'il a fait, d'une certaine manière. »
>
> —**DAVID SHORE**

....

House quitte Mayfield, il est clean et sans boulot. Mais pour lui, il est impossible de rester loin de son autre addiction, les puzzles. Dans *Comme un chef*, lorsque Vince, accro aux jeux vidéo, met ses symptômes en ligne et offre une récompense pour un diagnostic correct, House ne se prive pas de résoudre l'énigme, gagnant dans la foulée vingt-cinq mille dollars. Le Dr Nolan comprend que les énigmes et la drogue se situent au même niveau dans l'esprit de House : il résout un puzzle, et sa jambe cesse de le faire souffrir. Nolan dit à House de retourner travailler. Il doit faire face à ses anciens démons. « Mais peut-être que la seule chose qui serait pire que d'y retourner, c'est de ne pas y retourner. »

QUESTION : C'est un drogué.

DAVID SHORE : C'est difficile d'imaginer qu'il ne va pas craquer à un moment donné.

LE LOOK DE HOUSE

Cathy Crandall a collé des photos de Marion Brando et de Sean Penn sur son mur, afin de s'en inspirer pour le look de House. Elle a pris en compte son côté insolent : « On lui a donné un style je-m'en-foutiste, mais le truc, c'est qu'on voulait qu'il ait l'air bien habillé. »

Cathy habille House d'une veste bien coupée et élégante, jetée par-dessus un t-shirt froissé, une paire de jeans et une de ses nombreuses paires de Nike. Mais les manteaux de House ne lui vont pas vraiment, ils sont un peu trop petits. « Cela veut dire quelque chose », dit Cathy. Il ne prend pas le temps de faire en sorte que ses vêtements lui aillent parfaitement. « C'est subtil mais visible, dit Cathy. Parfois, un personnage a besoin de vêtements qui ne soient pas à sa taille ».

Ne vous y méprenez pas, ce sont de beaux vêtements. La plupart de ses vestes de sport sont de chez Alexander McQueen, et ses chemises « coûtent quand même pas mal d'argent. C'est ça, de travailler sur une série à succès ».

Le blouson de moto customisé de House.

Quant à ses t-shirts, « j'essaie de trouver des pièces un peu rock 'n' roll ». La plupart sont commandés spécialement. Vous ne trouverez pas non plus la veste de motard de House en magasin. Cathy a pris une veste Vanson classique, et a rajouté elle-même les rayures sur les manches.

L'empire contre-attaque

> « **Ce que Hugh** fait est exceptionnel. Non seulement il joue très bien un Américain, mais en plus il apporte tous ces détails à son personnage. Et avec le nombre de pages qu'il fait chaque jour ! Je ne veux pas manquer de respect à ceux qui travaillent à la télévision, mais je pense que personne ne fait ne serait-ce que le quart de ce qu'il accomplit. »
>
> —KATIE JACOBS

Hugh Laurie fait partie du grand nombre de Britanniques, de Canadiens et d'Australiens qui travaillent sur *Dr House*. Gale Tattersall et d'autres membres de l'équipe sont anglais, ils font partie des dix milles Anglais d'Hollywood. Le directeur artistique Jeremy Cassells est écossais ; David Shore et David Hoselton sont canadiens et Jesse Spencer est australien. Hugh Laurie était déjà un acteur très connu au Royaume-Uni, surtout en tant que comique, grâce à des séries comme *Jeeves and Wooster, A Bit of Fry and Laurie* (avec Stephen Fry), et la série *La Vipère noire*. Dans aucune de ces séries il ne parlait avec un accent américain.

> « **Mon père est** décédé. J'ai dit à Hugh que les moments où je me souviens avoir le plus ri avec mon père étaient lorsque nous regardions *Jeeves and Wooster* et *La Vipère noire*. Je me souviens, quand j'ai rencontré Hugh pour la première fois, je me suis dit que mon père, au paradis, me disait : "Enfin, tu travailles avec un acteur que je respecte." »
>
> —JEREMY CASSELLS

La seule personne qui ne soit pas entièrement convaincue par son accent, c'est Hugh Laurie lui-même. « Ça va et ça vient, dit-il. J'ai des bons et des mauvais jours, et après six ans, je n'arrive toujours pas à comprendre pourquoi. » Il s'entraîne sur le chemin du studio. S'il est sur sa moto, il voit d'autres conducteurs aux feux rouges qui se demandent à qui il est en train de parler. « Il y a des jours où je n'arrive pas à l'avoir, dit-il, puis après réflexion : non, en fait, je n'y arrive jamais. » S'il doit refaire un dialogue, il s'écoute.

« Parfois, je n'écoute qu'une seule phrase, mais dans cette seule et unique phrase, je peux entendre trois erreurs, et je me dis bon, si je dois corriger ces trois-là, ça veut dire que dans toute la série, il y en a trente et un mille. Qu'est-ce que je vais faire ? Il arrive un moment où il n'y a plus de temps. »

D'un autre côté, Gale Tattersall pense que l'accent de Hugh Laurie est « parfait ». Gale est émerveillé par la façon dont Laurie se souvient des dialogues, des termes médicaux et de la manière dont il doit se déplacer avec sa canne. « C'est un excellent acteur, dit Gale, C'est une joie de le regarder travailler et de faire partie de l'équipe. » Les auteurs, Russel Friend, Garrett Lerner et Tommy Moran parlent de la façon de travailler de Hugh Laurie et ce qu'il apporte à la série que le public ne voit pas. Lorsque House casse les toilettes de Cuddy dans *Manger, bouger,* Laurie a trouvé le meilleur moyen de le faire avec la masse et l'a fait en une seule prise, utilisant le marteau à la place de sa canne et improvisant pour ajouter une touche personnelle. Ils parlent de la manière dont House pense qu'une prise doit être faite. Ils sont d'accord, son accent est très bon. « Je pense qu'il est parfait, dit Garrett. Parfois, il est un peu dur avec lui-même après une prise et on lui dit : "Quel mot ? Je ne vois pas où est le problème." »

Garrett Lerner se souvient de Laurie dans une scène de la série culte anglaise *Les Branchés débranchés*; Russel et Tommy n'en savaient pas autant et étaient très convaincus par l'accent. Comme dit Russel : « Quand on l'a rencontré pour la première fois et qu'il a parlé avec un accent anglais, j'avais envie de dire : "Oh ! Mais pourquoi vous parlez avec cet accent ?" »

Tommy Moran l'avait toujours entendu parler avec un accent américain, même pendant le déjeuner. Puis, Laurie a été interviewé sur le plateau de *Good Morning America*. « Il parle avec un accent américain jusqu'au moment où on lui pose une question, et là, il parle avec l'accent anglais. Pendant une seconde, je pensais que c'était une blague. »

TOMMY MORAN: On dirait que ce n'est pas sa voix. Je trouve ça bizarre.

GARRETT LERNER: Son accent anglais est nul.

Hugh Laurie, à propos de... *Dr House*

QUESTION : C'est une bonne équipe que vous avez là...

HUGUES LAURIE : C'est un groupe très sympathique, vraiment. Je ne le suis pas.

QUESTION : Pendant que vous tourniez le pilote, vous vous attendiez à quoi ? Finir le pilote ? Faire dix épisodes ?
– C'est tout. Je me suis dit que ces deux semaines seraient très attrayantes. Bryan Singer est une personne intéressante, et je me suis dit qu'à la fin, j'aurais un DVD d'une heure de film que je pourrais montrer à mes amis : « Vous voyez ce qui aurait pu être fait ? »

QUESTION : Mais vous saviez que c'était un bon scénario ?
– Oui. Je savais que c'était peut-être bien. Je triche un peu, là. J'ai toujours suspecté que ça pourrait marcher. Je pense qu'il y a vraiment quelque chose, que ça veut la peine. Mais on est toujours soumis à plein d'éléments qui n'ont rien à voir avec la série.

QUESTION : Quel est le rythme de la série ?
– C'est intense et continu. La quantité est monstrueuse, et pourtant, tout le monde est au top et tout se fait facilement. C'est un animal sans mécanisme. On ne peut pas appuyer sur un bouton pour faire sortir le script ou tourner une manivelle pour que la caméra filme d'elle-même. Chaque semaine on a l'impression de tout réinventer. À chaque scène, on a l'impression de partir de rien, et on se dit : mais comment on va pouvoir faire ça pour que ça ne ressemble à rien de ce qui a été fait jusque-là ? Je suppose que ce serait plus facile de s'en tenir à ce qui a déjà eu du succès, mais on essaie de faire le contraire – les acteurs cherchent à faire ce qu'ils n'ont encore jamais fait, et les directeurs tentent de trouver ce qu'ils n'ont jamais filmé.

QUESTION : Est-ce que vous êtes sous pression ?
– Ce qui est étrange dans ce jeu – enfin non, ce n'est pas un jeu – c'est qu'au bout du compte, bien sûr, ce n'est qu'une série télévisée. Mais le paradoxe, c'est que si on le traite comme tel, alors cela ne peut pas être une série télévisée, ce serait une série télévisée annulée. Tout le monde est obligé et payé pour être très méticuleux. Oui, on sait qu'on ne trouvera pas de remède contre

le cancer. On ne montre même pas des personnes qui tentent de le faire, mais on doit être perfectionniste si on veut rester dans le jeu. C'est très compétitif, et le public est difficile à conserver. Il y a des millions de personnes qui veulent faire ce qu'on est en train de faire. On peut tous sentir le souffle chaud de la défaite sur notre nuque et tout pourrait s'écrouler.

QUESTION : Pas la dernière saison...
– Parfois, je vais sur Internet, parce que c'est le seul moyen que j'ai de voir ce que les gens pensent. Je ne le recommande pas, et bien sûr, ce n'est pas super, parce qu'ils ne font que se plaindre. Je ne suis pas contre les critiques, mais je pense que la plupart de ce que les gens trouvent insatisfaisant vient en fait d'eux-mêmes. Cela fait partie des progrès de leur organisme. Ils peuvent dire : « La saison 2 était tellement mieux ! » Vraiment, ou est-ce que c'est parce que c'était nouveau pour eux ? Le public était ce qu'il était quand ils ont vu la série pour la première fois. En fait, je pense que ce que nous faisons aujourd'hui est meilleur que ce qu'on a fait jusque-là.

QUESTION : Même aujourd'hui, quand vous lisez le script, vous vous dites que c'est super ?
– Oui, vraiment. On nous accuse souvent d'être conventionnels, mais c'est ça, la télévision. On doit construire un nombre de décors et les réutiliser. C'est la première considération pratique. On ne peut pas faire une série qui ne recycle pas ce qu'elle a déjà. À partir du moment où vous avez planté un décor, généralement un lieu de travail, il doit y avoir une structure régulière ; autrement, cela coûterait des fortunes. Je pense qu'on est moins stéréotypés que la série policière qui doit attraper le grand méchant à chaque épisode.

QUESTION : C'est la série la plus populaire du monde.
– Je ne vois pas très bien ce que cela veut dire. Mais on dirait que ça a du succès dans le monde entier. Je suis surpris, parce que c'est une série très basée sur les dialogues. On n'a pas vraiment de poursuites de voitures, d'hélicoptère qui explose ou de courses sur les toits.

QUESTION : Vous vous faites frapper.
– Eh oui. Ça, ça doit marcher pour toutes les cultures.

Traiter les patients c'est ce qui rend la plupart de nos confrères malheureux.

QUESTION : C'est ce qui vous attendait.
– Eh oui, chaque semaine.

QUESTION : La saison dernière, Chase vous donne un coup de poing.
– Il y a une réplique dans le premier épisode de la saison où le psychiatre dit que chacun a ce qu'il mérite, et House refuse cette idée, il dit que s'il y avait une justice dans le monde, ses patients useraient de violence contre lui. Il sait qu'il a un comportement provocateur.

... Sur la philosophie de *Dr House*

QUESTION : C'est un thème récurrent : On n'a pas ce qu'on mérite, on a ce qu'on a.
– On a ce qu'on a. C'est un peu anti-télévision, surtout dans ce pays. Les films et la télévision sont créés pour rassurer les gens sur le fait qu'il y a une justice dans le monde, que la vertu est récompensée, que le crime est puni et que l'on tombe amoureux.

Les choses se terminent de manière satisfaisantes et *Dr House* va à l'encontre de cela. Même si bien sûr, on doit prendre en compte le fait qu'il s'agit d'une série télé et que la plupart des patients se sortent de leur terrible maladie : il y a un happy end. Le personnage de House lui-même méprise l'idée de justice. Les gens regardent la télévision parce qu'ils savent que leur vie est injuste. Ils allument leur poste pour voir la justice à l'œuvre, pour voir les méchants se faire prendre et les gentils se faire applaudir.

QUESTION : Et à propos du millionnaire qui abandonne sa fortune ?
– Il doit redresser une sorte d'économie morale psychique.

QUESTION : Cela ne plaît pas à House.
– Non, mais bizarrement, House est sympathique avec lui. Il est exaspéré, mais il n'est pas contre lui. Parce que House a un côté un peu protestant, je crois. Pour lui, les réponses simples et confortables ont quelque chose de louche. Si c'est facile, il y a forcément anguille sous roche. Et c'est un peu le problème de ce type. Il a tellement de succès dans les affaires que quelque chose doit clocher. C'est le prix à payer.

QUESTION : House n'est pas matérialiste.
– Il est tellement de choses. Mais il a une manière enfantine d'acquérir de l'argent et des jouets. Pour lui, c'est une compétition.

QUESTION : Pensez-vous que le fait que House dise tout ce qu'il pense soit une qualité ?
– Bien sûr. C'est comme le mythe d'Icare, celui de voler, c'est une forme de légèreté sociale. Vous n'êtes pas retenu par la gravité que constituent les « Je ne devrais pas dire ça... ou ça... » Ce personnage n'obéit pas à ces règles. Il a le droit de planer, et c'est enivrant. Il est intouchable.

QUESTION : Il s'agit de passer sa journée sans encombre, parce que ce n'est pas toujours facile.
– C'est difficile. Et House ne croit pas vraiment en la bonté intrinsèque. Il y a un épisode écrit par Larry Kaplow, *Leçon d'espoir*, qui a gagné le Writers Guild Award pour ça. Cet épisode parle d'une petite fille atteinte d'une tumeur au cerveau : tout le monde à

l'hôpital est impressionné par son état d'esprit, par son courage, et House est sceptique quant à l'idée de cancer et de courage. C'est une des choses que l'on dit : tous ceux qui ont un cancer sont courageux. Mais à quel point peut-elle être courageuse ? N'y a-t-il que les cancéreux qui soient courageux ? Si tout le monde en a, alors le mot « courage » ne veut plus rien dire.

Puis, il en vient à la conclusion que son courage est un symptôme ; sa personnalité a été affectée par le cancer et c'est comme ça qu'ils vont le traiter. Mais ce qu'il y a de génial dans le script, c'est qu'il a tort. Il a tellement tort que cela conduit à une nouvelle solution pour traiter sa maladie. C'est un scénario fantastique, il contient un questionnement philosophique, comme tous les autres.

QUESTION : Il y a des maladies incroyables dans *Dr House*, comme le type qui abuse du sirop pour la toux pour devenir stupide. *(Heureux les ignorants.)*

– C'est absolument brillant. Je pense que ça lui fait du mal et qu'il se sent menacé de voir quelqu'un sacrifier son intelligence pour être heureux, parce qu'il aime la sienne plus que son bonheur. Mais il comprend que c'est une position acceptable et fini par avouer que l'ignorance rend heureux.

... À propos de Lucas

QUESTION : L'autre ami potentiel de House se trouve être un rival. Pauvre House !

– L'homme plus jeune. Ce n'est pas si absurde... House serait plus agressif envers d'autres partenaires potentiels de Cuddy. En fait, il l'a été...

QUESTION : Il pourrait se débarrasser des autres...

– Mais il se trouve face à un homme sérieux. On pourrait même presque l'imaginer approuver cette relation. Même si c'était sans l'admettre réellement.

... À propos de Wilson

QUESTION : C'est une des rares séries à explorer l'amitié masculine...

– Je pense que les hommes ne savent pas trop comment se comporter entre eux.

QUESTION : Après Amber, il fallait que vous sachiez qui Wilson fréquentait. Vous avez besoin de savoir ce qu'il fait.
– Oui, parce que même si c'est une amitié entre hommes, la relation a aussi un côté masculin-féminin. Cela ne veut pas dire que je suis attiré par lui ou que Robert Sean Leonard a un côté féminin ou repoussant, mon Dieu non, mais on a tous des côtés féminins et masculins, et si Wilson est plus féminin, House est plus masculin.

QUESTION : Robert Sean Leonard pense que Wilson est encore plus paumé que House.
– Je pense que c'est peut-être le cas. Et probablement, à la saison 14, quand je ne serai plus là depuis longtemps, on nous expliquera pourquoi Wilson est comme ça. Mais superficiellement, il est bien plus fonctionnel. House ne l'est pas autant. De fait, c'est plus sain que ce que cache Wilson enfoui profondément en lui.

... À propos de Hugh Laurie

QUESTION : Est-ce que vous regardez la série ?
– J'ai regardé les épisodes. En fait, c'est plus agréable quand je les laisse reposer jusqu'à ce que j'aie oublié qui l'a fait et ce que j'ai fait. Parfois, je me dit : « Ah, ça c'était cool. » Si c'est encore frais dans ma mémoire, je me dis « J'aurais pu faire ça mieux, ou pourquoi j'ai fait ça ? »

QUESTION : Apprendre les dialogues, est-ce difficile pour vous ?
– En fait, non. C'est un véritable don. Parce qu'il y en a beaucoup. Lorsqu'une série est lancée, les producteurs et le personnel du studio se demandent : « Bon, est-ce que le public va aimer ? » C'est leur premier souci. Le second c'est : « S'ils aiment, est-ce qu'on va pouvoir continuer ? » Parce que si l'acteur ne peut pas se souvenir du script, alors... quoi ? Ou « Est-ce qu'il est sobre ? », « Est-ce qu'il arrive à l'heure ? », « Est-ce qu'il porte une arme ? » Toutes ces choses qui, honnêtement, sont arrivées et qui se passent probablement là, tout de suite, quelque part à Los Angeles : un acteur n'est pas là, ou bien il est en train de menacer de mettre un coup de poing au directeur, ou bien il met des coups de pieds dans les meubles. Ou encore, il n'est pas prêt, et ça leur prend trois heures de faire quelque chose qui aurait pu être fait en une heure. Toutes ces choses ont de l'importance.

« **C'est une chance** qu'il puisse apprendre ses répliques rapidement. Quand on le regarde, on a l'impression que c'est facile. La définition de quelqu'un qui est incroyable dans ce qu'il fait, c'est quand on dirait qu'il n'a même pas à faire un effort. Mais c'est dur pour lui de faire ça continuellement. »

—KATIE JACOBS

QUESTION : D'un point de vue anglais, on vous connaît pour *Fry and Laurie* et *La Vipère noire*.
– S'ils connaissent...

QUESTION : Bien sûr que oui. Est-ce qu'ils étaient surpris par ce nouveau personnage ?
– Je ne pense pas qu'ils y prêtent attention. C'est une des choses étranges avec cette série, c'est qu'elle n'a que très peu de succès, ou pas du tout en Grande-Bretagne. C'est la série la plus regardée en Italie, en Espagne, en Allemagne, au Brésil... Je reçois des lettres de fans de Russie. En Angleterre, cela n'a pas fait de vagues. Ce n'est pas grave.

QUESTION : Certains Anglais n'aiment pas beaucoup les États-Unis.
– Les Anglais ont les préjugés les plus injustes sur les Américains. « Ils ne savent pas ce qu'est l'ironie. » Ce sont des conneries. Leur sens de l'ironie est plus développé sur bien des points que celui des Anglais. La télévision regorge de programmes basés uniquement sur la dérision. Ils sont incapables de ne pas l'être... Il existe de nombreux a priori erronés et un peu snobs.

QUESTION : Est-ce que vous vivez ici, et retournez là-bas en visite ?
– Oui. Je vis ici par nécessité, mais je ne le vois pas comme ça. Je passe du temps ici. Bien que j'aie dû remplir le formulaire pour une carte verte récemment, parce qu'avec la législation, sans cela, vous avez du mal à travailler... J'aime beaucoup ce pays et j'aime les personnes avec qui je travaille.

QUESTION : C'est difficile de prétendre avoir mal à la jambe ? Je ne parle pas de la jambe, mais du bras...
– Oui, un peu.

QUESTION : Est-ce que j'ai bien entendu dire que vous aviez réellement une douleur dans la jambe ?

– J'ai fait quelque chose ; je ne sais pas quoi. C'est plutôt un problème mécanique. Lire un dossier, ouvrir la porte, répondre au téléphone en faisant une injection. Mon problème, c'est plutôt qu'est-ce que je fais de ma canne ?

... À propos de House

QUESTION : Stacy. Ce n'était pas une grande réussite.

– David Shore écrit des scènes dramatiques fantastiques, mais il a un vrai don pour les allusions. Tout ce qu'on ne montre pas est si bien construit ! La façon dont il fait référence aux relations passées, aux évènements qui se sont déroulés et que l'on n'a pas vus, ou aux échanges qu'on ne voit pas à l'écran, est spectaculaire. Cela inclut la manière dont on apprend à propos de Stacy. C'est comme dans *Casablanca*. Ils se sont rencontrés à Paris. Les Allemands portaient du gris, etc. Il a un don pour ça. J'ai totalement cru à cette histoire, et cela m'a beaucoup intrigué.

QUESTION : Dans la saison 6, on doit comprendre que vous allez mieux.

– Eh bien, un drogué est un drogué, quelle que soit la drogue – des anti-douleurs, la dépression, des puzzles à résoudre ou quoi que ce soit d'autre – et il torture son entourage. Sa dépendance est en sommeil, mais elle ne partira jamais. Les alcooliques sont AA toute leur vie.

QUESTION : House n'a pas le temps d'aller là où il a besoin d'aller.

– Cela prendrait tout une journée.

QUESTION : House soutient Chase à propos de Dibala. Il dit : « Un meurtre, c'est mieux qu'un mauvais diagnostic. »

– Ce qui est en partie une blague, mais pas totalement. Il sait que cela a l'air absurde, mais il sait aussi que c'est vrai.

QUESTION : Vous avez déjà été dans cette situation, sauver la vie de celui qui est là, mais en pensant à des milliers d'autres qu'on ne connaît pas. Ron Livingston (Sebastian dans *Être ou paraître*), vous détestez vraiment ce type.

– La jalousie... Sur quelle échelle les hommes prennent-ils leurs décisions ? Est-ce qu'ils les prennent selon les personnes qui se trouvent dans la pièce ?

QUESTION : Pourquoi House a-t-il une balle de cricket dans son bureau ?
– C'est juste quelque chose que je voulais pouvoir toucher quelquefois. Le personnage de House a beaucoup voyagé, et je le vois toujours un peu comme faisant partie de l'académie, qui est un peu sa maison. Il collectionne les objets insolites. Il a un trophée de la CIA – un aigle qu'il a volé dans le bureau d'une femme.

> « Je ne pense pas que House soit le diable ; je ne pense pas que House soit un ange. »
>
> —David Shore

QUESTION : Vous avez une photo de Stephen Colbert ?
– J'étais content – parce que cet homme est un génie – de voir que Colbert avait décidé, sûrement par dérision, de mettre une photo de moi en House dans son bureau, cela m'est égal si c'est ironique ou pas. Depuis, il en a ajouté plein d'autres et je ne sais pas si on m'y voit toujours, mais j'y étais pour au moins deux ans, et je me suis dit que j'allais retourner le compliment. Je pense que House aimerait Colbert. Je pense que ça colle.

QUESTION : J'aime quand vous détruisez les toilettes.
– Il y a quelque chose de jouissif à voir un homme brillant et accompli se comporter comme un enfant de cinq ans. Il y en a un en chacun de nous. Il reste là à jamais. Dans d'autres séries, certains traits de personnalités sont assignés à un seul personnage qui fait le clown. Mais de fait, on est tous enfantins à certains moments, timides à d'autres et parfois anxieux.

QUESTION : David Shore ne pense pas que House ait le cœur d'or qu'on lui attribue parfois.
– Il est capable de faire des gestes nobles, de faire des sacrifices et d'être gentil. Et quand il fait un acte généreux, il n'attend aucune récompense. C'est une des choses étranges et sentimentales à la télévision américaine, les actes de gentillesse doivent être récompensés et applaudis. Souvent, le directeur décide qu'une scène réunissant deux amants, ou un type désa-

morçant une bombe ou autre acte héroïque se passera dans un lieu public. Les amoureux se retrouvent dans un stade de base-ball, à l'aéroport, dans un métro, et tout le monde applaudit. Cela ne se passe jamais dans leur chambre. House est particulier, dans le sens où ce n'est pas grave si ses bonnes actions n'ont pas de témoin, et c'est une grande qualité. Il y a cette citation de Kipling : « Et le risquer à pile ou face, en un seul coup/ Et perdre et repartir comme à tes débuts mêmes/ Sans murmurer un mot de ta perte au va-tout[1]. »

« **Personnellement, je ne** pense pas qu'il ait autant ce cœur d'or que le public veut bien le croire. Je pense que c'est un être humain. Je pense que c'est une des raisons pour lesquelles Hugh est si génial dans son interprétation – ce serait trop facile de jouer le personnage comme un automate, et on peut sentir qu'il y a de l'humanité dans ses yeux. Je pense que c'est la seule raison pour laquelle le public lui pardonne son comportement. »

—DAVID SHORE

QUESTION : Il n'avouera jamais ses sentiments.
– C'est vrai.

QUESTION : Tritter comprend vraiment House. Il dit que tout le monde ment, mais que nos actions mentent également.
– Les policiers et les médecins ont ce point en commun : ils voient l'humanité pour ce qu'elle est et pour ce qu'elle n'est pas. Ils voient les extrêmes. Ils ont probablement développé une image plus réaliste de l'humanité et de ce que l'humain est capable ou non de faire. C'était très nuancé. Et cela est monté petit à petit. Cela commence par : « Vous m'avez fait attendre », ce qui surprend House au mauvais moment, et il finit par remuer sa canne presque en le menaçant physiquement. C'était une montée en tension intéressante.

QUESTION : C'est la seule fois où vous pensiez que House avait un adversaire à sa taille.
– Il y a de très bonnes répliques de Foreman. On réalise que Foreman a eu une enfance difficile, et il dit avec expérience que les flics ont des milliers de moyens de vous en faire voir de

---

1. Traduction de Jules Castier.

toutes les couleurs, et c'est vrai. Vous ne voulez pas d'un policier comme ennemi. Cela finit toujours mal.

QUESTION : Cuddy vous a sauvé la mise.
– C'était un moment splendide. Il y a des choses dont je suis très fier d'avoir fait partie.

QUESTION : Que ferait-il s'il prenait sa retraite ?
– Je n'en sais rien du tout. Les médecins ont tendance à rester dans leur profession plus que n'importe qui. Après avoir investi autant pour être qualifié, je pense qu'ils continuent à faire ce qu'ils savent faire.

QUESTION : La musique, c'est important pour vous ?
– Complètement. C'est une échappatoire pour House. Je trouve qu'il a un côté assez romantique dans un sens, et son goût pour la musique fait partie de ce côté de lui. Le côté mécanique et mathématique de la musique lui plaît. Je pense qu'il serait un très bon interprète de Bach, puisqu'il comprendrait son aspect scientifique et sa perfection. Mais il a aussi un côté jazzy.

QUESTION : La pensée en trois temps.
– Voir toutes ces connexions. Être capable d'improviser. Bach et Thelonius Monk peuvent cohabiter en lui.

« J'ai toujours soupçonné que ça pourrait marcher. »

CONCLUSION

« On n'essaie pas de créer une série correcte,
sans plus. Pour chaque épisode, on cherche à se dépasser,
et généralement, on y arrive. Aucun d'entre nous ne vise
tout juste la moyenne. »

—KATIE JACOBS

En 2009, Eurodata TV Worldwide, une organisation française qui mesure les audiences de télévision à travers le monde, a déclaré que *Dr House* était la série la plus populaire de la planète, avec plus de 81,8 millions de téléspectateurs dans soixante-six pays. House est un phénomène qui a réussi à séduire toutes les cultures. La série a engendré une littérature impressionnante, du discours académique à la corne d'abondance moderne que constituent les fans sur Internet. Le charme bourru de House a traversé les frontières générationnelles et a séduit les groupes démographiques les plus variés comme aucun publicitaire n'aurait pu le rêver. Les épisodes sont confortablement rediffusés sur le câble américain. On peut le dire, *Dr House* est un succès.

Pour le casting et l'équipe de *Dr House*, les exigences d'excellence n'ont pas diminué depuis le pilote. La télévision est une industrie dans laquelle la qualité ne garantit pas le succès.

Dr House est à la fois populaire et de très haute qualité, une combinaison difficile à maintenir. La série a constamment été nominée pour des Awards, montrant qu'elle est tenue en estime par les critiques et les autres membres de l'industrie, ainsi que par les très nombreux téléspectateurs. Parmi ceux qui ont obtenu un prix, on compte des Emmys pour :

David Shore et l'écriture de *Cours magistral* (2005) ; Dalia Dokter, Jamie Kelman et Ed French pour le maquillage dans *Que sera sera* (2007) ; Greg Yaitanes pour la réalisation de *Dans la tête de House* (2008) ; et Von Varga, Juan Cisneros, Gerry Lentz et Rich Waingart pour le mixage du son de *House divisé* (2009). Hugh Laurie a reçu des Golden Globes pour le meilleur acteur dans une série dramatique en 2006 et 2007, ainsi que le Screen Actors Guild Award en 2007 et 2009 ; Omar Epps a obtenu l'Image Awards en 2007 et 2008 ; Lawrence Kaplow a reçu le Writers Guild Drama Award en 2006 ; et Russel Friend, Garrett Lerner, David Foster et David Shore ont gagné le Writers Guild Drama Award en 2010 pour *Toucher le fond... Et refaire surface* ; et ainsi de suite.

Même si, après six saisons, jour après jour, sur le plateau, on continue à rechercher la qualité artistique et technique, les choses sont tout de même un peu différentes. Katie Jacobs décrit le défi que représentait la première saison : « La première saison était un exercice totalement différent. À ce moment-là, tout semblait être un combat. Je ne veux pas dire que ce soit une mauvaise chose. Je dois me battre pour que la série continue d'être diffusée ; je dois faire en sorte que la promotion soit efficace ; pour que le casting soit bon ; je dois me battre pour tout. La compétition est rude. »

Elle met en parallèle le travail qu'elle fait aujourd'hui : « Aujourd'hui, je suis dans une position totalement différente, et j'ai beaucoup de chance. Je n'ai plus à me battre pour tout ça. La série est diffusée. La série continue d'être produite. Je dois cependant toujours veiller à ce que la publicité soit bonne. C'est angoissant pour des raisons différentes. »

....

Au milieu de cet univers particulier se trouve le personnage de House. Cela a toujours été centré sur House et ce sera toujours le cas. La manière dont il a évolué ces dernières années montre qu'il est capable de continuer à surprendre le public qui croit le connaître si bien. Selon l'homme qui a créé House, ce dernier est différent, il n'est pas comme nous.

«Ce n'est pas une personne immorale; dans un sens, il a une forte moralité parce qu'il se démène toujours pour trouver la voie juste. Il ne se repose pas sur la structure sociale établie. Il a toujours une approche fondamentale du problème. Il ne se demande jamais ce que la loi impose. Il se demande: que disent les principes éthiques de base? Et il reconnaît que la plupart des questions que se posent les médecins sont des questions difficiles et complexes.»

—DAVID SHORE

QUESTION: House n'est pas un défenseur de la veuve et de l'orphelin.
DAVID SHORE: C'est peu dire.

Le personnage de House est construit par les auteurs qui doivent trouver de nouveaux défis pour lui professionnellement, et doivent lui imposer des tourments dans sa vie personnelle. Hugh Laurie contribue également à rendre le personnage intéressant en interprétant son rôle avec tant de force et de conviction. On ne peut nier aucune de ces variables.

....

À la fin de la saison 6, House utilise l'alcool comme médicament. Dans *Le Copain d'avant*, il se réveille dans un lit vide, dans un appartement voisin. Wilson donne 100 $ aux membres de l'équipe de House pour qu'ils le sortent (Foreman, fidèle à son personnage, demande 200 $). House s'amuse malgré tout en chantant *Midnight Train to Georgia* dans un karaoké, rejoint par Foreman et Chase; Numéro 13 l'emmène dans un bar lesbien, une soirée, selon Wilson, que House appréciera forcément.

Mais par-dessus tout, il y a la relation entre House et Cuddy. Innocemment (c'est-à-dire que Wilson ne le lui a pas demandé), Cuddy demande à House s'il veut aller manger quelque chose. Il refuse. Cuddy s'arrête sur le seuil de la porte – il paraît que les patients disent les choses les plus importantes à leurs médecins lorsqu'ils ont la main sur la poignée de la porte.

CUDDY : Je voudrais juste qu'on soit amis.
HOUSE : C'est marrant. C'est la dernière chose que je voudrais qu'on soit.

Et House doit faire face à ce qu'il redoute le plus : être seul. Sam emménage avec Wilson, et Wilson demande à House de quitter l'appartement. Lucas et Cuddy se préparent également à vivre ensemble. Dans *Ça va bien, et vous ?* on peut voir une séance complète de House avec le Dr Nolan. House cherche à se distraire, boire et provoquer des bagarres dans les bars, accueillir son ami Alvie de Mayfield, et chercher activement à résoudre le cas d'une femme amnésique, dont la recherche d'identité est mise en parallèle avec les tentatives de Nolan : il cherche à comprendre ce qui ne va pas avec House.

Nolan en déduit que le mari de la femme a peur de la perdre et que House est aussi en train de perdre quelqu'un. Il sait que House aura toujours Wilson, alors il doit s'agir de Cuddy. Alvie revend un de ses livres, et House est prêt à tout pour le récupérer, même à payer 2 000 dollars. Puis, il demande à Alvie de le voler. Il s'agit d'*Approche chirurgical de l'abdomen*, écrit par le docteur Ernest T. Cuddy, l'arrière-grand-père de Cuddy, un ouvrage que House comptait lui offrir pour une occasion spéciale. Alors que Nolan comprend qu'en vérité, House est triste d'avoir perdu quelqu'un qu'il aimait, House quitte la pièce. Il dit avoir fait tout ce que Nolan demandait, mais il est toujours malheureux, mais Nolan ne peut agir que sur l'esprit de House et non sur le cœur de Cuddy.

Dans le dernier épisode, *Sauvez-moi !*, House offre le livre à Cuddy, qui vient de se fiancer. Le mot banal qu'il y écrit ne lui ressemble pas : « À Lisa et Lucas. À un nouveau chapitre qui commence… Greg. » House voit un peu d'hésitation dans la réaction de Cuddy, mais même lui doit attendre : Cuddy doit s'occuper d'un terrible accident, la chute d'une grue, à Trenton. House la suit et se retrouve dans une situation similaire à celle qui a eu lieu dans *De pièces en pièces,* en aidant Hanna, une femme coincée au sous-sol, la jambe écrasée par un tas de débris.

Cuddy et House se sont déjà trouvés dans cette situation. Dans *Cours magistral,* Cuddy tente de persuader House de se faire amputer de la jambe – un de ses muscles est mort, et c'est la meilleure solution, tout comme pour Hanna dont la jambe est coincée. Alors que Cuddy insiste sur le fait qu'ils doivent couper la jambe, House essaie de gagner du temps pour Hanna. Cuddy pense qu'il utilise la patiente pour se venger d'elle.

CUDDY : Je ne suis pas amoureuse de vous, alors passez à autre chose au lieu de rendre toute le monde malheureux.

HOUSE : Super. Une leçon de vie de la part d'une femme de quarante ans, mère célibataire, qui fréquente un homme-enfant.

CUDDY : Allez vous faire voir. J'en ai marre de vous trouver des excuses… C'est fini.

House dit alors à Hanna qu'il aurait préféré qu'ils l'amputent. Parce que garder sa jambe a fait de lui quelqu'un de mauvais. « Et aujourd'hui, je suis tout seul. » Les médecins de House ont fait un mauvais diagnostic en lui disant de se reposer et en lui prescrivant des antibiotiques ; le médecin de Hanna (House) a fait tout comme il le fallait et elle aurait dû s'en sortir. Alors que House a refusé de laisser partir sa jambe, Hanna a accepté, mais meurt d'une complication dans l'ambulance. On n'a pas ce qu'on mérite, on a ce qu'on a.

Étant donné la tournure des évènements, les efforts de House pour changer semblent futiles. Foreman tente de le raisonner, mais il est inconsolable. Rentré chez lui, il extirpe ses pilules de son dernier endroit secret, et s'apprête à détruire tout ce qu'il a accompli. Il est sauvé par Cuddy qui vient lui dire qu'elle a quitté Lucas. Chez elle avec son nouveau fiancé, elle ne pense qu'à une chose : à House. Ces derniers mois ne pouvaient que conduire à cela. « Je vous aime, dit Cuddy. J'aimerais que ce ne soit pas le cas. Mais je ne peux rien y faire. » Après ce qui est arrivé précédemment, House doit vérifier qu'il ne s'agit pas d'une hallucination. Non, quelque chose a effectivement changé, et ils s'embrassent. Alors parfois, si, on a ce qu'on veut.

Qui sait où House et Cuddy en seront d'ici deux ans? Amoureux sans se parler? Rien n'est jamais stable et Numéro 13 doit faire face à quelque chose de nouveau: Taub la surprend en train de déposer un mot sur le bureau de House demandant quelques jours de repos.

TAUB: Ça va?

NUMÉRO 13: Non, comme tu le vois.

Les fans de séries font le succès des personnages qu'ils aiment, et dénigrent ceux qu'ils n'apprécient pas. On veut que nos personnages favoris prennent les bonnes décisions, qu'ils ne se saisissent pas de cette bouteille d'alcool ou de cette boîte de pilules dans l'espoir de pouvoir changer leur vie. Il est peut-être réconfortant de penser que rien n'est gravé dans la pierre, il n'y a aucune prédétermination lorsqu'il s'agit de telle ou telle vie, telle carrière ou telle relation. Posons la même question que nous avons posée aux acteurs, à David Shore, quant au futur des personnages. Vous verrez qu'il y a encore à écrire.

QUESTION: Dans vingt ans, Cuddy et House seront-ils amis?

DAVID SHORE: Je ne peux répondre à cette question. Je ne peux pas dire s'ils seront mariés ou ennemis. Je ne sais pas. Ces personnages sont en partie réels dans ma tête et je les regarde avancer au fur et à mesure.

QUESTION: Mais c'est vous qui les faites avancer!

DAVID SHORE: Oui mais, je fais ce qui me paraît intéressant et naturel. Je ne sais pas où cela va les mener.

L'équipe de Dr House dans la rue de New York, dans les studios de la FOX.

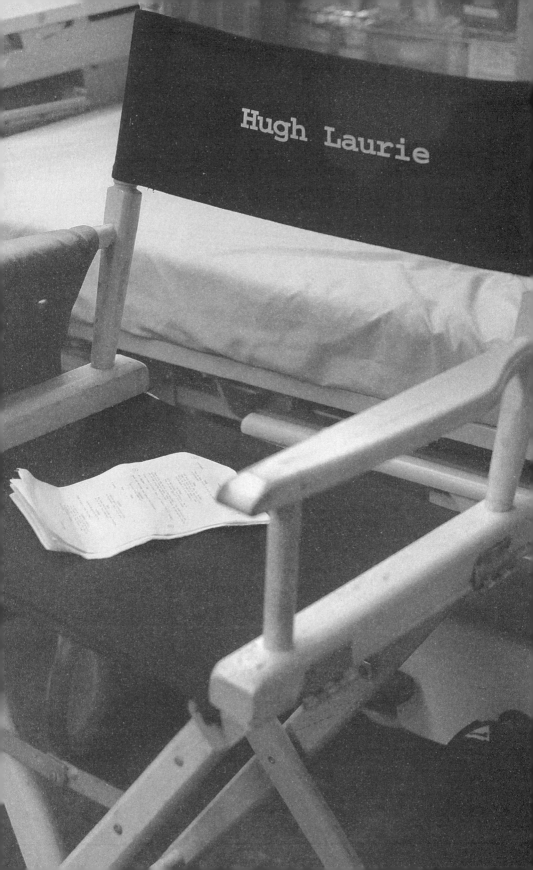

ANNEXE

Saison 1

Saison 2

Trois : Culpabilité
Quatre : Être ou paraître
Cinq : Devine qui vient dîner ?
Six : La Course au mensonge
Sept : Partie de chasse
Huit : Erreur médicale
Neuf : Faux semblants
Dix : Problèmes de communication
Onze : Désirs illusoires
Douze : Casse-tête
Treize : Confusion des genres
Quatorze : Maladies d'amour
Quinze : Bonheur conjugal
Seize : Protection rapprochée
Dix-sept : 12 ans après
Dix-huit : Insomnies
Dix-neuf : House contre Dieu
Vingt : De l'autre côté
Vingt et un : Au suivant
Vingt-deux : À la vie, à la mort
Vingt-trois : De père inconnu
Vingt-quatre : House à terre

Saison 3

Un : Retour en force
Deux : La vérité est ailleurs
Trois : Marché conclu
Quatre : Dans les yeux
Cinq : L'Amour de sa vie
Six : Que sera sera
Sept : 24 heures pour vivre, et mourir
Huit : Jeux d'enfants
Neuf : Rendez-vous avec Judas
Dix : Acceptera... ou pas ?
Onze : Cœurs brisés
Douze : De pièces en pièces
Treize : Une aiguille dans une botte de foin
Quatorze : Sans peur et sans douleur
Quinze : Demi-prodige
Seize : L'Homme de ses rêves
Dix-sept : L'Enfant miroir

Dix-huit : Y a-t-il un médecin dans l'avion ?
Dix-neuf : Poussées d'hormones
Vingt : Mauvaises décisions
Vingt et un : Deux frères
Vingt-deux : Démission...
Vingt-trois : Le Petit Con
Vingt-quatre : Dernier espoir

Saison 4

Un : Tout seul
Deux : Le Boulot de ses rêves
Trois : 97 secondes
Quatre : Les Revenants
Cinq : Miroir, miroir
Six : En mission spéciale
Sept : La Part de mystère
Huit : Ignorance
Neuf : Les jeux sont faits
Dix : La Vérité, rien que la vérité
Onze : Celle qui venait du froid
Douze : Virage à 180 °
Treize : Trop gentil pour être vrai
Quatorze : Pour l'amour du soap
Quinze : Dans la tête de House
Seize : Dans le cœur de Wilson

Saison 5

Un : La Vie après la mort
Deux : Cancer, es-tu là ?
Trois : Flou artistique
Quatre : L'Origine du mal
Cinq : La Vie privée
Six : Rêves éveillés
Sept : Consultation à domicile
Huit : Un vent d'indépendance
Neuf : Un diagnostic ou je tire
Dix : Manger, bouger
Onze : Le Divin Enfant
Douze : Sans douleur
Treize : Gros bébé

Quatorze : Prises de risques
Quinze : Crises de foi
Seize : En douceur
Dix-sept : Je dis tout ce que je pense
Dix-huit : Appelons un chat un chat
Dix-neuf : Enfermé
Vingt : Il n'y a rien à comprendre
Vingt et un : En perdition
Vingt-deux : Dédoublement
Vingt-trois : À fleur de peau
Vingt-quatre : La Stratégie de l'inconscient

Saison 6

Un : Toucher le fond...
Deux : ... et refaire surface
Trois : Comme un chef
Quatre : Le Serment d'Hippocrate
Cinq : L'argent ne fait pas le bonheur
Six : Le Cœur du problème
Sept : Les Mots pour ne pas le dire
Huit : Classé X
Neuf : Heureux les ignorants
Dix : L'Ami de Wilson
Onze : Vies secrètes
Douze : La Diabolique
Treize : Pourquoi tant de haine ?
Quatorze : Wonder Cuddy
Quinze : Relations virtuelles
Seize : La Symbolique des rêves
Dix-sept : Personne ne bouge !
Dix-huit : Amour courtois
Dix-neuf : Permis de tromper
Vingt : Le Copain d'avant
Vingt et un : Ça va bien, et vous ?
Vingt-deux : Sauvez-moi !

REMERCIEMENTS

Ian Jackman remercie, chez HarperCollins, Matt Harper, Lisa Sharkey, Carrie Kania, et Michael Morrison ; chez NBC Universal, Kim Kiemi, Steve Coulter, Michael Yarish, et tous ceux qui ont été si généreux avec House. Et merci tout particulièrement à Geoffrey Colo et Neysa Siefert, et à mes trois préférés : K, S et L.

conception
réalisation
mise en page pca

44405 Rezé cedex

Imprimé au Canada
Dépôt légal : novembre 2010

ISBN : 978-2-7499-1316-2
LAF 1361